30214

CODE
MILITAIRE,
OU
COMPILATION
DES ORDONNANCES
DES
ROIS DE FRANCE,

Concernant les Gens de Guerre.

Par M. DE BRIQUET, Chevalier de l'Ordre de S. Michel, & l'un des premiers Commis de M. de Breteuil, Seérétaire d'Etat de la Guerre.

Nouvelle Edition augmentée des dernieres Ordonnances.

TOME PREMIER.

A PARIS,

Chez PRAULT pere, Imprimeur-Libraire, quai de Gêvres.

M D C C L X X I. 1761
Avec Approbation & Privilege du Roi.

AVERTISSEMENT

SUR

CETTE NOUVELLE EDITION.

LE mérite du *Code Militaire* de *M. Briquet* est généralement reconnu ; mais cet *Ouvrage*, utile pour un certain tems, cesse de l'être, au moment que de nouvelles *Ordonnances Militaires* abrogent ou changent seulement quelques choses aux anciennes ; la derniere *Ordonnance* étant celle sur laquelle on doive uniquement se régler.

La derniere *Edition* du *Code Militaire* contenoit les *Ordonnances* de nos Rois, rendues jusques & compris l'année 1740. Depuis ce tems il y a eu dans le Militaire des changemens considérables tant par rapport à l'*Exercice*, que relativement à d'autres objets, ce qui rendoit cette *Edition* inutile ; de sorte que, outre qu'elle étoit épuisée, il falloit nécessairement ou donner un

Supplément qui contînt les Ordonnances rendues depuis 1740, ou intercaler, soit en entier, soit par extrait, ces mêmes Ordonnances dans une nouvelle Edition. C'est ce qu'on a fait dans celle-ci, & on n'a rien négligé pour rendre cet Ouvrage d'une utilité complette, sans pourtant s'écarter du plan de l'Auteur, qu'on a suivi scrupuleusement.

PREFACE
DE L'AUTEUR.

LA Nation Françoise a passé de tout tems pour une Nation guerriere & belliqueuse. C'est par les armes qu'elle s'est fait connoître dans les Gaules, & sa réputation y est plus ancienne même que son établissement. Dès qu'elle fut en état de conquérir, elle chercha les moyens d'assurer ses conquêtes ; elle le fit par des loix militaires, qui font le capital de son ancienne Jurisprudence ; mais à mesure que la forme du Gouvernement & la maniere de faire la guerre ont changé, il a fallu changer ces loix.

Après plusieurs variations inévitables dans ces sortes de loix, elles sont parvenues sous les regnes de Louis XIV. & de Louis XV. à un point de perfection où il y a peu de choses à ajoûter : s'il y avoit quelque défaut, il ne pourroit venir que de leur trop grande abondance ; c'est la source de l'embarras où j'ai été pour les rappeller à leurs Titres. Il a fallu les discuter & les examiner toutes, pour en écarter un grand nom-

bre qui ont été expreſſément ou tacite-
ment abrogées , ou qui n'ayant été publiées que dans des conjonctures particulieres , deviennent inutiles dès que le
motif en a ceſſé.

Mon aſſiduité auprès des Miniſtres de
la Guerre m'a mis en état de profiter de
leurs vûes & de leurs lumieres : j'ai ap-
pris en travaillant ſous leurs ordres , à
connoître les déciſions qui devoient être
permanentes , d'avec celles qui n'a-
voient été données que pour un tems.
Mon zele pour le ſervice du Roi , &
pour le progrès de ſes armes , m'a fait
remonter plus haut que le regne ſi glo-
rieux de Louis XIV. J'ai eu lieu par-là
de faire un parallele utile & même néceſſaire des loix de trois ou quatre ſie-
cles. On trouvera dans celles de ces
tems reculés l'explication des difficultés,
que les loix nouvelles n'avoient pas jugé à propos de répéter , parce qu'elles
étoient déja décidées; mais l'ancienneté
de ces déciſions étoit quelquefois une eſpece de droit de les ignorer. J'eſpere que
cette portion de mon travail ſera goû-
tée de tous ceux qui ſentiront la néceſ-
ſité de joindre la théorie à la pratique ,
& la diſcipline à la valeur. Cette union
ſeule peut former un officier parfait : &
qui ſépare ces parties , reſte toujours
dans la médiocrité.

Ceux qui ne connoiſſent que la Juriſ-
prudence du Barreau, ſeront ſurpris du
détail où l'on entre dans les loix militaires ; mais il faut faire attention que,
quand les Gens de guerre ont engagé
leur parole au Roi & à l'Etat, ils ſont
un corps ſéparé du reſte des Citoyens ;
ils n'ont plus les mêmes loix pour la police & la diſcipline : la plus petite minu-
tie y devient toujours importante par
rapport à la ſubordination.

L'Ouvrage que je donne aujourd'hui,
avoit été tenté par quelques Officiers :
mais dans leur travail on ne peut louer
que leur zele. Je crois avoir fait quelques pas de plus vers la perfection ; &
je me flate que les avis des perſonnes expérimentées me feront encore aller plus
loin. C'eſt ce que j'attens de la bienveil-
lance des uns, & de l'amour que les autres ont pour le bon ordre.

Ils ſeront peut-être bien-aiſes d'apprendre la conduite que j'ai tenue. Il ne
m'a pas ſuffi de rapporter la loi, je me
ſuis cru obligé d'en faire quelquefois
l'application aux eſpeces qu'elle pouvoit
décider.

Quand elle a ſouffert des difficultés
ou qu'elle étoit obſcure & embarraſſée,
je l'ai expliquée par l'uſage ou par les
lettres des Secrétaires d'Etat, qui dans

cette partie deviennent la bouche du Roi même, par l'attention qu'ils ont de ne rien faire que sous l'autorité, & par les ordres du seul & unique Législateur que nous reconnoissons dans le Royaume. J'ai quelquefois rapporté ces lettres ou d'autres pieces équivalentes, quand je les ai cru assez importantes pour accompagner la loi qu'elles expliquoient.

On ne doit pas s'étonner de voir des répétitions. Il a fallu mettre sous différens Titres, des loix qui embrassoient plus d'un objet : & je crois qu'alors on me fera la grace de penser que ce n'est pas une négligence ; ç'auroit été une imperfection si j'en avois usé autrement.

Pour rapprocher tout de la situation présente, j'ai substitué des termes d'usage à d'autres qui y avoient été autrefois, & qui n'y sont plus. C'est pour cela que dans les Ordonnances depuis 1716 jusqu'en 1719, j'ai rétabli le terme de Secrétaire d'État au lieu de celui de Conseil de la Guerre, sous lequel ces Ordonnances avoient été faites. Je n'ai pas laissé d'en avertir dans quelques occasions, mais non pas dans toutes : ce que j'en dis ici doit tenir lieu d'un avis général.

Les Tables dont j'ai accompagné mon travail, en font, pour leur utilité, une partie essentielle.

Par celle des Titres que j'ai mis à la tête de chaque Volume, on verra d'un coup d'œil tout le contenu du Volume entier. La Table alphabétique des matieres, qui termine tout l'ouvrage, contient & aide à trouver jusqu'aux moindres détails de toutes les loix particulieres, qui font rappellées fous des Titres généraux, qui embraffent toujours beaucoup de particularités différentes. Comme c'eft l'ame de mon travail, je l'ai perfectionnée autant qu'il m'a été poffible ; & c'eft à cette Table qu'on doit recourir pour trouver plus aifément dans le corps du Livre la décicifion des doutes que la Jurifprudence militaire a décidés.

TABLE

DES TITRES ET PIECES

CONTENUS

DANS CE VOLUME.

TABLE DES TITRES. xj

CODE

CODE MILITAIRE,

Ou compilation des Ordonnances des Rois de France, concernant les Gens de guerre.

TITRE PREMIER.

EXTRAIT des anciennes Ordonnances sur le fait de l'Artillerie.

Du Grand-Maître de l'Artillerie & de ses Officiers.

ARTICLE PREMIER.

LEs officiers de notre artillerie & munitions d'icelle, seront réduits à nombre certain de chacun état, & leurs gages arbitrés aux uns plus, aux autres moins, selon leurs qualités & mérites, dont se fera un rôle par le grand-maître & capitaine général d'icelle artillerie, qu'il signera de sa main; lequel état ledit grand-maître Nous présentera pour y corriger & amender ce qu'il Nous plaira, & ce fait, le signer par Nous, & arrêter pour servir d'acquit à celui qui fera le payement. *François I. à Saint-Germain-en-Laye en Février 1546.*

Tome I.   A

II. Les lieutenans, commissaires, canonniers, fondeurs, prevôts, chirurgiens, apothicaires, fourriers, charpentiers, charrons, forgeurs, déchargeurs, capitaines & conducteurs de charrois ordinaires de notredite artillerie, nouvellement venans à notre service en icelle, seront tenus prendre dudit grand-maître lettres de retenue, & faire en ses mains le serment requis à leur état ; la prestation duquel serment sera écrite au dos desd. lettres de retenue, pour du jour d'icelui serment, & non plûtôt, prendre leurs gages : lesquelles lettres le trésorier de notredite artillerie sera tenu rapporter sur ses comptes, ou le *vidimus* d'icelles dûment collationné à l'original. *Ibidem.*

III. Ledit état par Nous signé & arrêté des officiers de l'artillerie, ledit grand-maître sachant le lieu de leurs demeurances, en fera, avec leur commodité & selon la nécessité que l'on en peut avoir par les pays, un département par les gouverneurs de Paris & Isle de France, Normandie, Bretagne, Picardie, Champagne, Bourgogne, Guyenne, Languedoc, Dauphiné & Provence ; établissant en chacun desdits gouvernemens un des commissaires de ladite artillerie. *Ibidem.*

Le nombre des provinces ayant depuis été augmenté, celui des officiers employés l'a été en même tems.

IV. En chacun desdits gouvernemens pareillement il établira un lieutenant, qui veillera & aura l'œil sur tous les autres officiers départis en icelui gouvernement, apprendra les lieux de leur demeurance, afin de les pouvoir plûtôt recouvrer quand il sera requis les mander pour notre service, & que par Nous ou ledit grand-maître il lui sera ordonné. *Ibidem.*

V. Quand aucun des canonniers & autres officiers de l'artillerie ne pourront venir en personne devers le trésorier de l'artillerie recouvrer leurs gages, ils seront tenus eux représenter pardevant le commissaire du gouvernement auquel ils seront départis, s'il n'est à plus d'une journée d'eux ; sinon devers le plus prochain juge-royal de leur demeurance, & de lui, ensemble de notre procureur, recouvrer certification de leurdite présentation, & icelle envoyer audit trésorier avec leurs procurations pour le remboursement de leursdits gages ; laquelle certification icelui trésorier sera tenu rapporter sur ses comptes. *Ibidem.*

Des Garde & Contrôleur généraux.

VI. Voulons qu'il n'y ait qu'un seul homme qui Nous répondra & tiendra compte des pieces, bâtons & munitions de notredite artillerie ; auquel, tant pour lui que pour ses commis, au nombre de dix, qu'il choisira résidans esdits gouvernemens devant dits, & dont il nous répondra, Nous ordonnerons gages raisonnables. *Ibidem.*

Dans toutes les villes où il y a des maga-sins d'armes, il y a des gardes-magasins par-

ticuliers, qui font nommés par le grand-maître, & qui rendent compte de l'état de leurs
magafins au fecrétaire d'état de la guerre, &
au contrôleur général de l'artillerie, les fonctions de garde général ayant été fupprimées.

VII. Sa charge fera de recueillir de tous
les capitaines & gardes des places de frontieres, efquelles il fe transportera à cette fin
(avec les lieutenans du grand-maître & contrôleur général de ladite artillerie, ou fon
commis ès gouvernemens & pays où il fera
établi), les inventaires & récepiffés de l'artillerie & munitions, y étant fignés defdits
capitaines. *Ibidem.*

VIII. S'informer & favoir d'eux fi leurs
places feront fuffifamment fournies, & ce
qu'il leur défaudra, dont il fera état, que
lefdits capitaines figneront. *Ibidem.*

IX. Voir & vifiter avec lefdits capitaines
fi l'artillerie & munitions y étant feront logées & couvertes, & en lieux convenables
pour la confervation d'içelles ; & fi elles ne
le font, avifer avec eux les lieux où on les
pourra mettre : & s'ils ne les peuvent ainfi
loger fans faire quelques réparations, en faire faire avec lefdits capitaines les devis par
ouvriers & gens à ce connoiffans, & favoir
d'eux ce qu'elles coûteront, afin de le Nous
rapporter, pour en ordonner ainfi que ver-
rons être à faire. *Ibidem.*

X. Seront lefdits inventaires & récepiffés
baillés par ledit garde général ou fondit commis au contrôleur général de l'artillerie pour

les enregiſtrer, & ſur le dos d'iceux mettre le *regiſtrata*, pour après ce les remettre ès mains dudit garde général. *Ibidem.*

XI. S'il avient qu'il ſoit beſoin remuer l'artillerie ou munitions d'une place de frontiere en une autre, ce ſera de notre ordonnance ou dudit grand-maître de l'artillerie, ou ſon lieutenant, ſuivant notre volonté; deſquelles le garde général ou ſon commis, en recouvrant récepiſſé du capitaine ou ſon commis à qui elles ſeront baillées, ſera tenu d'autant de décharger l'inventaire & récepiſſé de celui qui les aura fournies & délivrées, & de tout avertir ledit contrôleur, & lui porter ledit nouvel inventaire & y mettre le *regiſtrata. Ibidem.*

XII. Quant aux pieces & munitions d'artillerie rapportées de nos camps & armées, ou autrement achetées de nos deniers, répandues & miſes en dépôt & garde en diverſes villes de notre royaume, Voulons que pour les retirer & mettre en lieux ſûrs, dont on ſe puiſſe aider quand beſoin ſera, ſoient édifiés granges & magaſins exprès en chacun gouvernement; à ſavoir, pour l'Iſle de France, à Paris; pour Normandie, à Rouen; pour Bretagne, à Tours; pour Picardie, à Amiens; pour Champagne, à Troyes; pour Bourgogne, à Dijon; pour Guyenne, à Bourdeaux; pour Languedoc, à Toulouſe; pour Dauphiné, à Lyon; pour Provence, à Aix; leſquels granges & magaſins ledit lieutenant, enſemble leſdits contrôleur & garde généraux, ou leurs commis, feront diligence de faire mettre lefdites pieces & munitions en la charge dudit général, & par inventaire de lui figné, qui demeureront devers ledit contrôleur, enregiftrés par lui en fon regiftre & contrôlés; dont lefdits lieutenant & garde auront les copies par extrait fignées dudit contrôleur, & les originaux feront portés par lui en la chambre des comptes à la fin de l'année. *Ibidem.*

XIII. Et néanmoins à ce qu'aucune chofe ne puiffe être tirée, empruntée ou tranfportée defdites granges ou magafins, ils feront fermés à trois clefs différentes, dont ledit grand-maître, ou fon lieutenant, en aura une; ledit contrôleur général, ou fon commis, une autre; & ledit garde général ou fon commis une autre. Et quand il Nous plaira qu'on tire aucunes pieces defdits granges ou magafins, foit pour envoyer ès places de frontieres ou pour nos armées, ce fera avec la folemnité defdites trois clefs, & en préfence des deffufdits chargés de la garde d'icelles, dont lefdits contrôleur & garde généraux feront regiftre; & fi c'eft pour envoyer efdites places de frontieres, ledit garde général en recouvrera pour acquit les récepiffés des capitaines aufquels elles feront delivrées, & iceux portera audit contrôleur général pour en faire regiftre & mettre au dos le *regiftrata*; & fi c'eft pour nos camps & armées, elles demeureront encore, quelque part qu'elles foient menées, en la charge dud.

garde général, pour répondre & rendre raison de ce qu'elles font devenues. *Ibidem.*

Nota. *Ces trois clefs font aujourd'hui gardées, l'une par le commandant de la place, l'autre par le commissaire d'artillerie y réfidant, & la troisieme par le garde-magasin.*

XIV. Quand il se fera par Nous achats d'aucuns cuivres, étains, plomb, fer, soufre, & autres matieres & munitions, les marchands seront tenus en mettre les contrats & marchés ès mains dudit garde général, qui les portera & exhibera audit grand-maître ou son lieutenant, & pareillement audit contrôleur général pour en faire registre, & suivant icelui marché à chacune fois que les vendeurs apporteront lesd. cuivres, matériaux & munitions, ils seront visités par ledit grand-maître ou son lieutenant, contrôleur & garde généraux ou leurs commis, appellés avec eux les fondeurs & autres qu'ils aviseront à ce connoissans, pour savoir s'ils seront du titre, bonté & qualité contenus esdits marchés; & s'ils sont tels, les feront mettre esdits granges & magasins ainsi fermans que dessus, expédiant de ce leurs certifications ausdits marchands, pour en vertu d'icelles, & la quittance dudit garde général, le rendant de ce comptable envers Nous, recouvrer leur payement du tréforier de notre épargne ou autre comptable sur lequel ils seront pour ce assignés; lesquelles certifications & quittances seront enregistrées par ledit contrôleur, & sur le dos

A iiij

d'icelles mis le *regiftrata* figné de fa main ; autrement elles ne feront valables ni recevables en la chambre des comptes à l'acquit du comptable qui en aura fait le payement. *Ibidem.*

XV. Lefdits granges & magafins feront mis en la charge & garde dudit garde général, fous la fermeture defdites trois clefs, & par le regiftre & contrôle contenu ci-deffus, les bois d'ffuts & remontage, toutes autres munitions d'artillerie, ainfi qu'elles feront achetées, livrées & préparées pour notre fervice ; dont pareillement ledit garde général baillera les inventaires & récepiffés audit contrôleur, pour iceux rendre & porter en la chambre des comptes à la fin de l'année, comme deffus. *Ibidem.*

XVI. Quand il conviendra délivrer lefdits cuivres & étains pour fonte d'artillerie aux fondeurs d'icelle, la fourniture s'en fera par ledit garde général, de l'ordonnance du grand-maître de l'artillerie ou fon lieutenant, contrôlée & enregiftrée par ledit contrôleur général ou fon commis ; & la fonte faite des pieces, qui feront vifitées & prifées en la préfence dudit grand-maître ou fon lieutenant à ce par lui expreffément député, & dudit contrôleur général ou fon commis. Où il n'y pourra être en perfonne, fera par eux fait calcul des matériaux qui y feront entrés, pour favoir fi les fondeurs auront loyalement employé en icelles leurs matériaux, & s'il y en a de retour les feront re-

mettre esdites granges de munitions, sous
la garde dudit garde général, dont se fera
regiftre comme deflus, pour après être mifes icelles pieces ès mains des charpentiers,
charrons, & forgeurs, afin de les monter
d'affuts & de rouages; & cela fait, feront
encore visitées par ledit grand-maître, contrôleur, & garde généraux ou leurfdits lieutenans & commis, appellés gens à ce connoiffans, afin de favoir si elles feront en bon
équipage pour Nous faire service, & si elles
n'y font, les y feront remettre avec preuve
& effai, pour après être délivrées audit garde général esdites granges, fous la fermeture
defdites trois clefs différentes, dont se fera
regiftre & contrôle comme deflus est dit :
defquels granges & magafins ne fera aucune
chofe tirée ni tranfportée fans mandement
exprès de Nous, ou dudit grand-maître de
l'artillerie ou fon lieutenant, fuivant notre
vouloir, fervant à l'acquit dudit garde, en-
regiftré femblablement par ledit contrôleur
ou fon commis. *Ibidem.*

XVII. Ledit garde général aura à recouvrer, en préfence defdits lieutenant & contrôleur de l'artillerie ou fon commis, les
falpêtres bons & valables qui lui feront baillés par les tréforiers defdits falpêtres, chacun à fon égard, aufquels il en baillera fes
quittances enregiftrées par ledit contrôleur
général, & au dos mis & figné *regifratu* ;
autrement ne feront valables à leur acquit :
lefquels falpêtres feront mis esdites granges,

& enfermés comme deſſus. Et quand il ſera
beſoin faire & compoſer poudres, les ſalpêtres & ſoufres en ſeront retirés & pris
eſdites granges & magaſins, de l'ordonnance dudit grand-maître ou ſon lieutenant,
juſqu'au nombre que l'on voudra faire leſdites poudres, dont leſdits contrôleur &
garde généraux feront regiſtre : & icelles
compoſées & affinées, ledit grand-maître
ou ſon lieutenant, enſemble leſdits contrôleur & garde, ou leurs commis, les viſite-
ront & feront viſiter par gens à ce connoiſ-
ſans, pour ſavoir ſi elles ſeront bonnes &
loyales, & du titre qu'elles devront être,
eu égard aux quantités du ſalpêtre & ſoufre qui leur auront été baillés & délivrés ;
faiſant remettre en ladite munition le reſte
deſdits ſalpêtre & ſoufre (ſi aucun y en
a) par regiſtre & contrôle, comme deſſus.
Ibidem.

XVIII. Leſdites poudres trouvées recevables, bonnes & valables, ſeront miſes
ès-mains dudit garde général ou ſes commis, ès-granges & magaſins pour ce deſtinés, ſous leſdites trois clefs : dont leſdits
contrôleur & garde généraux feront chacun
en ſon regard regiſtre ; tellement que depuis
le commencement juſqu'à la fin, regiſtre &
contrôle dûement faits de l'entrée des pieces & munitions d'artillerie eſdites granges,
enſemble de l'iſſue d'icelles, pour quelque
cauſe & par quelques mandemens que ce
ſoit, leſdits contrôleur & garde généraux,

& chacun d'eux, Nous pourront certainement répondre que sera le tout devenu. *Ibidem.*

XIX. Venant ledit garde général à rendre ses comptes, il aura à faire mention en iceux, de toutes les pieces & munitions d'artillerie étant ès places de frontiere, dont la vérification se fera par les inventaires originaux des capitaines; lesquels à cette fin il exhibera en la chambre des comptes pour lui être rendus, laissant en icelle copie d'iceux, signée par collation de lui & de l'auditeur desdits comptes, afin de Nous pouvoir représenter, & audit grand-maître de l'artillerie, toutefois qu'il Nous plaira, iceux originaux; pour si métier est, faire charger & décharger lesdits capitaines de pieces & munitions que l'on mettra ou tirera de leurs places; & les faire contraindre ou leurs héritiers (s'ils étoient décédés) à rendre & remettre esdites places ce qui se trouvera en avoir été tiré & transporté; sinon qu'ils vérifient les avoir employés & délivrés ailleurs pour notre service, & par notre ordonnance ou dudit grand-maître de l'artillerie, ou son lieutenant, contrôlée ou enregistrée comme dessus. *Ibidem.*

XX. Se chargera ledit garde général en ses comptes, de tout ce qui aura été mis & tiré desdits granges & magasins, dont la recette se vérifiera par ses quittances de ce par lui baillées à gens comptables, & par les inventaires & récépissés mis ès mains dudit contrôleur pour les munitions apportées de nos camps & armées, & autres achetées de nos deniers, dont il n'auroit baillé quittances à gens comptables avec le contrôle dudit contrôleur, & la dépense, par nos mandemens & dudit maître de l'artillerie ou ses lieutenans, contrôlés & enregistrés, ainsi que dit est suivant notre vouloir, pour ce qui aura été tiré desdits granges & magasins, ou autrement transporté d'une place à l'autre. _Ibidem._

XXI. Pour obvier qu'à faute de mettre par ledit contrôleur général à tems ses contrôles en la chambre de nos comptes, ensemble lesdits inventaires & récépissés originaux dudit garde général, le rendant comptable envers Nous, des parties dont il n'auroit délivré ses quittances à gens & officiers comptables, la reddition des comptes dudit garde général, ne soit aucunement retardée ; ordonnons que le contrôleur général sera tenu à la fin de l'année recueillir de ses commis tous les contrôles, pour, avec le sien en faire un seul ; y nommant & déclarant lesdits commis, & ce que par eux & chacun d'eux en son regard aura été par sa commission sur ce fait & contrôlé : & icelui contrôle porter & délivrer en la chambre des comptes, six mois après l'année échue, ensemble les inventaires originaux qu'il aura reçus dudit garde général ; le rendant, comme dit est, comptable envers Nous. _Ibidem._

XXII. Sera tenu ledit garde général Nous nommer & présenter les commis, pour, suivant ses lettres de nomination, être par Nous expédiées lettres de commission ausdits commis, par lesquelles l'adresse du serment & caution sera faite audit garde général : & à icelui seront tenus lesdits commis venir rendre compte deux mois après chacune année finie & expirée ; pour après être rendu par ledit garde général le compte entier de nosdites piéces, bâtons & munitions en notre chambre des comptes. Autrement, & à faute de ce faire, ledit garde général pourra procéder par suspension contre les délayans ou refusans, & Nous nommer en leur lieu autres personnages pour faire exercer lesdites commissions, jusqu'à ce que lesdits commis ayent rendu compte, comme dit est. *Ibidem*.

XXIII. En rendant par lesdits commis leursdits comptes, ledit garde général sera tenu payer à chacun d'eux la somme par Nous à eux ordonnée, ou ce qui en aura par lui été reçu du trésorier ordinaire de notredite artillerie : & quant aux frais qui seront nécessaires pour l'extraordinaire de l'artillerie, ledit grand-maître en ordonnera selon les états qui par chacun mois en seront par Nous faits audit trésorier ordinaire, en notre privé conseil : & en rapportant les rôles ou cahiers de lui expédiés, signés & scellés, enregistrés & signés dudit contrôleur général, comme il est pareillement accoutumé, & quittances des parties où elles écherront, Voulons qu'icelles parties soient allouées & comptées audit tréforier de l'extraordinaire. *Ibidem.*

XXIV. Quand il furviendra quelques affaires où ledit grand-maître ne pourra être en perfonne, pour ordonner des frais extraordinaires y néceffaires, il élira fon lieutenant général, ou tel des commiffaires d'icelle artillerie qu'il avifera, pour y vacquer en fon lieu, lequel à cette fin il Nous préfentera; auquel, en ce faifant, ferons expédier commiffions, pour ordonner les frais néceffaires durant ladite affaire, fuivant les états qui par Nous en feront faits chacun mois en notre privé confeil : & de ces ordonnances, enregiftrées & contrôlées par ledit contrôleur général ou fon commis, fe fera un cahier chacun mois, que Nous validerons ainfi qu'il appartiendra; en rapportant lequel le tréforier de l'extraordinaire de ladite artillerie, & les quittances des parties où elles écherront, les fommes y contenues feront pareillement allouées en fes comptes. *Ibidem.*

XXV. Sera tenu ledit tréforier de l'extraordinaire, Nous envoyer par chacun mois l'état de la dépenfe faite durant icelui mois, figné de fa main ou de fon commis, & dudit grand-maître de l'artillerie ou defdits lieutenans ayant miffion de Nous pour ordonner defdits frais, enfemble du contrôleur général ou de fes commis, & ce dedans le quinzieme jour du mois enſuivant, afin que par-là. Nous voyons comment auront été ſuivis les états par Nous ſur ce faits, & puiſſions mieux pourvoir aux aſſignations qui ſeront néceſſaires pour le fait d'icelle artillerie. *Ibidem.*

XXVI. Voulons que leſdits commis ordinaires deſdits contrôleur & garde généraux, & chacun d'eux, jouiſſent de tels & ſemblables priviléges, exemptions, franchiſes & libertés que font & jouiſſent les autres officiers & canonniers de notredite artillerie; deſquels priviléges iceux commis jouiront tant qu'ils ſeront actuellement eſdites charges. *Ibidem.*

XXVII. Le tréſorier ordinaire de l'artillerie payera les gages, tant deſdits contrôleur & garde généraux, que de leurs commis eſdites charges, & ledit garde général viendra compter huit mois après l'année échue. *Ibidem.*

De la Fonte des Pieces d'Artillerie, & de leurs dépendances.

XXVIII. Il ne ſera loiſible à aucunes perſonnes, de quelque état, qualité & condition qu'elles ſoient, de tranſporter ou faire tranſporter hors l'étendue de notre royaume, pour quelque cauſe ou occaſion que ce ſoit, aucuns métaux, cuivres, autre matiere ſervant à l'artillerie & munitions d'icelle : de faire ni fondre aucunes pieces d'artillerie, ni boulets des ſix calibres de France; à savoir canon, grande coulevrine, bâtarde, moyenne, faucon & fauconneau, ni d'autres calibres étrangers, quels qu'ils soient, approchans de la grosseur desdits six calibres, sans permission de Nous par lettres patentes scellées de notre grand scel, qui seront adressées au grand-maître & capitaine général de l'artillerie de France, pour sur icelles donner son attache, consentement, & être icelles contrôlées par le contrôleur général de l'artillerie, qui en tiendra registre, afin d'y avoir recours quand besoin sera; révoquant à cette fin toutes lettres, permissions & concessions qui pourroient ci-devant avoir été obtenues de Nous ou des Rois nos prédécesseurs sur ce sujet. *Henri IV. en Décembre* 1601. *& Charles IX. en* 1572. *article premier.*

XXIX. Et où aucuns de nos sujets se trouveroient avoir en leurs maisons, villes ou châteaux, desdites pieces & boulets des calibres ci-dessus spécifiés, poudres, cordages, affuts, ferremens, métaux & autres ustenciles dépendans du fait de l'artillerie; Voulons que dans deux mois ils en représentent l'état & inventaire audit grand-maître, & prennent de Nous nouvelles permissions par nos lettres patentes, & attaches d'icelui grand-maître, de pouvoir avoir & garder lesdites pieces de fonte & munitions en leurs maisons & places; & à faute d'y satisfaire, demeureront à Nous acquises & confisquées, pour être lesdites pieces, matieres, & fufdites munitions conduites & faites, portées en notre arfenal & magafin, le plus proche de leurfdites maifons, & par eux délivrées ès mains des commiffaires de notre artillerie, ayant charge dudit arfenal, qui en avertiront foigneufement ledit grand-maître, & ce fur peine aux contrevenans de punition corporelle. *Henri IV. en Décembre* 1601.

XXX. Et afin que lefdites pieces fe puiffent mieux connoître; Voulons qu'elles foient marquées de la marque des armes de celui qui les fera faire, de la marque du fondeur, avec la date de l'année en laquelle elles feront faites, & ce fur peine de confifcation de corps & de biens. *Charles IX. à Blois en Mars* 1572. *article premier.*

Des Salpêtres & Salpêtriers.

XXXI. Défendons aux gouverneurs & nos lieutenans généraux des provinces, donner commiffion & permiffion de faire & compofer falpêtres & poudres. *Charles IX. Mars* 1572. *art. II. & fuivans.*

XXXII. Pareillement défendons, fur peine de la hart, à tous poudriers, falpêtriers, & autres, de quelque qualité & condition qu'ils foient, de faire aucune recherche des falpêtres, ni iceux affiner, fans commiffion du grand-maître & capitaine général de notre artillerie, & contrôleur général d'icelle, efquelles commiffions feront contenus les noms & demeurances defdits falpêtriers, &

le nombre de falpêtres que chacun d'eux aura à fournir par chacun an. *Ibidem.*

XXXIII. Seront lefdits falpêtriers établis par les provinces de ce royaume, felon que ledit grand-maître verra qu'il en fera befoin; pour incontinent que lefdits falpêtriers auront fait & affiné du falpêtre, l'apporter & rendre en nos magafins ès mains des commiffaires qui auront la charge de faire la provifion d'iceux. *Ibidem.*

XXXIV. Défendons aufdits commiffaires ayans charge de fournir nos magafins, de faire ni compofer aucunes poudres ailleurs que dedans nos arfenals & magafins, fur peine de confifcation defdites poudres & d'amende arbitraire. *Ibidem.*

XXXV. Défendons aufdits falpêtriers & tous autres de faire ni compofer poudre à canon, foit ès villes, châteaux, maifons publiques ou privées, villages, bourgs & bourgades, ni en quelque lieu que ce foit, & y dreffer des moulins & autres engins à battre icelles poudres, fors aufdits commiffaires & poudriers qui feront établis par commiffion dudit grand-maître de l'artillerie (contrôlée comme dit) en nos arfenals & magafins, & ce fur peine de la hart, confifcation defdites poudres & defdits moulins & engins, pilons, mortiers, chaudieres, & autres uftenfiles. *Ibidem.*

XXXVI. Voulons qu'iceux uftenfiles qui feront trouvés ailleurs qu'en nofdits magafins, foient pris & enlevés, & vente être faite d'iceux par les officiers de notre artillerie, au plus offant & dernier encherisseur, en présence de notre procureur du lieu où se fera lad. vente, & les deniers qui en proviendront affectés, moitié pour la réparation de ladite artillerie, & l'autre moitié au dénonciateur. *Ibidem.*

XXXVII. Ordonnons que les contrevenans aux défenses susdites, soient condamnés en cinquante livres d'amende pour chacune livre de poudre qui se trouvera être faite par personnes non ayant pouvoir de Nous ou dudit grand-maître & capitaine général de notredite artillerie, & ailleurs qu'en nos magasins. *Ibidem.*

XXXVIII. Défendons sur peine de confiscation de corps & de biens, à toutes personnes de quelque état, qualité & condition qu'elles soient, de transporter ni vendre aucuns salpêtres ni poudres en notre royaume & hors d'icelui, ni iceux retenir & receler en quelque lieu que ce soit. *Ibidem.*

XXXIX. Seront toutes personnes contraintes à faire, souffrir & endurer l'ouverture de tous lieux où seront recelés lesdits salpêtres, par toutes voies accoutumées de justice, réellement & de fait, même par emprisonnement de leurs personnes en cas de desobéissance, nonobstant oppositions ou appellations quelconques, & sans préjudice d'icelles, pour lesquelles ne voulons être differé. *Ibidem.*

XL. Pour donner plus de moyen à nos

salpêtriers à faire leur devoir, voulons que de tous salpêtres, bois, cendre, charbon, & autres choses concernant le fait desdits salpêtres, qui se transporteront de lieu en autre par lesdits commissaires des salpêtres, leurs commis & députés, ne soit payé aucun péage, gabelle, douane, subside ni imposition quelconque; & pour cet effet commandons à tous maîtres des ports, ponts, péages, passages, travers, & détroits, les laisser passer franchement & quittement en faisant apparoir de certification de l'un desdits commissaires. *Ibidem.*

XLI. Afin que les transgresseurs de nosdites ordonnances soient plûtôt connus & punis, ordonnons que les deniers provenans des confiscations & amendes de ceux qui contreviendront à présente ordonnance, les frais de justice préalablement payés & acquittés; les deux tiers Nous appartiendront pour être employés aux réparations de ladite artillerie, & l'autre tiers au dénonciateur. *Ibidem.*

XLII. Voulons qu'en vertu desdites commissions du grand-maître de notre artillerie, contrôlées comme dit est, ouverture soit faite ausd. salpêtriers par toutes personnes; & leur permettons d'entrer ès maisons, caves, celliers, caveaux, rochers, & autres lieux esquels se pourront trouver lesdits salpêtres, sans toutesfois faire aucun dommage aux propriétaires desdits lieux, & d'y besogner de tous outils; à savoir, ès maisons,

granges, étables, caves, celliers, & autres
lieux manables, de l'escouvette de grosse
bruyere & brossette seulement, sans user de
ratissoirs ni aucuns autres ferremens ; & ès
lieux inhabitables, pourront user de ratissoirs, marteaux, picqs, pelles, boyaux &
tranches ; lesquels ratissoirs ne seront plus
pesans que d'un quarteron de livre en fer &
manche, & seront marqués des armes du
grand-maître de notre artillerie, & prins
de nos forgeurs en notre arsenal de Paris,
& non ailleurs ; & s'il y en a aucuns qui en
abusent & se trouvent saisis d'autres ratissoirs, seront punis corporellement. *Ibidem.*

XLIII. Pourront nosdits salpêtriers prendre les outils nécessaires pour le port & voiture des matieres propres à faire composer
lesdits salpêtres, en payant raisonnablement
& de gré à gré, hormis les terres & matieres que leur permettons de prendre & enlever quittement, pour la composition de nosdits salpêtres, sans en abuser aucunement,
sur peine de punition corporelle. *Ibidem.*

XLIV. Défendons à toutes personnes,
sur peine de la hart & de confiscation de
corps & de biens, qu'ils n'ayent à vendre
ni trafiquer, ni marchander les salpêtres
cueillis & amassés en notre royaume, pays
& seigneuries à aucuns étrangers ni autres,
ni iceux transporter ni souffrir être trans-
portés hors de notredit royaume sans congé
& licence de Nous. *François I. à Fontainebleau, en Novembre* 1540.

XLV. Tous salpêtriers seront justiciables de nos juges ordinaires, pour proceder contr'eux s'ils abusent en leurs charges. *Charles IX. ès états d'Orléans. Art. LXXIV.*

PROVISIONS *de la Charge de Grand-Maître Capitaine Général de l'Artillerie de France, pour M. le Duc du Maine, en date du 10 Septembre 1694.*

LOUIS, par la grace de Dieu, Roi de France & de Navarre : A tous ceux qui ces présentes lettres verront, Salut. L'état & office de grand-maître & capitaine général de l'artillerie de France que possedoit le feu sieur duc d'Humieres, maréchal de France, étant à présent vacant par son décès, & sachant de quelle importance il est au bien de notre service & à celui de l'état, de remplir au plûtôt cette charge, d'une personne dont la capacité & l'expérience nous donnent lieu de nous reposer entierement sur elle des soins & de l'administration des choses qui en dépendent & qui la concernent, Nous avons estimé que nous ne pouvions pour cette fin faire un meilleur ni plus digne choix, que de notre très cher & très-amé fils le duc du Maine, pair de France, gouverneur & notre lieutenant général en notre province de Languedoc, général de nos galeres, colonel général des suisses & grisons étant à notre solde, & mestre de camp, lieutenant de notre régiment royal des carabiniers, non-seulement par la considération de sa naissance, mais aussi par les preuves qu'il nous a données de sa valeur, de son grand courage, de l'expérience qu'il s'est acquise en la guerre, dans les diverses charges & emplois qu'il a exercés dans nos armées, particulierement aux commandemens que nous lui avons donnés de notre cavalerie dans celles de Flandres & d'Allemagne, où il a fait paroître une prudente & sage conduite, accompagnée de beaucoup de fermeté & d'intrépidité dans les occasions périlleuses qui s'y sont rencontrées; ce qui, joint aux autres grandes qualités qui sont en sa personne, Nous fait espérer qu'il Nous servira dignement & utilement en ladite charge; prenant aussi toute confiance en sa fidélité & affection singuliere à notre service; Savoir faisons que pour ces causes & autres bonnes considérations à ce Nous mouvant, Nous avons notredit très-cher & très-amé fils le duc du Maine, fait, créé, constitué, ordonné & établi, faisons, créons & constituons, ordonnons & établissons grand-maître & capitaine général de notre artillerie de France : & ladite charge, ensemble la sur-intendance, l'exercice, l'administration & gouvernement dudit état & office de grand-maître & capitaine général de notre artillerie, tant deçà que delà la mer, les monts & pays de notre obéissance & protection, vacante, comme dit est, par le décès dudit feu sieur maréchal de Humieres, avons donné, octroyé & accordé, donnons, octroyons & accordons par ces présentes signées de notre main, à notredit fils duc du Maine, pour dorénavant nous servir aux charges, sur-intendance, exercice, administration & gouvernement dudit état de grand-maître en qualité d'officier de notre couronne, & aux mêmes honneurs, dignités, autorités, prérogatives, prééminences, franchises, libertés, gages, droits de journées de chevaux & autres droits, avec les états, pensions ordinaires & extraordinaires, profits, revenus & émolumens tels & semblables qu'en a joui ou dû jouir feu notredit cousin le maréchal de Humieres, & qu'ont fait les autres grands-maîtres & capitaines généraux de l'artillerie ses prédécesseurs audit état & charge, & pour raison d'icelles : & en outre, Nous lui avons donné & donnons pouvoir & autorité d'avoir l'inspection & la sur-intendance sur tous les officiers, commissaires, canonniers, charrons, charpentiers, fondeurs, déchargeurs, capitaines., & conducteurs de charrois, médecins, chirurgiens, apothicaires., tentiers, tonneliers, baillifs de la justice, lieutenant, procureur., & notre avocat, greffier, prevôt & archers, maréchaux-des-logis, sergens., & autres, tant ordinaires qu'extraordinaires : pourvoir aux offices, places, états & charges d'icelle., de personnes expérimentées & de qualité requise, ainsi qu'il connoîtra être à faire pour notre service. Et comme de tout tems les grands-maîtres d'artillerie, capitaines généraux d'icelle ont accoutumé de faire, voir, visiter & prendre connoissance de toutes & chacunes les pieces d'artillerie, tant grosses que menues, boulets, poudres de toutes sortes, salpêtre, soufre, cuivre, étain, plomb, fer, bois de remontage, & de toutes autres sortes de matériaux & munitions, bâtons & harnois de guerre, outils à pionniers & à gens de métier ou manouvriers, tant de ceux qui sont présentement, que de ceux qui seront mis dorénavant en nos magasins, villes, châteaux, citadelles, & places de notre royaume, pays de notre obéissance & sous notre protection, icelles pieces & munitions faire mettre par inventaire ; & pour cet effet envoyer les commissaires & autres officiers de notre artillerie qu'il avisera, pour en faire rendre compte sur les derniers inventaires qui en ont été faits, les augmenter, diminuer, changer, & renouveller de place à autre, selon qu'il verra être de besoin pour notre service ; & pareillement avoir regard sur les fontes de nosdites pieces d'artillerie,

remontage

remontage & équipage d'icelles, façons & compositions de poudres, tant grosses que menues, même de mener, faire conduire & exploiter, soit ès armées, entreprises, siéges, tant par terre que par mer, pour la défense de nos villes, attaque des places & autres lieux qu'il sera requis, & de tel nombre de pieces de notredite artillerie, poudres, boulets, & de toutes autres sortes de munitions que besoin sera, verra & connoîtra & que les affaires le requereront ; & par même moyen pourvoir à l'entretenement desdites pieces, munitions & autres affaires concernant & dépendant du fait de notredite artillerie, comme aussi d'avoir l'administration générale de tous les travaux, forts, tranchées & retranchemens, blocus, lignes de communication, redoutes, & tous autres remuemens de terre qu'il conviendra faire en nos armées, & aux villes & places que nous voulons réduire en notre obéissance, ensemble des rasemens & démolitions d'icelles, tant dedans que dehors notre royaume, pays de notre obéissance & protection : ordonner de tous les payemens tant desdits travaux qu'achats de matériaux, fascines, gabions, & généralement de toutes les choses qui concernent l'exécution des siéges, prises de villes, places, forts, châteaux, & démolitions d'iceux : faire, voir & passer tous marchés & autres actes & contrats qui seront nécessaires pour le fait de ladite artillerie & achats desdites munitions, & en ce faisant ordonner des payemens tant des aides & extraordinaires voyages, services & récompenses desdits officiers, commissaires, forgeurs & gens de métier, & tous autres suppôts, tant ordinaires qu'extraordinaires de ladite artillerie, gages & solde des pionniers, chevaux, capitaines & conducteurs d'iceux, que des fontes, façon desd. pieces, montages, radoubs & équipages d'icelles, achats de matériaux, boulets, cuivre, salpêtre, soufre, bâtons de guerre, harnois, canons, piques, outils de toutes sortes, & autres provisions & munitions de notredite artillerie & des dépendances d'icelle, transports, chariots & voitures desdites pièces, poudres, boulets, salpêtre, & autres munitions en général & en particulier, distributions, consommations & délivrances desdites pièces, poudres, boulets, salpêtre & munitions qu'il appartiendra faire pour le fait de notredite artillerie, sans que autres que notredit fils en puissent prendre connoissance : le tout faire payer, distribuer & délivrer par les trésoriers généraux de notre artillerie, & par ceux qui seront par Nous commis pour faire lesdits comptes & payemens, chacun en son regard, des deniers qui lui seront par Nous ordonnés pour l'effet que dessus : & icelles pièces, poudres, munitions, salpêtre, boulets & autres munitions généralement quelconques, & aussi les armes qui Nous appartiendront, faire, bailler & distribuer, ainsi qu'il verra être à-propos pour notre service, par le garde général de notre artillerie & munitions, sur ses ordonnances, certifications & mandemens contrôlés par le contrôleur général de l'artillerie ou ses commis ; lesquels ordonnances, certifications & mandemens Nous voulons pouvoir valoir & servir à l'acquit de nosdits trésoriers & autres qui auront fait lesd. payemens, & délivrer lesdites pièces, poudres, boulets, salpêtre & autres munitions, tout ainsi que si par Nous ils avoient été faits, lesquels Nous avons dès-à-présent validés & autorisés, validons & autorisons par cesdites présentes, par lesquelles Nous avons à notredit très-cher & très-amé fils le duc du Maine permis & octroyé, permettons & octroyons qu'aux lieux où il ne pourra vaquer en personne, il puisse commettre son lieutenant général, choisir & élire tel des commissai-

res ordinaires & extraordinaires qu'il avisera pour
ses lieutenans, ausquels il baillera sa commission,
pour en son lieu & absence vaquer & entendre
ausdites affaires, & ensemblement ordonner des
frais & dépenses qu'il conviendra faire à l'effet &
exécution de leursdites commissions, tout ainsi
qu'il pourroit faire s'il y étoit en personne ; lesquels frais & dépenses Nous avons aussi validés
& validons comme dessus tant qu'il Nous plaira.
Si donnons en mandement à nos amés & féaux
conseillers les gens tenans notre cour de parlement, chambre des comptes, cour des aides de
Paris, qu'icelui notredit fils le duc du Maine,
grand-maître de l'artillerie, après que de lui Nous
aurons pris & reçû le serment en tel cas requis &
accoûtumé, & icelui mis en possession de la sur-
intendance, exercice, administration & gouvernement dudit état de grand-maître de l'artillerie,
ils fassent, souffrent, & laissent jouir d'icelui plei-
nement & paisiblement : Mandons en outre à nos
très-chers & bien-amés cousins les maréchaux de
France, & tous gouverneurs de nos provinces,
lieutenans généraux, chefs & conducteurs de
nos gens de guerre & armées, baillifs, sénéchaux,
capitaines, gouverneurs, maires & échevins,
consuls, jurats, capitouls, & autres officiers &
personnes établies en nos villes, châteaux, citadelles & forteresses, & autres nos justiciers &
officiers ou leurs lieutenans, & à chacun d'eux
en droit soi & comme à lui appartiendra ; qu'ils
lui mettent ou fassent mettre en évidence toutes
les pieces d'artillerie, poudres, boulets, salpêtre, soufres, harnois de guerre, & autres munitions qui sont esdites villes, châteaux, forteresses & citadelles, pour, si bon lui semble, les
faire mettre par inventaires, ou les faire tirer desdites villes, citadelles & places, les augmenter,
diminuer, ou faire rendre compte, & tout ainsi

B ij

qu'il verra être à faire pour notre service ; & à
cette fin lui ouvrir ou faire ouvrir aux commissaires & autres officiers de ladite artillerie qu'il envoyera de sa part pour cet effet, tous les magasins & autres lieux desdites villes, cités, châteaux, citadelles & forteresses où seront lesdites
munitions, à lui faire obéir ès choses touchant
& concernant ledit état de grand-maître & capitaine général de notredite artillerie, circonstances & dépendances, & de tous ceux & ainsi qu'il
appartiendra, auxquels Nous mandons ainsi le
faire sans difficulté ; & pareillement à nos amés
& féaux conseillers les trésoriers généraux de ladite artillerie, & à chacun d'eux comme il appartiendra, que des deniers qui par Nous leur
feront ordonnés pour convertir & employer au
fait de leurs charges, ils payent & délivrent à
notredit fils le duc du Maine les états ordinaires
& extraordinaires, pensions & droits susdits audit état de grand-maître & capitaine général de
notredite artillerie, appartenant dorénavant par
chacun an, tels & semblables qu'ils ont accoutumé & les ont payés à ses prédécesseurs les grands-
maîtres & capitaines généraux de lad. artillerie ;
lesquels payemens, ensemble pour tous les frais
& dépenses de deniers distribués, de munition &
délivrance desdites pieces & munitions ci-dessus
déclarées, qui auroient été distribuées par lesdits
trésoriers & gardes généraux, par les ordonnances, certificats & mandemens dudit sieur duc du
Maine ou de ses lieutenans, commissaires par lui
députés, dûement contrôlés, Nous voulons être
passés & alloués ès comptes desdits trésoriers généraux de notre artillerie, gardes des munitions
d'icelle, & de celui ou ceux, qui payés & délivrés les auront, & rabattus de leur recette par
nos amés & féaux les gens de nos comptes & autres qu'il appartiendra, auxquels mandons ainsi

le faire sans difficulté, rapportant par eux lesdites présentes signées de notre main, ou copies d'icelles dûement collationnées par l'un de nos amés & féaux notaires & secrétaires, avec les ordonnances, certifications, mandemens & rôles signés & expédiés, tant par notredit fils le duc du Maine, que ses lieutenans & commissaires, dûement contrôlés comme dit est ; & les quittances des parties où elles écheront, sur ce suffisantes : Et quant ausdits gages, états, pensions extraordinaires, & droits de notred. fils le duc du Maine, par sa seule quittance tant seulement, sans qu'il soit besoin à aucun desdits trésoriers & payeurs en avoir ni recouvrer autres mandemens, ordonnances & acquits de Nous que cesdites présentes ; Car tel est notre plaisir, nonobstant quelconques ordonnances, restrictions, mandemens & lettres au contraire, ausquelles Nous avons, en tant que besoin est ou seroit, dérogé & dérogeons par ces présentes. En témoin de quoi Nous avons fait mettre notre scel à cesdites présentes. Donné à Versailles le dixieme Septembre, l'an de grace mil six cent quatre-vingt-quatorze, & de notre regne le cinquante-deuxieme. *Signé* LOUIS. *Et plus bas,* Par le Roi, LE TELLIER. Et scellées.

Observation sur la Jurisdiction du Grand-Maître de l'Artillerie.

M. *Le grand-maître de l'artillerie a une justice particuliere pour la connoissance des matieres tant civiles que criminelles, concernant l'artillerie & les officiers d'icelle : elle est établie sous le titre de* Bailliage de l'Arsenal, *dont les appellations ressortissent au* Parlement de Paris.

Comme les officiers qui composent cette jurisdiction

B iij

ne font pourvûs que par M. le grand-maître, les prevôts des armées & autres officiers pourvûs par Sa Majesté l'ont souvent contestée : mais M. le grand-maître y a toujours été maintenu en toutes occasions, conformément à sa disposition & à ses anciens privilèges.

En 1637. Josué Jacob, commissaire d'artillerie commandé pour servir en Hollande, ayant tué le nommé Gotbert aussi commissaire d'artillerie, il fut informé de l'homicide par le prevôt de l'artillerie ; & les lettres de grace que le Roi fit expédier sur ces informations, furent adressées au bailli de l'arsenal ou son lieutenant, & enregistrées audit bailliage par sentence du 27 Juin 1637.

Par autre sentence du 10 Janvier 1600, le bailli de l'arsenal condamna à mort le sieur de Saint-Ouyn commissaire provincial d'artillerie, pour avoir tué d'un coup de pistolet le nommé de Plats officier pointeur au camp de Bossu en Flandres, dans le parc de l'artillerie.

Le 29 Août 1697, le marquis de la Frezeliere lieutenant général de l'artillerie, pour lors à l'armée d'Allemagne, ayant chargé le nommé Hotman capitaine de charrois, de la conduite de l'équipage du nommé Ferlet autre capitaine de charrois, qui avoit été tué ; le sieur Binot prevôt de la connétablie à la suite de ladite armée, decerna une contrainte contre ledit Hotman, pour les droits prétendus par les officiers de la connétablie, sur les deniers provenans de la vente dudit équipage. Sur cela M. le grand-maître défendit par ordonnance du 20 Décembre 1697, aud. sieur Binot, de mettre sa contrainte à exécution, & ordonna audit Hotman de ne vuider ses mains qu'en conséquence de jugemens rendus au bailliage de l'arsenal. Cette contestation ayant formé une espece de conflit de jurisdiction entre le bailli de l'arsenal & ledit prevôt, il intervint arrêt du Conseil privé le 16 Septembre 1699, par lequel Sa Majesté maintient &

garde les officiers de l'artillerie au droit de justice en ses armées, en ce qui concerne l'artillerie, circonstances & dépendances, suivant & conformément aux privileges accordés par Sa Majesté auxdits officiers; ordonne que par provision les officiers de la connétablie seront payés par préférence de la somme de trois cent cinquante livres sur le prix de la vente dudit équipage, étant ès mains dudit Hotman; & renvoye les autres créanciers de Feriet à se pourvoir pardevers le bailli de l'arsenal, pour la distribution du surplus du prix de ladite vente.

Le 15 Juin 1702, le sieur Chavance lieutenant au régiment des bombardiers, ayant tué dans le parc de l'artillerie à l'armée de Flandres, un commis du sieur Rivié entrepreneur d'un équipage haut-le-pied à la suite de ladite armée, tant pour le service de l'artillerie, que pour celui des vivres: le prevôt de l'artillerie en informa sur le champ; le prevôt de l'armée prétendit qu'il n'en avoit aucun droit, & que les parties n'étoient point sujettes à la justice de l'artillerie: mais Sa Majesté informée de la contestation, la décida en faveur de l'artillerie, en faisant expédier au sieur de Chavance, le 11 Juillet suivant, un brevet de grace qu'Elle fit adresser pour l'enthérinement au bailli de l'arsenal.

DÉCLARATION DU ROI,

Portant Réglement pour les fonctions du Contrôleur général de l'Artillerie; donnée à Paris le 21 Juillet 1716; registrée en la Chambre des Comptes.

LOUIS, par la grace de Dieu, Roi de France & de Navarre: A tous ceux qui ces présentes lettres verront, Salut. L'attention

B iiij

que Nous avons à procurer le soulagement
de nos peuples, en diminuant, autant qu'il
est possible, les différentes dépenses de l'é-
tat, Nous ayant porté à prendre connoissance des offices créés depuis l'année 1703 dans
notre artillerie, par le feu Roi notre très-
honoré seigneur & bisayeul ; Nous avons
par notre édit du mois de Janvier dernier,
éteint & supprimé les deux offices de directeurs généraux de notre artillerie, & celui
de commissaire général des poudres & salpêtres de notre royaume, créés en ladite année 1703 ; & par autre édit du mois de Mai
dernier, Nous avons aussi éteint & supprimé les autres offices créés dans notre artillerie par les édits des mois d'Août 1703, Mai
& Octobre 1704, Novembre 1706, Mars
1708, & Février 1715, comme étant tous
également à charge à nos finances ; mais les
fonctions qui avoient été attribuées aux nouveaux offices de directeurs de notre artillerie, ayant été démembrées des anciennes
fonctions du contrôleur général de notredite artillerie, & notre intention étant qu'il
les remplisse à l'avenir dans toute leur étendue ; Nous avons jugé qu'il étoit du bien de
notre service d'expliquer nos intentions sur
les fonctions dudit contrôleur général de notre artillerie, plus particulierement qu'elles
ne l'ont été jusqu'à présent. A ces causes &
autres à ce Nous mouvans, de l'avis de notre très-cher & très-amé oncle le duc d'Orléans régent, de notre très-cher & très-amé

coufin le duc de Bourbon, de notre très-
cher & très-amé oncle le duc du Maine, de
notre très-cher & très-amé oncle le comte
de Touloufe, & autres pairs de France,
grands & notables perfonnages de notre
royaume, Nous avons par ces préfentes fignées de notre main, dit, ftatué & ordonné, difons, ftatuons & ordonnons, voulons
& Nous plaît :

ARTICLE PREMIER.

Que le contrôleur général de notre artillerie rentre dans toutes les fonctions de fa
charge, telles qu'elles font établies par les
anciens édits & déclarations des Rois nos
prédéceffeurs, & que ledit contrôleur général les exerçoit ou devoit les exercer avant
la création faite en l'année 1703 des deux
offices de directeurs généraux de notredite
artillerie, à la réferve de ce qui pourroit
être dérogé par le préfent réglement : Et
qu'en conféquence ledit contrôleur général
tiendra des regiftres, tant de la recette &
dépenfe en deniers qui fera faite par le tréforier général de notre artillerie, que de la
recette & confommation en pieces d'artillerie, munitions & marchandifes, & que fes
commis dans les provinces en tiennent de
pareils qui feront paraphés par ledit contrôleur général : dans lefquels regiftres ledit
contrôleur général & fes commis enregif-
treront tous les marchés concernant notre
artillerie, certificats de réceptions de mar-

chandifes & munitions, procès-verbaux de
fonte d'artillerie, revûes des officiers & autres employés, même des chevaux & mulets, enfemble les quittances de payement
& décharges du tréforier général de notre
artillerie, & généralement toutes les chofes
dont la connoiffance eft attribuée audit contrôleur général.

II. Ledit contrôleur général ou fes commis affifteront à tous les marchés & traités
qui fe feront pour le fervice de notre artillerie, tant pour achats & fournitures de munitions, travaux, réparations, voitures &
tranfports qui feront ordonnés par l'officier
principal de notre artillerie, qu'ils contrôleront & ne pourront refufer de le faire, à
moins qu'ils ne voyent manifeftement la léfion de nos intérêts, laquelle ils feront tenus de prouver, & en ce cas le contrôleur
général en fera averti par fes commis, pour
en informer le grand-maître & notre confeil de la guerre : Et en cas que ledit contrôleur général ou fes commis ne puffent fe
trouver dans les lieux où les marchés feront
paffés, ils pourront les demander à l'officier
principal de notre artillerie qui les aura paffés, lequel fera tenu de leur en donner communication pour les contrôler ; ce qui ne
leur fera point refufé, & ce immédiatement
après qu'ils feront paffés.

III. Ledit contrôleur général ou fes commis affifteront à l'épreuve & réception des
poudres, qui fera faite par l'officier princi-

pal de l'artillerie du lieu ou places auſquelles leſdites poudres feront livrées, & contrôleront les certificats de réception deſdites poudres qui feront délivrés à l'entrepreneur général pour obtenir ſon payement ; auront même l'œil ſur le raffinage des ſalpêtres & la fabrique des poudres, pour tenir la main à ce qu'elle ſe faſſe de la qualité portée par le traité & les ordonnances.

IV. Nous avons fixé, quant à-préſent, le nombre des commis qui feront employés & nommés par le contrôleur général de notre artillerie, à onze ; ſauf à lui permettre d'en employer un plus grand nombre lorſque le beſoin de notre ſervice le requerera, & que Nous l'ordonnerons, auxquelſdits commis nous ferons payer les appointemens qui feront réglés dans les états qui feront arrêtés par le grand-maître de notre artillerie : Et comme les fontes de l'artillerie demandent une grande attention, ledit contrôleur général ſera tenu de faire réfider un de ſes commis dans chacune des villes du royaume où il y a des fonderies, leſquels affiſteront à toutes les fontes pour veiller à nos intérêts & tenir regiſtre des pieces de canon, mortiers, pierriers, & autres pieces d'artillerie qui s'y fondront, pour connoître ſi les métaux qui feront délivrés aux maîtres fondeurs feront fidélement employés : contrôleront tous les états de recette & conſommation deſdits métaux ; & en cas qu'il s'y trouve quelque abus, ils en avertiront, com-

B vj

me dit eſt, le contrôleur général pour en informer le grand-maître & notre conſeil de la guerre.

V. Lorſque les marchands, entrepreneurs, fourniſſeurs & autres, feront des remiſes dans nos arſenaux & magaſins, le contrôleur général ou ſes commis y ſeront préſens, & examineront ſi les fournitures ſont de bonne qualité & conformes aux marchés, & en cas qu'il s'en trouvât qui ne fuſſent pas telles, ils en feront leurs remontrances à l'officier principal de notre artillerie : Et ſi nonobſtant cela il vouloit les faire recevoir, leſdits commis du contrôleur général lui en donneront avis pour en informer le grand-maître & notre conſeil de la guerre, avec preuve, afin qu'il y ſoit pourvû : & juſques-là ils pourront refuſer leur contrôle, & non autrement.

VI. Ledit contrôleur général ou ſes commis feront informés du nombre d'officiers, ouvriers & autres employés à la ſuite des armées pour le ſervice de notre artillerie, tant ordinaires qu'extraordinaires. Pour cet effet ils aſſiſteront aux revûes deſdits officiers, ouvriers, chevaux & mulets; & l'officier principal de notre artillerie ſera tenu de les avertir d'avance du jour & de l'heure deſdites revûes.

VII. Tous les payemens des dépenſes concernant notre artillerie, ſeront faits en préſence dud. contrôleur général ou ſes commis; ſçavoir, celle de chaque département, lorsqu'on fera le parfait payement aux entrepreneurs, marchands, ouvriers & autres pour chaque ouvrage ou marché qu'ils auront entrepris ; & contrôleront les pieces justificatives & finales desdits marchés & fournitures.

VIII. Le trésorier général de notre artillerie ne payera aucune ordonnance, qu'elle ne soit enregistrée & contrôlée par led. contrôleur général ou ses commis ; lequel contrôlera aussi toutes les quittances des parties prenantes, le tout à peine de nullité & de radiation dans les comptes dudit trésorier général.

IX. Défendons audit contrôleur général & ses commis d'exiger aucun droit de contrôle pour les quittances de la somme de dix livres & au-dessous, encore que par édit du mois de Décembre 1635, & arrêt du conseil du 5 Juillet 1640, il lui ait été permis indistinctement de prendre vingt sols pour droit de contrôle par quittance, lequel droit nous avons fixé & modéré à vingt sols par quittance de cent livres & au-dessus, & dix sols par quittance de dix livres & au-dessus, lui défendant très-expressément d'exiger de plus grandes sommes. Et fera ledit contrôleur général tenu de contrôler tous les acquits & pieces qui lui seront présentées, sans délai ni remise, lorsqu'elles seront en bonne forme, & qu'il ne lui paroîtra rien de contraire à notre service.

X. Ledit contrôleur général contrôlera

tous les états ou comptes du tréforier général de notre artillerie, avant qu'ils foient
apoftillés & arrêtés, ainfi qu'il s'eft pratiqué par le paffé. Il prendra connoiffance par
lui ou fes commis, des fonds qui feront remis audit tréforier général de notre artillerie ou fes commis ; & tiendra la main à ce
qu'ils ne foient point divertis de leur véri-
table deftination.

XI. Les regiftres que les gardes-magafins
de notre artillerie doivent tenir, feront cot-
tés & paraphés par ledit contrôleur général
ou fes commis ; lefquels contrôleront généralement toutes les pieces qui doivent fervir
à la décharge defdites gardes, & à juftifier
leur recette & leur dépenfe, ainfi que les inventaires & états de remife & confommation aufquels ils affifteront ; pour raifon de
quoi lefdits gardes les avertiront, lorfqu'il
fe fera des remifes & confommations confi-
dérables dans les arfenaux & magafins ; &
lorfqu'elles feront de moindre importance
& preffées, ils les feront avertir, autant que
faire fe pourra, de maniere néanmoins que
la diligence de notre fervice n'en foit point
retardée.

XII. Le contrôleur général, ou fes commis, auront une des clefs différentes dans
nos magafins, en la maniere accoutumée,
dans les lieux de leurs réfidences, afin qu'il
n'en puiffe rien fortir, ni être rien reçû,
qu'ils n'en ayent connoiffance.

XIII. Le contrôleur général fera des tournées, lorfqu'il lui fera ordonné, ou qu'il le jugera à propos, pour vifiter les magafins, & voir fi toutes chofes y font dans l'ordre & l'arrangement néceffaire; & s'il y a des défauts, il en informera le grand-maître & notre confeil de la guerre.

XIV. Les gardes-magafins ouvriront les magafins au contrôleur général & à fes commis, lorfqu'ils feront leurs tournées dans les places de leurs départemens; enforte qu'ils puiffent voir l'état des magafins, toutefois & quantes qu'il fera néceffaire. Ils rendront compte au contrôleur général de ce qu'ils auront reconnu, lequel en informera le grand-maître & notre confeil de la guerre.

XV. Lorfqu'il y aura des équipages d'artillerie fur pied, le contrôleur général fera tenu d'avoir des commis à leur fuite, lorfqu'il lui fera ordonné; lefquels en fon abfence feront les mêmes fonctions de fa charge que s'il y étoit préfent, aux gages & appointemens qui leur feront ordonnés, en la maniere accoutumée.

XVI. Le contrôleur général fe fera fournir trois mois après l'année finie, par fes commis, leurs contrôles, dont il leur donnera fa reconnoiffance, dans laquelle il leur marquera le tems qu'ils les lui auront remis; & lorfqu'il les aura raffemblés, il les joindra au fien pour préfenter fon contrôle général en notre chambre des comptes à Paris, fix mois après l'année échûe; duquel contrôle général il fera tenu de conferver des copies en bonne forme, aufquelles le grand-maître de notre artillerie, & notre confeil de la guerre, puiffent avoir recours en cas de befoin.

XVII. Les commis dudit contrôleur général de notre artillerie, & les gardes de notredite artillerie, feront tenus de rendre compte de trois mois en trois mois en tems de paix, & de mois en mois en tems de guerre, & même plus fouvent, s'ils en font requis par ledit contrôleur général, de tout ce qui fe paffera fur le fait de ladite artillerie, chacun dans leurs magafins & départemens, & ce par des états certifiés & fignés d'eux.

XVIII. Permettons audit contrôleur général de notre artillerie, de révoquer fes commis, lorfqu'ils auront commis quelque faute dans les fonctions de leurs emplois, qui méritera cette punition.

XIX. Nous avons maintenu & maintenons ledit contrôleur général de notredite artillerie, dans l'ufage d'enregiftrer les provifions, commiffions, brevets, ordre du grand-maître, permiffions d'avoir du canon, commiffions aux falpêtriers, & généralement toutes les expéditions concernant notredite artillerie.

Si donnons en mandement à nos amés & féaux confeillers les gens tenans notre chambre des comptes à Paris, que ces préfentes ils ayent à faire regiftrer, & icelles exécuter felon leur forme & teneur; Car tel eſt notre plaiſir. En témoin de quoi, Nous avons fait mettre notre ſcel à ceſdites préſentes. Donné à Paris le vingt-unieme jour de Juillet, l'an de grace mil ſept cent-ſeize, & de notre regne le premier. *Signé*, LOUIS. *Et plus bas*, Par le Roi, le Duc d'ORLEANS, Régent, préſent, Phelypeaux. Et ſcellé du grand ſceau de cire jaune.

Regiſtrées en la chambre des comptes, oui & ce requérant, le Procureur général du Roi, pour être exécutées ſelon leur forme & teneur. A Paris, le vingt-neuvieme jour d'Août mil ſept cent-ſeize. Signé, . . .

ORDONNANCE DU ROI,

Portant Réglement pour le payement des ouvriers qui travaillent à la fabrique des armes ſervant à l'uſage des troupes de Sa Majeſté ; du 25. Octobre 1716.

DE PAR LE ROI.

SA Majeſté s'étant fait repréſenter les adjudications faites en ſon conſeil de la guerre, le premier du mois de Septembre de la préſente année, à différens particuliers, pour la fourniture des armes de toutes eſpeces à l'uſage de ſes troupes, leſquelles doivent être faites dans les fabriques de Saint-Etienne en Forez & dépendances, Charleville, Nouzon & Maubeuge ; & Sa Majeſté jugeant qu'il eſt néceſſaire au bien de ſon ſervice & pour le maintien deſdites fabriques, de pourvoir à ce que les entrepreneurs defdites fournitures d'armes ne puiffent abufer de la néceffité où fe trouvent les ouvriers de leur vendre leurs ouvrages qu'ils ne peuvent livrer qu'à eux, & né les réduifent à des prix trop modiques, par rapport à ceux que Sa Majefté doit faire payer aufdits fourniffeurs des armes qu'ils livreront dans les arfenaux, particulierement pour les fufils de foldat & demi-citadelle; & qu'il eft jufte que lefdits ouvriers reçoivent un payement proportionné; Sa Majefté, de l'avis de Monfieur le Duc d'Orleans fon oncle, Régent, a ordonné & ordonne, qu'à commencer du jour de la publication de la préfente ordonnance, les entrepreneurs de la fourniture des armes fervant à l'ufage de fes troupes, qui doivent être fabriquées à Saint-Etienne en Forez & dépendances, Charleville, Nouzon, & Maubeuge; payeront aux prix ci-après reglés les ouvriers qui travailleront aux fufils de foldat & demi-citadelles :

SAVOIR,

Aux canonniers pour chaque canon, la fomme de trois livres, ci . . . . 3. l.

A condition que ceux qui creveront à la premiere épreuve, feront pour le compte defdits canonniers; & ceux qui creveront à la feconde, pour celui de l'entrepreneur.

Pour l'achevage & poliffage, trois fols, ci . . . . 3. f.

Au faifeur de platines, pour chaque platine quarrée, une livre dix fols, ci 1. l. 10. f.

Au trempeur, pour le trempage de chaque platine & des deux viffes qui tiennent le porte-viffe & la platine, & les empêcher de s'ufer ; lefquelles viffes par la trempe doivent revenir un peu bleues, quatre fols, ci . . . . 4. f.

Pour chaque bois de fufil, qui fera de hêtre ou de noyer, huit fols, ci . . . 8. f.

Au monteur, pour le montage de chaque fufil, une livre deux fols, ci . . . 1. l. 2. f.

Pour le talon, trois fols, ci . . . . . 3. f.

Pour la fous-garde, trois fols fix deniers, ci . . . . 3. f. 6. d.

Pour la détente limée, fix deniers, ci. 6. d.

Pour l'écuffon, fix deniers, ci . . . 6. d.

Pour le porte-viffe en S, un fol, ci .. 1. f.

Pour les trois portes-baguettes, trois fols, ci . . . . 3. f.

Pour les viffes, deux fols fix den. 2. f. 6. d.

Pour les deux anneaux ou grenadieres, trois fols fix deniers, ci . . . . . 3. f. 6. d.

Tous lefquels prix de chaque piece forment enfemble celui de fept livres quatre fols fix deniers, ... 7. l. 4. f. 6. d.

Les mêmes pieces des fufils demi-citadelle fervant à la défenfe des places, feront payées un quart en fus des prix ci-deffus expliqués. Fait Sa Majefté très-expreffes inhibitions & défenfes aufdits entrepreneurs de la fourniture des armes, de rien retenir des prix ci-deffus aux ouvriers, fous quelque prétexte que ce puiffe être, même de convention particuliere accordée entre eux , à peine de quinze cens livres d'amende , & de payer à l'ouvrier le quadruple de ce qui lui aura été retenu : Fait Sa Majesté pareilles défenses ausdits ouvriers de fabriquer pour son service des ouvrages de moindre valeur & de moindre prix que ceux spécifiés ci-dessus, à peine de cent livres d'amende & de confiscation de leursdits ouvrages.

Mande & ordonne Sa Majesté aux gouverneurs, commandans & commissaires départis pour l'exécution de ses ordres dans les provinces de Lyonnois, Forez & Beaujolois, Champagne & Haynault, & aux inspecteurs & contrôleurs préposés dans lesdites fabriques, de tenir la main à l'exécution de la présente ordonnance, qui sera lûe, publiée & affichée par-tout où besoin sera. Fait à Paris, le vingt-cinquieme jour d'Octobre mil sept cent seize. *Signé,*LOUIS. *Et plus bas,* PHELYPEAUX.

ORDONNANCE DU ROI,

Portant Réglement pour le bon ordre que Sa Majesté veut être observé dans les Manufactures d'Armes établies à Charleville & à Maubeuge, du 10. Juillet 1722.

DE PAR LE ROI.

S A Majesté voulant expliquer ses intentions sur le bon ordre qu'Elle entend être observé dans les manufactures d'armes, établies à Charleville & à Maubeuge, tant pour procurer aux entrepreneurs la sûreté des matériaux qu'ils livrent, & de l'argent qu'ils avancent aux ouvriers, que pour donner à ces ouvriers une exemption qui les engage à se porter à leur travail avec plus de zele, d'assiduité & de fidélité; Sa Majesté a, de l'avis de Monsieur le Duc d'Orléans Régent, ordonné & ordonne ce qui suit.

ARTICLE PREMIER.

Qu'il sera tenu un registre par les entrepreneurs, où seront transcrits les noms de tous les ouvriers travaillans & employés dans la manufacture; lequel registre sera vérifié & visé par les inspecteur & contrôleur, à faute de quoi il sera nul.

II. Défend Sa Majesté, à tous marchands, artisans & à toutes personnes, de quelque qualité & condition que ce soit, d'acheter des ouvriers de la manufacture, directement ou indirectement, aucuns matériaux propres à la fabrication des armes, comme fer, houille, acier, fil de fer, limes, tolle, bois, borax, platines, canons, équipages, & généralement tout ce qui entre dans la construction de l'arme, à peine de confiscation des marchandises & d'être mis en prison, sans qu'il soit besoin pour l'exécution de cet article d'avoir recours à aucune justice; enjoignant Sa Majesté à l'inspecteur & contrôleur de la manufacture, d'y tenir la main, de faire dresser des procès-verbaux des contraventions, à la réquisition de l'entrepreneur, & d'avoir, pour ce, recours à l'autorité des gouverneurs ou commandans des places, pour avoir main forte si besoin est.

III. Fait défenses encore Sa Majesté à tous juges, de connoître des causes mûes & à mouvoir entre les ouvriers & l'entrepreneur, pour raison du service de la manufacture; lesquelles seront jugées par l'intendant ou le commissaire ordonnateur employé à Charleville, ou à Maubeuge, sur le rapport de l'inspecteur & du contrôleur, & à la réquisition de l'entrepreneur.

IV. Aucuns ouvriers, armuriers, ou autres établis & tenant boutique dans les villes & lieux de la manufacture, ne pourront entreprendre de fournir des armes aux troupes, à moins que les canons n'ayent été éprouvés dans le lieu de la manufacture, en présence de l'inspecteur & du contrôleur.

V. Les cabaretiers ou autres marchands qui auront fait crédit à des ouvriers, ne pourront rien exiger de l'entrepreneur pour leur payement, à moins qu'il ne leur en ait répondu.

VI. Les ouvriers qui seront redevables à l'entrepreneur, ne pourront quitter ladite manufacture, qu'ils ne l'ayent entierement satisfait, sous peine d'être mis en prison.

VII. Veut en outre Sa Majesté, que lesdits ouvriers inscrits soient exempts de tous logemens de guerre, pourvû qu'ils n'exercent aucune autre profession, & de monter la garde bourgeoife; & qu'à cet effet, il foit donné aux hôtels de ville & magiftrats de Charleville, Mezieres & Maubeuge, copie dudit regiftre ordonné par le premier article, laquelle fera certifiée des infpecteur & contrôleur; Sa Majefté ayant jugé cette exemption néceffaire, afin que l'ouvrier ne foit point interrompu dans fon travail.

Mande & ordonne Sa Majefté à Monfieur le duc du Maine, grand-maître de fon artillerie, aux gouverneurs & fes lieutenans généraux dans fes provinces, aux gouverneurs & commandans dans fes places, aux intendans dans les fufdites provinces, aux infpecteurs généraux & particuliers, & contrôleurs defdites manufactures, de tenir la main à l'exacte obfervation de la préfente ordonnance. Fait à Verfailles le dixieme jour de Juillet mil fept cent vingt-deux. *Signé*, LOUIS. *Et plus bas*, LE BLANC.

TITRE II.

De la sûreté des Magafins & Arfenaux, & du fervice de l'Artillerie dans les Places.

ARTICLE PREMIER.

IL fera appofé à chacune des portes des magafins des munitions de guerre & d'artillerie du royaume, trois ferrures différentes, dont les clefs feront gardées, l'une par le gouverneur ou commandant de la place, l'autre par le commiffaire d'artillerie, & la troifieme par le garde-magafin; &

dans les places où il n'y aura pas de commiſſaire d'artillerie, il n'y aura auſdits magaſins que deux ſerrures, dont l'une ſera gardée par le gouverneur ou commandant, l'autre par le garde-magaſin, enſorte qu'aucun d'eux n'y puiſſe entrer ſans la participation de l'autre. *Louis XIV. du 4. Août* 1663.

II. A l'égard des arſenaux, les lieutenant, contrôleur & garde de l'artillerie, en auront chacun une clef différente, ainſi qu'il eſt accoutumé, ſans qu'aucun autre puiſſe y avoir inſpection. *Ibidem.*

III. Le Roi ayant jugé à propos de retrancher la dépenſe qu'il étoit obligé de faire pour entretenir les canonniers en ſes places, Sa Majeſté a ordonné & ordonne que, lorſque dans une place il arrivera quelque occaſion dans laquelle il ſera néceſſaire d'exploiter & remuer les pieces d'artillerie & munitions de guerre, le gouverneur ou commandant dans ladite place, ſur la réquiſition qui lui en ſera faite par le commiſſaire d'artillerie, fera détacher des ſoldats des corps-de-garde, commandés par des ſergens, au nombre que ledit gouverneur ou commandant jugera être néceſſaire, ſur le compte que lui rendra ledit commiſſaire, de ce à quoi ils devront être employés, & ledit gouverneur ou commandant enjoindra auſdits ſergens & ſoldats d'exécuter tout ce que ledit commiſſaire leur ordonnera, ſans difficulté. *Louis XIV. du 23. Janvier* 1679.

IV. Les gouverneurs ou commandans
des

des places de Sa Majesté, détacheront desdits corps-de-garde, deux fois par mois, six soldats pour aller nettoyer les magasins desdites places, & faire à cet égard tout ce que le commissaire d'artillerie leur ordonnera, sans difficulté. *Ibidem.*

V. Veut Sa Majesté, qu'après que ce qui aura été ordonné aux uns & aux autres desdits sergens & soldats par le commissaire d'artillerie, aura été exécuté, ils soient déchargés du reste de leur garde, & puissent se retirer dans leurs chambres, sans que le capitaine ou autre officier commandant ladite garde, les puisse obliger de retourner l'achever. *Ibidem.*

TITRE III,

De la confection & épreuve des Poudres.

ARTICLE PREMIER.

LE Roi a défendu & défend très-expressément à ceux qui ont entrepris la fourniture générale des poudres dans le Royaume, ou qui l'entreprendront ci-après, d'employer dorénavant dans la confection des poudres qu'ils feront faire, du salpêtre qui ne soit pas de trois cuites & parfaitement dégraissé & dessalé, ni aussi d'autre charbon que celui du bois de Bourdaine. *Louis XIV. du 4. Avril* 1686.

II. Ordonne & enjoint Sa Majesté, ausdits entrepreneurs, de faire battre lesdites

Tome I.   C

poudres dans les mortiers pendant vingt-
quatre heures au moins. *Ibidem.*

III. Veut Sa Majesté, que deformais il
ne soit livré dans ses magasins aucune poudre à gros grain, appellée poudre à canon;
mais elle veut qu'elle soit toute du grain de
celle qu'on nomme ordinairement poudre
à mousquet. *Ibidem.*

IV. Et pour prévenir les inconvéniens
qui naissent de la variété des éprouvettes,
dont on s'est ci-devant servi pour connoître
la force & la qualité des poudres, l'intention de Sa Majesté est qu'à l'avenir, celles
qui seront fournies dans ses magasins soient
éprouvées dans des mortiers qui seront à ce
destinés. *Louis XIV. du 18. Septembre 1686.*

V. Veut Sa Majesté, que pour que lesdites
poudres puissent être reçûes, trois onces
mises dans un desdits mortiers, sans être
battiues, puissent porter un boulet de soixante livres, qui sera mis dessus sans aucun
tampon ni plateau, & avec le vent marqué
par ledit profil, au-delà de cinquante toises
dudit mortier; lequel pour cette épreuve,
sera mis de niveau & parfaitement pointé
à quarante-cinq degrés d'élévation. *Ibidem,*
& du 4. Avril 1686.

VI. Veut & entend Sa Majesté, que
toutes les poudres fournies qui auront besoin de radoub, ne soient point reçûes dans
les magasins, après ledit radoub, qu'elles
n'ayent été mises en état, que trois onces
chargées dans un desdits mortiers, ne pous-

sent ledit boulet au-delà de quarante-cinq toises. *Ibidem.*

TITRE IV.

Des Plans d'ormes ordonnés pour le service de l'Artillerie.

ARTICLE PREMIER.

LE Roi desirant pourvoir à ce qu'on ne puisse à l'avenir manquer d'affuts & de rouages pour l'artillerie, sur les frontieres de Flandres, veut & ordonne que tous particuliers, de quelque qualité qu'ils soient, qui possedent des terres en Artois, Flandres & Haynault, aboutissant sur les grands chemins royaux ou autres publics, de largeur convenable, pour qu'une charrette y puisse passer, fassent planter des ormes sur la crête des fossés & lisieres desdites terres aboutissantes èsdits chemins, en tous les endroits où il n'y aura pas d'autres arbres déja plantés ; observant de mettre lesdits ormes à égale distance les uns des autres, de huit en huit toises au plus, & de les faire armer d'épines & butter par le pied, afin que les passans & les bestiaux ne puissent les endommager. *Louis XIV. du 20. Décembre 1682.*

Nota. *Cette ordonnance a été restrainte à l'égard de l'Artois seulement, par autre ordonnance du 12. Janvier 1684. aux seuls chemins royaux.*

II. Veut Sa Majesté que , lorsque des

paſſans ou des beſtiaux auront endommagé leſdits arbres, leſdits paſſans ou les propriétaires deſdits beſtiaux ſoient punis d'amende arbitraire, payable ſans déport. *Ibidem.*

III. A meſure que leſdits ormes viendront à mourir, leſdits particuliers feront remettre en leurs places d'autres ormes, & non des arbres d'une autre eſpece, à moins que la terre, au dire d'experts, dont on tirera des certificats autentiques, ne fût pas propre à les faire venir ; auquel cas il ſera mis des arbres de la nature convenable au terroir. *Ibidem.*

IV. Permet Sa Majeſté auſdits particuliers, de faire émonder & ébrancher leſdits ormes dans le tems propre, & de jouir des branchages : mais en même tems, Elle leur défend expreſſément de toucher au corps deſdits arbres, leſquels ſeront conſervés pour parvenir à une parfaite hauteur & groſſeur. *Ibidem.*

V. Faute par les propriétaires des terres ſiſes ſur leſdits grands chemins, de faire planter leſdits ormes dans le (*) tems ci-deſſus preſcrit pour tout délai ; il ſera permis aux communautés les plus voiſines d'y en faire planter ; moyennant quoi, elles jouiront des branchages & émondées, ſans que leſdits propriétaires puiſſent les empê-

(*) *Le tems preſcrit par cette ordonnance, eſt depuis le jour de ſa date, juſqu'au premier Janvier 1684.*

cher & prétendre ledit branchage leur appartenir, non plus que le corps desd. arbres, quoique plantés sur leurs fonds. *Ibidem.*

TITRE V.

Du Régiment Royal-Artillerie, de son Service, & du Rang de ses Officiers avec ceux de l'Artillerie.

ARTICLE PREMIER.

SA Majesté ayant incorporé dans son régiment Royal-artillerie, le régiment royal des bombardiers, toutes les compagnies de canonniers, franches ou séparées, & toutes celles de mineurs, Elle a ordonné que ledit régiment formera dorénavant cinq bataillons, chacun de huit compagnies, de cent hommes chacune. *Louis XV. ordonnance du 5. Février 1720.*

II. Chaque compagnie sera composée d'un capitaine en premier, d'un capitaine en second, de deux lieutenans, deux sous-lieutenans, quatre sergens, quatre caporaux, quatre anspessades, deux cadets, deux tambours, & quatre-vingt-quatre soldats. *Louis XV. Ibidem. Tous les articl. de ce titre, jusques & compris le IX. sont tirés de la même ordonn. du 5. Fév. 1720, à l'exception du VIII. article.*

III. Chaque compagnie sera divisée en trois escouades; la première qui sera double des autres, sera composée de vingt-quatre canonniers ou bombardiers, y compris deux

C iij.

fergens, deux caporaux, deux anfpeffades de la même profeffion, & vingt-quatre foldats apprentifs.

IV. La feconde efcouade fera compofée de douze mineurs ou fappeurs, y compris un fergent, un caporal & un anfpeffade des mêmes profeffions, & douze foldats apprentifs.

V. La troifieme efcouade fera compofée de douze ouvriers en fer ou en bois à l'ufage de l'artillerie, dans le nombre defquels il y aura un fergent, un caporal & un anfpeffade des mêmes métiers, & douze foldats apprentifs.

Nota. *Par ordonnance du 25. Novembre 1695, il étoit défendu aux capitaines de Royal-artillerie, dont les compagnies étoient compofées d'ouvriers, d'y engager à l'avenir aucun foldat qui ne fût un des métiers de forgeur, ferrurier, charron, menuifier, charpentier, maréchal, taillandier, chaudronnier, maçon, tourneur ou fellier. Il étoit enjoint aux commandans, majors & aides-majors, d'y tenir la main, fous peine d'interdiction ; & défendu aux commiffaires des guerres d'y paffer des foldats qui ne fuffent ouvriers, quand ils feroient de la taille & quaiité requifes par les ordonnances.*

VI. L'état-major de chacun de ces bataillons, fera compofé d'un lieutenant-colonel, un major, un aide-major, un aumônier & un chirurgien major.

VII. Tous les officiers qui font préfentement en pied dans les bataillons ou compagnies attachés au service de l'artillerie, & qui ne pourront pas rester en pied par la nouvelle composition des bataillons, y seront rétablis par préférence à tous autres, lorsqu'il y aura des charges vacantes; & après eux, ceux qui ont été ci-devant en pied dans lesdits bataillons & compagnies.

VIII. L'habillement dudit régiment sera dorénavant de bleu, doublé de rouge, avec des boutons de cuivre; & la veste sera rouge. *Louis XV. du 22. Mai 1722. article XXVI.*

IX. Le régiment gardera les mêmes drapeaux, hors qu'il y aura un drapeau blanc dans chaque bataillon.

X. Lorsque les bataillons du régiment se rencontreront, ils n'auront d'autre rang entr'eux, que celui de l'ancienneté du lieutenant-colonel; & les officiers dans les détachemens commanderont entr'eux suivant l'ancienneté de leurs commissions; & avec les autres régimens, suivant le rang du régiment. *Louis XV. ordonnance du 5 Février 1720 pour le service du régiment Royal-artillerie. Tous les articles suivans, jusques & compris le XXXIV. sont tirés de la même ordonnance.*

XI. Le plus ancien major fera la charge de major de brigade, quand bien même son bataillon ne seroit pas le premier.

XII. Les bataillons étant ensemble, si un des lieutenans-colonels étoit absent, le ba-

taillon ne laissera pas de prendre son rang
suivant l'ancienneté du lieutenant-colonel ;
& le premier capitaine en prendra le commandement aux ordres pour le service du
lieutenant-colonel le plus ancien qui se trouvera présent.

XIII. Comme les lieutenans-colonels de
ce régiment commanderont entre eux suivant leur ancienneté de commissions ; si les
lieutenans-colonels étoient absens, l'ancien
capitaine commanderoit le tout, quand bien
même le bataillon dont il seroit, ne marcheroit pas le premier.

XIV. Il ne sera mis à la tête de ces bataillons, soit pour les lieutenans-colonels, capitaines ou majors, que des gens élevés dans
le corps, & qui se soient rendus capables
par les écoles & leurs expériences dans les
différentes fonctions que leurs emplois demandent ; afin que le même homme puisse
servir à placer & commander également les
batteries de canons & de mortiers, conduire les mines & les sappes.

XV. Les officiers subalternes & les soldats, s'instruiront & feront indifféremment les mêmes écoles ; & tous les jeunes
gens qui entreront pour être officiers, seront obligés d'être instruits dans les mathématiques, ou de les apprendre dans leurs
premiers emplois, & de subir l'examen.

XVI. Les capitaines seront détachés à
tour de rôle, pour commander les différentes écoles en paix & en guerre, & pour
toutes les attaques indifféremment : mais

comme jusqu'à présent les capitaines de canonniers n'étoient employés que pour les
batteries de canons, ceux des bombardiers
que pour celles des bombes, ceux des mineurs que pour les mines, d'autres pour les
sappes; lorsque, par exemple, un capitaine
de canonniers sera détaché pour conduire
une mine, il y aura avec lui un capitaine en
second, ou autres officiers de ceux qui auront été dans les compagnies de mineurs,
& ainsi des autres fonctions.

XVII. Pour qu'il y ait toujours à la tête
des détachemens, des plus anciens capitaines & des plus expérimentés, tous les commandemens se prendront par un capitaine
en premier, puis un capitaine en second,
afin que pour peu que le détachement soit
considérable, il y ait toujours un des premiers capitaines à la tête.

XVIII. Lorsqu'on fera des détachemens
de chaque compagnie, soit pour la garde
des places, du parc d'artillerie, ou autres
qui ne seront pas du service, des professions
& métiers ci-dessus; si le détachement est
de seize hommes par compagnie, il en sera
détaché huit de l'escouade des canonniers-
bombardiers, quatre de celle des sappeurs
& mineurs, quatre de celle des ouvriers, &
de tous les trois, moitié de ceux des professions & métiers, & moitié des apprentifs.

XIX. Lorsque l'on fera des détachemens
pour des batteries de canons ou de mortiers,
ils seront tirés de toutes les escouades des ca-

C v

nonniers & bombardiers de chaque compagnie, dont moitié seront apprentifs.

XX. Si l'on a besoin des ouvriers, ils seront pareillement tirés des brigades des ouvriers en la même maniere.

XXI. Lorsque l'on demandera des détachemens de mineurs & de sappeurs, si c'est pour des mines, on détachera avec eux moitié apprentifs; mais à l'égard des sappes, suivant le nombre d'hommes qui sera nécessaire pour ce travail, outre les hommes de Royal-artillerie, on en prendra dans les bataillons de l'armée : on détachera des sappeurs seulement le nombre nécessaire pour être à la tête des brigades, pour travailler & conduire l'ouvrage, & sous eux leurs apprentifs, & après eux les soldats détachés de l'armée.

XXII. Pour faciliter au capitaine en premier les moyens de faire les recrues nécessaires pour sa compagnie, le capitaine en second & les quatre subalternes seront obligés d'y travailler : du nombre des cinq, il y en aura trois chaque année qui iront faire les recrues; si, par exemple, il manque vingt-quatre hommes à une compagnie, chacun de ces trois officiers sera obligé d'en faire six, & le capitaine en premier sera chargé des six autres.

XXIII. Le capitaine en premier payera à l'officier chargé d'aller en recrue, pour la conduite de chaque homme de recrue deux sols par lieue, par rapport à la distance de

l'endroit d'où l'officier les amenera, & dix
fols par homme pour un féjour, qui fera
pris de cinq en cinq jours.

XXIV. A l'égard de l'argent que le capitaine fera obligé de donner pour faire les
hommes, le prix en fera réglé à l'amiable
par le commandant du corps, & par les directeurs & infpecteurs, & ce fuivant les facilités ou difficultés qui peuvent fe trouver
plus ou moins grandes, felon les tems ; l'intention de Sa Majefté n'étant pas que les officiers chargés des recrues y mettent du leur,
mais bien qu'ils donnent leurs foins & leurs
peines pour le bien de fon fervice, en l'employant à maintenir fes troupes complettes ;
à quoi ils doivent être d'autant plus enga-
gés, que lorfqu'ils parviendront à avoir une
compagnie, on travaillera également pour
eux ; & ceux qui ne travailleront point aux
recrues feront privés de leurs emplois.

XXV. Le directeur général des écoles
d'artillerie, & l'infpecteur général des mêmes écoles, iront chaque année vifiter les
bataillons du régiment Royal-artillerie, qui
feront dans les départemens qui leur feront
diftribués ; en feront la revûe, & examineront la capacité des officiers & foldats ; ils
auront dans leur tournée tous les honneurs
de commandans : les lieutenans-colonels &
capitaines leur obéiront en tout ce qui eft du
fervice d'artillerie ; & les commandans &
majors leur rendront compte de la conduite
des officiers, & s'ils s'appliquent à s'inftruire

C vj

pour mériter de monter aux grades.

XXVI. Aucun fubalterne, quelque ancienneté qu'il ait, ne fera reçu capitaine en fecond, & celui qui fera capitaine en fecond, ne fera mis en premier qu'il ne foit capable de commander toutes les écoles, & dans tous les fiéges de conduire tous les différens ouvrages ou attaques qui lui feront ordonnés ; & pour cet effet, il fubira l'examen avant de pouvoir être reçu.

XXVII. On préfentera aux directeur & infpecteur tous les foldats apprentifs de chaque compagnie, que l'on croira capables de remplir les places qui feront vacantes, foit canonniers, bombardiers, mineurs, fappeurs ou ouvriers; & à leur défaut, les foldats de recrue capables de faire ces fonctions, feront examinés & exercés en préfence du directeur ou infpecteur, & ne feront reçus & employés fur le regiftre qu'après avoir été trouvés capables ; & ceux qu'ils auront refufés refteront foldats à la paye ordinaire, jufqu'à ce qu'ils foient mieux inftruits.

XXVIII. Lorfque le commiffaire des guerres fera la revûe, il la fera par appel pour ceux qui font canonniers, bombardiers, fappeurs, mineurs ou ouvriers, fuivant qu'ils feront contrôlés fur le livre figné du lieutenant-colonel & du major, vifé de l'infpecteur ; & s'il y en a de nouveaux depuis la derniere revûe, ils marqueront qu'ils ont été faits depuis, & que c'eft en attendant qu'ils les ayent approuvés.

XXIX. Lefdits commiffaires fpécifieront dans leurs revûes, par articles féparés, le nombre qu'il y aura tant de fergens, canonniers ou bombardiers, fappeurs ou mineurs, ouvriers, ou foldats apprentifs à la paye ordinaire; afin que le décompte de la compagnie foit fait fuivant la paye réglée pour chacun.

XXX. Les directeurs & infpecteurs généraux de l'infanterie, feront à l'ordinaire les revûes de ces bataillons, & les lieutenans-colonels envoyeront directement à celui qui fera chargé de l'infanterie, le mémoire pour propofer aux emplois vacans, & en rendre compte.

XXXI. Ces bataillons fe trouvant feuls dans une place, ou avec d'autres troupes, y feront le fervice comme toute l'infanterie : mais ils ne feront comptés que pour un demi-bataillon, n'y ayant que les capitaines en fecond, & les officiers fubalternes, qui monteront la garde, & feront le fervice dans la place; Sa Majefté en ayant bien voulu difpenfer les capitaines en premier, & les canonniers, bombardiers, mineurs, fappeurs & ouvriers, à moins qu'il ne fût néceffaire pour le fervice de la place; auquel cas ils exécuteront les ordres des gouverneurs ou commandans des places où ils fe trouveront.

XXXII. Les bataillons du régiment Royal-artillerie, étant dans tous les fiéges journellement de tranchée, par détachement à toutes les attaques, ils ne monteront point de tranchée en corps ; & dans les armées ils camperont toujours au parc de l'artillerie, & ne feront que ce fervice.

Nota. *Par ordonnance de Louis XIV. du 25 Novembre 1695, il étoit porté* Que les bataillons du régiment Royal-artillerie marcheroient & camperoient toujours avec l'artillerie, dans les armées où ils ferviroient, n'y feroient jamais mis en ligne, n'y monteroient aucunes gardes ni tranchées, fous quelque prétexte que ce pût être ; & ne feroient aucun fervice avec le refte de l'infanterie, fi ce n'étoit dans les places où ils feroient en garnifon.

XXXIII. Ces bataillons feront repartis fur les frontieres, & dans les places principales où fe font tous les ouvrages néceffaires pour les magafins d'artillerie. Sa Majefté commettra dans ces lieux un des principaux officiers d'artillerie, pour commander les écoles de canons & de bombes, pour leur montrer à conduire des fappes & des mines, & la maniere d'attaquer & défendre des places, ce qu'on leur fera pratiquer fur le terrain ; à l'effet de quoi on leur diftribuera la poudre, les bois & matériaux néceffaires.

Nota. *Les villes & places où ces écoles font établies, font celles de la Fere, de Metz, de Strafbourg, de Grenoble & de Perpignan.*

XXXIV. Il fera entretenu à la fuite de chacun de ces bataillons un maître des mathématiques, pour inftruire les officiers fub-

alternes; lefquels feront obligés de fe rendre au lieu qui fera deftiné pour tenir l'é-
cole, tous les jours de la femaine que les
directeur ou infpecteur auront marqués; Sa
Majefté enjoignant au commandant & au
major de tenir la main à ce qu'aucun officier
n'y manque.

XXXV. Veut Sa Majefté que les lieutenans-colonels, officiers, fergens & foldats
de fon régiment Royal-artillerie, obéiffent,
en ce qui regarde le fervice de l'artillerie, à
ceux que le grand-maître de l'artillerie aura
commis pour la commander en chef, non-
feulement dans les armées & dans les places,
mais auffi dans les écoles; & en l'abfence du
chef, à ceux qui y commanderont en fecond
& en troifieme. *Louis XV. ordonnance du*
22. Mai 1722.

XXXVI. Les lieutenans - colonels dudit
régiment, tiendront rang de lieutenans d'artillerie, & en obtiendront des provifions
du grand-maître. *Louis XV. Ibidem.*

XXXVII. Les deux premiers capitaines
de chacun des bataillons dudit régiment,
tiendront rang de commiffaires provinciaux
de l'artillerie, & feront pourvûs à cet effet
d'une commiffion du grand-maître; lequel
pourra d'ailleurs donner de pareilles commiffions aux autres officiers de ces bataillons, qu'il en jugera dignes. Le major &
les autres capitaines auront rang de commiffaires ordinaires; les aides-majors & les
lieutenans, de commiffaires extraordinai-

res ; & les fous-lieutenans, d'officiers pointeurs ; Sa Majefté voulant que les aides de
parc de l'artillerie foient fupprimés , & employés dorénavant fous le nom d'officiers
pointeurs : defquelles charges , le grand-
maître de l'artillerie leur fera délivrer fes
provifions pour prendre rang avec les autres officiers d'artillerie, du jour qu'ils auront été dans le régiment, dont il fera fait
mention dans lefdites provifions. *Louis XIV.*
du 15. Avril 1693. Et Louis XV. du 22.
Mai 1722.

XXXVIII. Tout ce qui fera ordonné
pour le fervice des écoles d'artillerie, par
les commandans des écoles, ou en leur abfence par les commandans en fecond ou en
troifieme , fera exécuté fur le champ : & fi
les lieutenans-colonels ou capitaines dudit
régiment ont des repréfentations à faire, ils
s'adrefferont au grand-maître de l'artillerie ,
& au directeur ou infpecteur général du département où l'école fe trouvera , lorfqu'ils
feront fur les lieux, lefquels leur feront favoir les intentions du grand-maître de l'artillerie : mais ils commenceront par obéir.
Louis XV. ordonnance du 22. Mai 1722. Les
articles fuivans de ce titre, jufques & compris
l'article LVI. font tirés de la même ordon-
nance.

XXXIX. Les rangs que les officiers d'artillerie doivent tenir avec ceux du régiment
Royal-artillerie, étant réglés par les précédentes ordonnances, & par la préfente , lef-

dits officiers d'artillerie feront reconnus, chacun fuivant fa commiffion, pour ce qui concerne uniquement le fervice de l'artillerie, à la tête dudit régiment, d'un bataillon, ou d'un détachement, felon l'occafion ; à l'armée, dans les places & aux écoles ; afin qu'aucun officier ni foldat dudit régiment ne puiffe l'ignorer.

XL. Sa Majefté voulant par toute forte de moyens unir ces deux corps, & n'en faire qu'un, fon intention eft que le grand-maître de l'artillerie ordonne à chacun des officiers d'artillerie, revêtu de fa commiffion, lieutenans, commiffaires & officiers-pointeurs, d'avoir l'habit uniforme du régiment royal artillerie ; afin que le foldat s'accoutume encore davantage à regarder les officiers d'artillerie comme fes propres officiers, & qu'il n'ait aucun lieu d'ignorer l'obéiffance qu'il leur doit en cette qualité, dans les occafions du fervice de l'artillerie.

XLI. S'il arrive qu'un foldat du régiment Royal-artillerie, tire l'épée, dife des injures, ou manque d'obéiffance & de refpect à un officier d'artillerie, dans le lieu où il fera employé, foit aux écoles, dans les places ou à l'armée, & dans les occafions du fervice de l'artillerie, il fera puni comme s'il en avoit agi de même à l'égard d'un officier de fon bataillon, & jugé fuivant toute la rigueur des ordonnances du Roi à ce fujet, par le confeil de guerre affemblé à cet effet chez le gouverneur ou commandant de la place, & à l'armée chez le commandant en chef de l'artillerie; lequel conseil de guerre sera composé de deux tiers d'officiers du régiment, & l'autre tiers d'officiers de l'artillerie. Enjoint Sa Majesté au commandant des bataillons, de faire faire lecture de cet article de l'ordonnance les jours de revûe, à ce qu'aucun soldat n'en ignore.

XLII. Lorsqu'un officier dudit régiment aura manqué à son devoir dans le service de l'artillerie aux écoles; qu'il méritera les arrêts, ou quelqu'autre punition, le commandant de l'école s'adressera au capitaine qui commandera le détachement à l'école de pratique, ou à celui qui présidera à l'école de mathématiques, pour la punition méritée, ainsi que pour envoyer un soldat au corps-de-garde ou en prison. Mais s'il y a contestation à ce sujet, ce que le commandant de l'école ordonnera sera exécuté; & permis au lieutenant-colonel ou capitaine, de faire ses représentations au grand-maître de l'artillerie, ou au directeur ou inspecteur généraux, lorsqu'ils seront sur les lieux, lesquels en informeront le grand-maître.

XLIII. Un officier major dudit régiment ira tous les jours prendre l'ordre du commandant de l'école & du commandant de l'artillerie à l'armée : & un sergent du bataillon portera chaque jour le mot aux deux commandans en second des écoles, dans les places où elles seront établies.

XLIV. Dans le service des batteries à l'ar-

mée, aux écoles, & dans les occafions de
fervice d'artillerie dans les places, le plus
ancien des officiers de l'artillerie ou des bataillons, choifira fon pofte de droit ou de
gauche, fans aucun égard aux prérogatives
prétendues par ceux de Royal-artillerie fur
les officiers de l'artillerie, puifqu'ils ne font
qu'un même corps pour le fervice de l'artillerie : & cette ancienneté fe prendra de
la date de commiffion que les uns & les autres auront du Roi & du grand-maître ; lequel fera expédier fes commiffions aux officiers du régiment, du jour de celles qu'ils
auront de Sa Majefté.

XLV. Le commandant de l'école pourra,
quand il le jugera à propos, fe mettre à la
tête du bataillon qui fera employé à l'école
qu'il commandera, ainfi qu'il fe pratique
dans les armées de Sa Majefté, fuivant l'ordonnance du 25. Novembre 1695.

Nota. *Cette ordonnance de* 1695 *porte* Que
le lieutenant colonel & les commandans des
bataillons de ce régiment, & les autres officiers, obéiront à celui qui commandera l'artillerie, telle charge qu'il puiffe avoir dans
ladite artillerie, & qu'il lui fera permis de
fe mettre à la tête dudit régiment, & de
chacun defdits bataillons, toutes les fois
qu'il le jugera à propos, foit dans les marches & dans les détachemens, foit aux revûes ou ailleurs où le régiment & où lefdits
bataillons fe trouveront.

XLVI. Tout officier d'artillerie commandé, pourra de même se mettre à la tête du détachement qui sera avec lui pour le service de l'artillerie, s'il se trouve plus ancien que l'officier du régiment Royal-artillerie qui sera détaché.

XLVII. Les commandans en chef des écoles auront dans les lieux où elles sont établies, les mêmes honneurs que les lieutenans-colonels desdits bataillons : & ceux qui seront honorés du grade de brigadier ou autre supérieur, recevront les mêmes honneurs qui sont dûs aux officiers de leur caractere, lorsqu'ils sont employés sur la frontiere, ou qu'ils se trouvent de piquet ou de jour dans les armées.

XLVIII. Les directeur & inspecteur généraux des écoles tiendront la main, lorsqu'ils feront leurs revûes, à ce que les escouades d'ouvriers ne soient composées que d'hommes sachant un métier propre à l'artillerie : Sa Majesté ordonnant aux commandans, majors & aides-majors de chaque bataillon, & aux commissaires des guerres, d'exécuter à la lettre ce qui est dit à ce sujet dans l'ordonnance du 25. Novembre 1695. & sur les peines y portées.

Nota. *La disposition de cette ordonnance est rapportée à la suite de l'article V. du présent titre.*

XLIX. Comme il est nécessaire que dans l'escouade de sappeurs-mineurs, il y ait des charpentiers, forgeurs, tailleurs de pierre & maçons, ces différens métiers entrant dans le travail des fappes & des mines ; Sa Majefté veut & entend que la moitié de l'efcouade defdits fappeurs-mineurs foit compofé d'ouvriers des métiers qu'on vient de dire : & le major du bataillon fera tenu de remettre au commiffaire des guerres à chaque revûe, un état de lui certifié defdits ouvriers, & de leurs différens métiers.

L. Veut Sa Majefté, que les directeur & infpecteur généraux des écoles, fe faffent donner le nom de tous les canonniers-bombardiers, fappeurs-mineurs, ouvriers & apprentifs à la haute paye, pour fe les faire repréfenter aux revûes : défendant aux capitaines de leur donner des congés abfolus, à moins qu'ils ne foient entierement hors d'état de fervir, à peine d'être privés de leurs charges ; lefquels congés ne feront point valables, qu'ils ne foient vifés du meftre-de-camp lieutenant dudit régiment.

LI. L'exercice du canon, des mortiers & des pierriers aux écoles d'artillerie (lequel fe fera toujours dans le même ordre & dans les mêmes termes portés par lefdites inftructions), fera toujours commandé de droit par les majors ou les aides-majors dudit régiment : mais (ce droit établi) les commandans des écoles pourront de tems en tems, & lorfqu'ils le jugeront à propos, le faire commander par un officier de l'artillerie, ou un autre du régiment, pour les y inftruire eux-mêmes ; les majors ou aides-majors ne pouvant fe trouver dans toutes

les occafions où il feroit néceffaire de faire
faire ce fervice.

LII. Le commandant de l'école fixera le
nombre de foldats qui feront commandés
pour l'école de pratique ; & il fe reglera
pour cela fur la force du bataillon, dont le
major lui donnera un état. Ce commandant
précomptera ce qui fera néceffaire pour le
fervice de la place ; lequel, fuivant l'ordonnance de 1720. ne doit fe faire que pour un
demi-bataillon, & par les apprentifs feulement : il difpofera du refte fur le pied d'un
jour de travail & trois de repos. Le détachement ne partira point des cazernes ou
lieu d'affemblée, qu'il ne foit fuffifamment
garni d'officiers, qui le conduiront au lieu
indiqué par le commandant de l'école, où
fe feront par le major ou aide-major du bataillon, les détachemens néceffaires pour
l'exécution de ce qui aura été ordonné.

LIII. L'exercice du canon, des mortiers
& pierriers, des fappes & des mines, pourra
être interrompu fuivant la faifon & le climat
des lieux où les écoles font établies, felon
que les commandans le jugeront à propos ;
& dans ce cas-là, ils pourront augmenter
d'un jour par femaine l'école de théorie,
obfervant d'en rendre compte au grand-
maître de l'artillerie, & aux direƈeur &
infpeƈeur généraux defdites écoles.

LIV. S'il arrivoit dans la fuite quelque
fujet de conteftation, qui ne foit pas reglé
dans les ordonnances, les commandans des
écoles, & les lieutenans-colonels s'adreffe-

ront au grand-maître de l'artillerie, & aux directeur ou inspecteur desdites écoles, pour être informés par eux de ce que le grand-maître aura décidé ; observant au préalable de commencer toujours par obéir aux commandans de l'artillerie, soit dans les armées, dans les places, & aux écoles, en ce qui concernera le service de l'artillerie.

LV. N'entend Sa Majesté, que lesdits rangs qu'Elle a accordés & accorde par les précédentes ordonnances, & par la présente, aux officiers de son artillerie, avec ceux dudit régiment, leur donnent aucun droit de commander les officiers ou soldats dudit régiment, dans les occasions qui ne concerneront pas le service de l'artillerie, comme sont le service de la place, la discipline & l'entretien des compagnies, le choix des soldats, le complet, la nomination aux emplois, les congés, &c. ni de s'en mêler en façon quelconque ; Sa Majesté en laissant le soin aux lieutenans-colonels, sous l'autorité du colonel général de l'infanterie, & de leur mestre-de-camp-lieutenant.

LVI. Ordonne Sa Majesté, que, lorsqu'il vacquera dans un des cinq bataillons dudit régiment, une compagnie, une place de capitaine en second, de lieutenant en premier ou en second, ou de sous-lieutenant, le mestre-de-camp-lieutenant y propose un officier du même bataillon, suivant son rang ; mais lorsqu'il vacquera une des cinq lieutenances-colonelles, le plus ancien capitaine de tout le régiment y montera, quoi-qu'il ne soit pas capitaine dans le bataillon où la lieutenance-colonelle vacquera.

LVII. Veut Sa Majesté, que les officiers qui monteront dans le régiment à d'autres charges, montent à proportion à celles de l'artillerie; & que lesdits officiers, ainsi que ceux qui entreront dans ledit régiment, soient tenus de prendre des provisions du grand-maître de l'artillerie, pour être reçus dans les charges qu'ils devront avoir dans l'artillerie. *Louis XIV. du 15. Avril 1693.*

LVIII. Lorsqu'il y aura des officiers de même grade, dont les commissions seront d'un même jour, veut en ce cas Sa Majesté, qu'ils tirent au sort pour le rang. *Louis XIV. du 13. Décembre 1686.*

LIX. Les lieutenans-colonels des bataillons envoyeront directement à leur mestre-de-camp-lieutenant, les mémoires pour proposer aux emplois vacans. *Louis XV. du 22. Mai 1722.*

LX. Les directeur & inspecteur généraux des écoles d'artillerie exerceront, sous l'autorité du grand-maître de l'artillerie leur inspection sur lesdites écoles. *Louis XV. Ibidem.*

LXI. A l'égard des profits & émolumens provenans des batteries, & autres ouvrages auxquels les officiers dudit régiment auront été commis par ceux qui commanderont en chef l'artillerie, ils les partageront avec les-dits officiers de l'artillerie, sur le pied de
leurs

leurs commissions. *Louis XIV. du* 13. *Décembre* 1686.

LXII. Veut au surplus Sa Majesté, que les colonels, mestres-de-camp, lieutenans-colonels, capitaines, & autres officiers d'infanterie, cavalerie, & dragons, commandés ou détachés pour escorter l'artillerie, reconnoissent l'officier de ladite artillerie sans difficulté, à peine de désobéissance. *Louis XIV. du* 25. *Novembre* 1695.

Instruction que S. A. R. a fait expédier au sieur Camus des Touches, Maréchal de Camp, Lieutenant général d'Artillerie, Directeur général des Ecoles des Bataillons attachés au service de l'Artillerie; & pour le sieur de Valiere, Maréchal de Camp, Inspecteur général des mêmes Ecoles, chacun dans leur département.

SA Majesté ayant chargé le sieur marquis de Broglio lieutenant général des armées du Roi, & directeur général de l'infanterie, de faire l'incorporation du régiment Royal-bombardiers, & de toutes les compagnies attachées au service de l'artillerie dans le régiment Royal-artillerie; Elle a ordonné ausdits sieurs Camus des Touches & de Valiere, de se rendre à Vienne où l'incorporation se doit faire, afin de faire savoir à chacun des bataillons l'intention de Sa Majesté sur les écoles qu'ils devront faire, & sur tout ce qui peut regarder le service de l'artillerie, soit en paix ou en guerre. Le département dudit sieur Camus des Touches sur les écoles, sera la Flandre, Haynault, Picardie, Artois, Champagne, les trois Evéchés & Alsace. Celui du sieur de Valiere sera la Fran-

D

ché-Comté, Dauphiné, Provence, Languedoc, Roussillon & les côtes de l'Océan jusques en Bretagne.

Les écoles se tiendront toute l'année, en profitant l'hyver des beaux jours pour cela.

Ils régleront combien de fois par mois elles se feront.

Ils distingueront les écoles en écoles de théorie & écoles de pratique.

Celle de théorie sera principalement pour les officiers ; on leur enseignera les fortifications & les parties de géométrie nécessaires pour les éclairer à bien placer une batterie dans toutes les occasions où l'on se sert de canons & de mortiers ; à tirer autant juste qu'il est possible le canon, les bombes & les pierriers ; à bien mener les sappes, à conduire les galeries & rameaux des mines, à placer les fourneaux, & à déterminer leurs charges : on les instruira dans les parties de méchaniques qui apprennent à se servir avec adresse des leviers, poulies & cordages pour le mouvement des fardeaux.

Les officiers de ces bataillons apprendront tout ce qu'on appelle détail de l'artillerie ; formation d'un équipage proportionnément à l'armée où il devra servir, & d'un équipage de siége, tant pour la défense que pour l'attaque des places, suivant la force de la place, & la garnison qui la doit défendre.

Ils seront instruits dans la composition de la poudre, & dans celle des artifices.

On leur expliquera de quelle maniere on range les munitions dans un parc ou dans un magasin, & comme on les partage en plusieurs lieux différens dans une place assiégée ; ils sçauront les dimensions des canons, mortiers, pierriers & de leurs affûts, & celles de tous les attirails & les différentes voies, suivant les divers pays où l'on mene l'artillerie.

Toutes ces opérations seront réglées avec le plus d'uniformité qu'il sera possible, pour ne point multiplier sans nécessité les différentes manieres de constructions & du service, lesquelles ne doivent recevoir de changement que par rapport à la situation des pays où l'artillerie s'exécute.

L'école de pratique sera pour tous les officiers & soldats : on leur enseignera à tracer & à construire les batteries de canons, mortiers & pierriers, à changer & à se servir de toutes sortes de bouches à feu.

On leur fera composer les artifices qui sont en usage, & exécuter sur le lieu de l'école des sappes & des mines, & tout ce qui en dépend : lorsque les batteries seront construites, on les leur fera servir ainsi qu'à un siége, & pour cela on conviendra d'une maniere d'exercice la plus simple qu'il sera possible, au moyen de quoi chaque canonnier, bombardier ou soldat servant saura le poste qu'il doit tenir, & ce qu'il aura à faire dans l'exécution d'une piece de canon ou d'un mortier.

Le directeur & l'inspecteur général conviendront ensemble de cette théorie & de cette pratique ; ils en dresseront des mémoires plus étendus, qui seront imprimés & distribués à chacun des officiers des cinq bataillons d'artillerie, afin que tous s'y conforment, s'instruisent, & soient capables d'instruire leurs soldats.

Ils demanderont les matériaux nécessaires pour toutes les différentes manœuvres des écoles : ils donneront un état des consommations qui s'en feront.

Ils feront tous les ans une tournée pour aller visiter chaque bataillon de leur département, & examiner la maniere dont se feront les écoles, & si ce qu'ils ont ordonné s'exécute avec succès. Ils prendront connoissance des officiers les plus capables & les plus appliqués, pour en rendre

D ij

compte, afin qu'ils soient récompensés à proportion de leur application & de leur habileté. Dans leur tournée ils auront tous les honneurs de commandans ; les lieutenans-colonels & capitaines leur obéiront en tout ce qui regarde le service de l'artillerie.

Le directeur & l'inspecteur général, outre le soin dont Sa Majesté les charge pour ce qui regarde les écoles, auront aussi inspection, chacun dans son département, sur toutes les forges où se fabriquent les fers coulés ; savoir, boulets, bombes, grenades & affuts à mortier ; ils veilleront à ce que tout soit dans les proportions & poids ordonnés.

Ils auront la même inspection sur toutes les manufactures d'armes ; savoir, fusils, mousquetons, pistolets, bayonnettes, &c. chacun dans son département : & comme il y a un officier d'artillerie établi dans chacune de ces manufactures, ils se feront rendre compte par lui de la diligence & de l'exactitude de l'entrepreneur & des ouvriers, & examineront eux-mêmes si les armes sont dans les proportions & de la qualité énoncées dans le marché. Fait à Paris le cinquieme jour de Février mil sept cent vingt. *Signé*, LE BLANC.

INSTRUCTION *pour les Ecoles des cinq Bataillons du Régiment Royal-Artillerie.*

LE ROI, par son ordonnance du 5 Février 1720, ayant ordonné l'incorporation du régiment des bombardiers, ainsi que toutes les compagnies détachées de canonniers & de mineurs, dans celui de Royal-artillerie ; & ayant jugé à propos, de l'avis de Monsieur le duc d'Orléans Régent, d'en former cinq bataillons, chacun de huit compagnies composées de canonniers, bombardiers, mineurs, sappeurs & ouvriers de toute sorte de métiers, lesquels cinq bataillons seroient envoyés à la Fere, Metz, Strasbourg, Grenoble & Perpignan, ce qui a été exécuté : & l'intention de Sa Majesté étant qu'il soit établi dans chacune de ces places, une école pour l'instruction de ces troupes, au moyen de laquelle les officiers apprendront non-seulement tout ce qui concerne l'artillerie, mais encore les parties de fortifications qui ont une liaison avec elle, aussi-bien que la conduite des sappes & des mines ; ensorte que le service du Roi y trouve dans la suite un notable avantage ; il est nécessaire que les commandans de ces écoles soient informés de ce que Sa Majesté attend de leurs soins, pour le succès d'un établissement dont Elle espere une plus prompte exécution de ses desseins, & un plus grand ordre dans les arsenaux & magasins de ses places, pendant la guerre & pendant la paix.

C'est dans cette vûe que Sa Majesté a ordonné aux sieurs Camus des Touches directeur général, & de Valiere inspecteur général de ces écoles, de dresser le mémoire qui suit, qu'Elle a approuvé, & auquel Elle désire que les officiers de l'artillerie qui les commanderont se conforment avec la derniere exactitude ; ensorte qu'animés du même esprit, & suivant inviolablement les mêmes maximes, ils puissent former des officiers d'artillerie également capables de la guerre de campagne & de siéges, soit en attaquant, soit en défendant ; & instruire les soldats, lesquels exercés aux différens ouvrages, prendront avec l'habitude du travail, la connoissance de toutes les manœuvres auxquelles ils sont destinés.

Ces écoles seront d'une plus grande étendue que celles qu'on a vûes jusqu'à présent. Indépendamment des instructions ordinaires, qui se renfermoient presque toujours au service des bouches à feu & aux simples détails d'artillerie, on en donnera sur l'attaque & la défense des places, sur les sappes & les mines ; & le tout sera prati- qué sur le terrein.

Les officiers y seront instruits des préparations & de l'ordre qu'il faut observer dans la disposi- tion d'un projet de siége ; des maximes pour com- poser & manier un équipage d'artillerie dans tous les mouvemens de la guerre de campagne, soit dans les marches de l'armée, l'attaque d'un poste, ou le jour d'une bataille. Ils apprendront à se ser- vir des pontons, & la maniere de faire des ponts sans leurs secours ; à surmonter avec les différens moyens qui peuvent s'offrir, les difficultés qui se trouvent au passage d'une riviere ou d'un marais ; à ouvrir des chemins dans les montagnes, les tourner, les pénétrer, & à connoître les situa- tions différentes du terrein pour s'y placer avan- tageusement. Ces divers exercices arrangés avec suite & enchaînement, étant exécutés sur le lieu, présenteront une image de guerre, telle qu'un officier d'artillerie qui s'y sera appliqué, devien- dra capable de tout exécuter ; & que cette prati- que soûtenue de la théorie lui acquerra la scien- ce nécessaire pour le commandement.

La plûpart des officiers d'artillerie préposés pour l'instruction des nouvelles écoles, en ont commandé d'autres avec toute la capacité qu'on peut souhaiter : mais il est nécessaire de faire mar- cher d'un pas égal & uniforme celles qu'on éta- blit aujourd'hui. Et comme elles se faisoient au- trefois d'une maniere différente dans les différens endroits où elles étoient établies ; que chacun des commandans, (quoiqu'à la même fin) don- noit ses instructions suivant les principes qu'il adoptoit, (ce qui embrouilloit l'esprit d'un offi- cier, & quelquefois le rebutoit quand il passoit d'une école dans une autre) ; & qu'enfin il n'éfoit point queſtion à ces écoles de ſappes ni de mines, & rarement des ouvriers en fer & en bois qui travaillent aux conſtructions des artirails d'artillerie; il importe au bien du ſervice de ſuppléer à ce qui manquoit aux anciennes écoles, par un arrangement qui ſera ſuivi dans les nouvelles avec toute l'exactitude que les lieux, le tems & la circonſtance le pourront permettre.

Établiſſement de l'École.

Les écoles ſe continueront toute l'année. Celle de pratique ſe tiendra le matin trois fois la ſemaine de deux jours l'un; elle durera cinq heures, & commencera à la porte ouvrante.

L'école de théorie, ou la ſalle de mathématiques, ſe tiendra auſſi le matin trois fois la ſemaine; les ſéances ſeront de trois heures.

Les jours de ces écoles ſeront au choix du commandant; il obſervera ſeulement que le commerce public & particulier ne ſoient point incommodés par celle de pratique; & pour cela il n'y en aura pas les jours de marché, auſquels les environs d'une ville ſont plus fréquentés.

Lorſque les fêtes ou les mauvais tems y apporteront de l'interruption, on reprendra le même ordre, enſorte que tous les jours ouvriers il y ait école de pratique ou de théorie.

Le commandant de l'école, avec l'approbation de celui de la place, choiſira un lieu commode aux environs, pour pouvoir diſpoſer & concilier ſur le même terrain les différens exercices & ouvrages auſquels les ſoldats doivent être employés, & les officiers inſtruirs à les conduire.

Après avoir marqué le parc, il y fera conſtruire une baraque de planches pour ſervir de corps de-garde à contenir trente ou quarante hommes; & cette garde ſera précomptée ſur le nombre qui doit être fourni par le bataillon pour le service de la place.

Il sera faire un autre couvert pour loger les outils, ustenciles & attirails nécessaires pour l'école, lesquels périssent à l'air ; & dans ce même couvert, il y aura une séparation où les artificiers travailleront.

On observera les arrangemens ordinaires dans le parc de l'école ; on y établira des atteliers en fer & en bois ; tous les radoubs s'y feront ; les bois pour les sappes & les mines y seront préparés, & toutes les constructions nécessaires aux différens exercices y seront exécutées.

Les commandans des écoles s'adresseront aux intendans pour les bois en bloc, & pour ceux qui sont propres à faire des fascines, des piquets, &c. Les intendans recevront des ordres sur cela, & les feront voiturer sur le lieu : feront aussi fournir une salle de mathématiques meublée convenablement pour le travail de l'école.

Tous les bois seront débités & employés dans le parc même, & tous les ouvrages s'y feront ainsi qu'à un siége.

L'équipage, ou l'état d'artillerie de chaque école, sera de 20 pieces de canon, six mortiers & deux pierriers. Les pieces seront choisies des calibres ordinaires ; savoir :

4. de 24.	Les mortiers seront,
4. de 16.	4. de 12. pouces.
4. de 12.	2. de 8.
4. de 8.	———
4. de 4.	6.
———	
20.	2. pierriers.

Les munitions seront reglées par des mémoires particuliers, à proportion de la consommation qui fera néceffaire pour le fervice de l'école; & il fuffira de parquer à la fois la quantité de poudre qui fe confommera pendant quinze jours.

Différentes Batteries.

On diftinguera les batteries, en batteries d'exercice, & en batteries d'attaque ou de défenfe.

Celles d'exercice feront deftinées au fervice & au tir des bouches à feu; elles formeront les canonniers, & inftruiront les officiers à les faire fervir : & pour cela on laiffera au parc quelques pieces & quelques mortiers fur les plates-formes, où l'on exercera les foldats nouveaux à manier le levier avant que de les faire fervir aux batteries.

Les batteries d'attaque & de défenfe feront pour les officiers; ils apprendront à les placer & à les faire conftruire dans les regles ordinaires, quand le terrain le permettra, & au plus près de ces regles quand il n'aura pas toute l'étendue réquife.

Des vingt-huit bouches à feu, feize feront affectées aux batteries d'exercice; favoir :

2. de 24.
2. de 16. } feront mifes en batterie.
2. de 12.

2. de 8. } feront à barbette.
2. de 4.

2. mortiers de 12. pouces. } feront
2. de . . . . . 8. } en
2. pierriers. } batterie.

――――――――
16.

On élevera une butte; & à la diftance de deux cens cinquante à trois cens toifes, fur une ligne droite parallele à la butte, on conftruira la batterie de fix groffes pieces; & celle des quatre

D v

petites à barbette. Les quatre mortiers & les deux
pierriers feront placés à la droite ou à la gauche.
Toutes ces batteries feront faites dans les regles
ordinaires, aufquelles il n'y a rien à changer ;
quelquefois feulement on donnera moins d'étendue à la meme quantité de pieces, afin d'accoû-
tumer l'officier à conftruire fa batterie fuivant le
terrain qu'il aura, & à fe refferrer quand il fera
néceffaire.

On marquera un but pour le jet des bombes,
& un efpace pour la chûte des pierres. On chan-
gera ces batteries de tems en tems, quelquefois
on les fera fauter par mines, ainfi qu'il fera dit
dans la fuite. Il faut obferver que la diftance pour
le tir du canon, & les batteries à ricochet, foit
entre cinq cent & cinquante toifes ; & remarquer
que celle de quatre-vingt, cent ou cent-cinquan-
te toifes au plus, eft propre pour battre en bre-
che, qu'il faut s'approcher davantage quand il
eft poffible ; & que même on n'y bat parfaitement
que lorfqu'on eft fur le chemin couvert. La diftance pour les mortiers de douze pouces, entre
fix cens & cinquante : & celle pour les pierriers,
entre cent cinquante & cinquante : pour ceux de
huit, entre quatre cens & cinquante : le plus
près eft toujours le mieux, quand il n'y a aucun
empêchement confidérable qui s'y oppofe.

Il y a plufieurs manieres d'exécuter l'artillerie,
peu différentes à la vérité, & qui font toutes bonnes : mais l'uniformité étant beaucoup plus convenable au fervice (parce que des officiers & des
foldats inftruits à la même manœuvre, s'entendent bien mieux enfemble & exécutent plus diligemment), on a choifi les exercices les plus
fimples & de la plus prompte expédition. Ils feront envoyés à chacun des commandans par les
directeur & infpecteur, afin qu'ils foient exécutés de la même façon dans toutes les écoles.

Manœuvres dans le Parc.

Les dix pieces de canon qui restent, & ses deux mortiers de douze pouces, demeureront au parc, & serviront à exécuter les différentes manœuvres qui sont d'usage pour remuer & manier les corps pesans. Les officiers commanderont cette manœuvre tour-à-tour ; & il est même nécessaire que les sergens & canonniers soient en état de la commander.

Chaque officier apprendra les noms de toutes les parties du canon, d'un affut, &c. celui des différens outils, machines & attirails, & leurs usages ; & outre les instructions qui seront données au parc sur les objets mêmes, les commandans en donneront des mémoires, dans lesquels seront insérées les constructions des différens ouvrages que comprend l'artillerie.

Ils en détailleront scrupuleusement toutes les parties ; ils obligeront les officiers à les dessiner & à observer les dimensions dans leurs plans, coupes ou profils & développemens.

On leur donnera aussi des mémoires sur la composition de la poudre, des artifices & des fontes.

Il y a des officiers qui font leur unique occupation de ces détails ; d'autres les regardent comme une méchanique servile qui ne mérite pas leur application : ces deux extrémités empêchent également d'arriver à la premiere capacité. Il est bon de faire sentir à ceux-ci, que le détail de cette méchanique est d'une absolue nécessité ; ils doivent savoir le langage de l'ouvrier pour s'en faire entendre, & souvent l'instruire de ce qu'il ne sait pas. Mais il convient aussi de faire faire réfléxion aux premiers, que ces connoissances seules ne les menent pas au-delà d'un fondeur, d'un maître poudrier, d'un ouvrier, & même d'un simple

D vj;

soldat appliqué. Un officier d'artillerie bien inftruit de l'objet de sa profession, connoîtra que
ses vûes devoient avoir plus d'élévation. Il ne
faut pas qu'il ignore ces détails, mais il doit les
savoir supérieurement comme un architecte, &
non comme un maçon, uniquement pour les faire exécuter par les ouvriers & soldats qu'il em-
ploie.

Et comme les écoles ne se tiendront que le matin, les officiers appliqués & desireux de devenir
habiles, iront l'après-diné dans l'arsenal, s'il y
a des travaux établis : ils verront travailler, ce
sera même une espece d'amusement pour eux,
mais qui leur tournera un jour merveilleusement
à profit.

Les commandans leur donneront encore des
mémoires (qui seront aussi rendus uniformes par
les directeur & inspecteur) pour leur faire connoître l'ordre & l'arrangement de toute sorte de
munitions dans les magasins; la netteté à observer dans les états qu'il en faut tenir, & la pro-
preté des arsenaux; enfin par une gradation con-
ciliée de théorie & de pratique, on préparera leur
vûe à toutes les dispositions & opérations de l'artillerie.

L'application & l'expérience les en rendront
capables, & les feront arriver un jour aux premiers emplois, avec d'autant plus de satisfaction
de leur part, qu'ils s'en seront rendus dignes par
leur mérite.

Front de Polygone.

On tracera un front de polygone, dont le côté
extérieur aura au plus cent quatre-vingt toises :
Si le terrain ne permet pas cette étendue, on ré-
duira ce front suivant l'espace dont on sera maître. Il consistera en deux demi-bastions, deux
flancs droits, une courtine, une demi-lune, le

foffé qui demeurera en maffe, le chemin-couvert avec la place d'armes faillante fur la capitale de la demi-lune, les deux rentrantes & les deux demi-faillantes fur les capitales des deux demi-baftions.

Par les fuites on en tracera avec des orillons, des flancs arrondis, & des dehors : on pourra même, quand on voudra, les ajouter à celui-ci.

Les parapets du corps de la place & de la demi-lune, feront élevés avec une banquette fur le fol : il fuffira, pour ne pas fe jetter dans un travail trop confidérable, de donner à ces parapets fix pieds d'épaiffeur par le haut : les terres en feront prifes fur la maffe de celle du foffé, en s'élargiffant fur deux pieds ou deux pieds & demi de profondeur au plus, entre le parapet & le bord de l'excavation : il reftera une berme de deux à trois pieds. Si l'on trouve à couper du gafon, les parapets en feront revêtus ; finon les terres en feront foutenues par du gabion ou de la fafcine, ou par l'un & par l'autre ; ou mieux encore par un tunage qui fera plus propre & confommera moins de bois.

Chemin-couvert.

On s'enfoncera fur le terre-plein du chemin-couvert, de quatre pieds fur la largeur de dix à douze, pour en former le parapet de quatre pieds & demi au-deffus d'une banquette d'un pied de hauteur : les terres feront regalées en glacis, enforte que les parapets de la place & de la demi-lune commandent ou rafent les glacis.

Attaque & Défenfe.

On ouvrira une tranchée ; on tirera une parallele, on marquera des batteries, on les élevera ; on placera de même des batteries à ricocher & des batteries de mortiers & pierriers ; on les exé-

cutera, on débouchera des fappes fur les capitales ; de ces fappes on fera entrer des mineurs
pour marcher aux angles ; il en partira des places
d'armes pour venir à eux ; enfin on pouffera l'attaque jufqu'à fa perfection, pendant qu'au-dedans du polygone on fera toutes les manœuvres
de la défenfe, & de part & d'autre toutes les
chicannes, tant celles d'ufage, que celles qui
pourront s'offrir par la fituation.

Il fuffira de faire une trace pour les tranchées
& les paralleles ; on perfectionnera feulement les
endroits où l'on établira des batteries, & ceux
d'où l'on débouchera les fappes. Quant aux fappes, aux logemens de chemin-couvert, & aux
traverfes tournantes, il faudra les perfectionner.

On cherchera des excavations & des ravins
pour faire des defcentes de foffé, des eaux pour
en faire le paffage, en prendre les niveaux ; on
s'inftruira à les détourner & à les faigner.

Sappes.

Quoiqu'il fe trouve des officiers pour exécuter
les fappes, le commandant s'y portera d'abord
lui-même, les officiers deftinés les premiers à ce
travail feront bien-tôt inftruits, & les autres fucceffivement s'inftruiront avec eux. On aura grande attention que le fappeur fe couvre d'un man-
telet ou d'un gabion farci ; qu'il pofe les gabions
& les dreffe adroitement avec la fourche & le cro-
chet de fappe ; qu'il continue à genoux un boyau
de deux pieds de profondeur ; qu'il ait un pic-
boyau & une pêle à long manche pour remplir le
gabion ; qu'il laiffe un grand pied de relais entre
les excavations & les gabions, afin qu'ils ne cul-
butent pas dans la tranchée, ce qui arrive affez
fouvent ; & enfin que les fervans après lui, élar-
giffent & perfectionnent.

On s'appliquera avec foin à la conftruction

des doubles sappes, à celle des traverses tournantes, aux sappes profondes sans gabions & sans blindages.

Mines.

Le commandant de l'école fera d'abord conduire les travaux de mines par les officiers ci-devant des compagnies de mineurs ; les autres officiers s'instruiront en voyant le travail. Ils auront soin de dresser les nouveaux mineurs à percer les terres, soit en puits, galeries ou rameaux avec adresse & diligence ; à tenir les pentes ou talus qui leur seront prescrits ; à faire les retours des galeries & des rameaux ; les chûtes ou cascades précisément sous les angles qui leur seront marqués ; à placer les chambres ou fourneaux, & les ouvrir juste suivant les dimensions qui leur seront données ; à préparer eux-mêmes leurs bois, à dresser les châssis, les bien aligner & coffrer pour soûtenir les terres ; à arranger la quantité de poudre ordonnée avec les précautions convenables contre l'humidité ; à dégorger le saucisson & le conduire dans l'auget avec liberté, ensorte que les feux ne se coupent point ; à ajuster les portes, étançonner, arbouter & remplir ; enfin à armer la mine. Et joignant à ceci la rencontre du mineur ennemi, toute la main-d'œuvre du soldat mineur sera embrassée.

C'est à l'officier géometre à indiquer au mineur le chemin qu'il doit tenir. Quand du lieu d'où l'on part on a pris la distance jusqu'à l'endroit sous lequel on veut aller, il suffit de la seule proportion de trigonométrie, qui enseigne (connoissant d'un triangle deux côtés & l'angle compris) à connoître l'autre côté & les deux autres angles, quelques détours que l'on soit obligé de prendre pour arriver au point destiné. Cette pratique est sûre, & par conséquent vaut mieux que la boussole, qui peut jetter dans des erreurs considérables.

C'est encore à la géométrie à déterminer les charges par le poids & la tenacité des masses à pousser ou enlever, dont il faut faire le toisé suivant les lignes de moindre résistance.

Pour l'instruction des officiers, on donnera des mémoires sur ces choses, de même que sur les différentes constructions de mine, soit dans les terres, dans la maçonnerie ou dans le roc. Il y aura aussi des tables pour les charges.

L'intention de Sa Majesté est que les officiers & cadets soient instruits de ces différens travaux, & se mettent en état de les conduire ; que les canonniers, bombardiers, sappeurs, mineurs, ouvriers & leurs apprentifs soient également employés à manier les terres des batteries, des sappes & des mines ; à faire les fascines, piquets, gabions, clayes & tunages ; lever des gazons, les employer, ensorte que les soldats d'un bataillon exercés à chacun de ces différens travaux, puissent indistinctement exécuter ceux que l'occasion présentera.

Dans tous ces différens exercices & ouvrages, le commandant aura une singuliere attention à ce que les terres soient maniées proprement & avec activité, les talus observés, les alignemens bien donnés, & que les officiers entendent dans quelles vûes ils font ce qui leur est ordonné.

Et comme ces mines seront faites & exécutées sur le terrain, quelquefois on les poussera sous une batterie, & on la fera sauter après en avoir délogé le canon, & tout ce qui pourroit être détruit par l'effort de la poudre.

Détachement pour l'Ecole de Pratique.

Le commandant de l'école donnera par écrit l'ordre & la distribution pour les détachemens destinés aux exercices & ouvrages du lendemain ; le major du bataillon lui donnera les noms des officiers qui feront commandés.

Le détachement entier sera de deux cens hommes ; savoir, deux capitaines en chef, deux capitaines en second, quatre lieutenans, huit sous-lieutenans, huit cadets, deux escouades de canonniers-bombardiers avec deux sergens & leurs soldats apprentifs, deux escouades de sappeurs-mineurs avec deux sergens & leurs soldats apprentifs, deux escouades d'ouvriers avec deux sergens & leurs soldats apprentifs, quatre tambours.

Les jours d'école il sera battu un premier à la pointe du jour, & demi-heure après l'assemblée, qui se fera à la tête des casernes, ou lieu convenable.

Ces troupes porteront leurs armes, & marcheront en ordre de guerre.

Elles les poseront en faisceau sous la sentinelle du corps-de-garde du parc, ensuite se formeront en travailleurs, & alors l'officier major fera les différens détachemens suivant la distribution ordonnée, qui ne sera pas chaque fois la même.

Le commandant la reglera, ainsi qu'il le jugera convenable, pour l'harmonie des travaux qu'il aura projettés.

On n'exécutera pas les batteries d'exercice tous les jours d'école ; il n'est pas même nécessaire de tirer les seize bouches à feu ensemble, chaque fois que l'on fera l'exercice.

Le commandant aura attention de faire souvent servir deux bouches à feu, canon, mortier ou pierrier ; l'une par les sous-lieutenans, l'autre par les cadets.

Lorsque les commandans le jugeront à propos, ils pourront faire marcher à l'exercice le bataillon entier, pour concilier ensemble tous les officiers

& tous les foldats fur le fervice de l'artillerie ; & fur fes mouvemens, tous ceux de l'artillerie de campagne feront auffi exécutés.

Ecole de Théorie.

L'école de théorie ou mathématiques fera pour les officiers & pour les cadets qui font deftinés à le devenir.

Les canonniers-bombardiers, fappeurs, mineurs, ouvriers, & même les fimples foldats qui auront de l'intell gence, avec l'émulation & le defir d'entrer dans la falle pour apprendre, en demanderont la liberté au commandant de l'école.

Il y aura toujours à l'école de mathématiques un capitaine en premier, qui préfidera à l'école, y maintiendra l'ordre, & veillera à ce que les fubalternes s'appliquent, s'inftruifent, & écrivent les cahiers qui leur feront dictés. Tous les capitaines en fecond, lieutenans, fous-lieutenans & cadets s'y trouveront d'obligation ; & ceux qui s'en abfenteront fans caufe légitime, feront fujets à la peine ordonnée.

Le maître des mathématiques y donnera dès leçons d'arithmétique, de géométrie, fur-tout quand il en fera tems, de trigonométrie, de planimétrie & de ftereométrie, qui font les parties de géométrie les plus néceffaires à la pratique de la guerre. Il en donnera de fortifications, de méchanique, & d'hydraulique ; & chacune de ces fciences s'apprendra dans fon rang.

On aura attention de faire deffiner les figures des cahiers à la regle & au compas, afin que les commençans s'habituent à cette forte de deffein qui leur eft néceffaire, & que l'on peut apprendre de foi-même à l'aide de la géométrie. D'ailleurs un mot du maître les éclaircira fur ce fait, & fur la maniere de laver.

Aussi-tôt qu'il y aura quelques officiers suffisamment formés en géométrie, le maître de mathématiques se portera de tems en tems avec eux sur le terrein pour les faire opérer : ainsi ceux qui ont déja quelques commencemens, se confirmeront dans ce qu'ils savent, & apprendront par la suite ce qu'ils ne savent pas. Enfin à mesure que le commandant connoîtra le progrès que chaque officier aura pû faire dans ces sciences, il les appliquera à la pratique : de cette sorte les principes ramenés à l'usage, non-seulement formeront l'esprit des officiers à exécuter avec sûreté ce qui leur sera ordonné, mais encore leur donneront la capacité d'enseigner aux autres & de les commander.

Discipline de l'École.

La discipline sera sévérement observée dans ces écoles ; & comme elle ne peut être trop exacte dans le service de l'artillerie, où la moindre faute peut être de la derniere importance & traverser quelquefois de grands desseins, les commandans y tiendront la main sans aucun relâche. Ils imposeront des peines aux jeunes officiers qui manqueront à leur devoir (car on espere que les anciens, bien loin de tomber en faute, donneront l'exemple aux nouveaux). Ils rendront compte au directeur & à l'inspecteur de leur département, de l'application & du progrès de chaque officier, comme aussi de ceux qui négligeront de s'instruire, afin que sur le rapport qui en sera fait, les uns soient récompensés & les autres punis, jusqu'à perdre leur emploi quand ils seront indociles, & qu'il n'y aura plus d'espérance de les ramener à leur devoir.

L'espece la plus dangereuse de ces derniers, sont ceux qui non contens d'être paresseux & inappliqués, méprisent les instructions qu'on leur

donne, & en détournent les autres par des dis-
cours de plaisanterie qui ne sont que trop fréquens
parmi les jeunes gens. On ne peut être trop sé-
vere à l'égard des officiers qui se trouveront de
ce caractere.

Voilà en général le plan des écoles d'artillerie
pour l'instruction des officiers, & de celles des
soldats, qui y prendront l'habitude des divers
travaux ausquels ils doivent être employés. C'est
aux commandans de ces écoles & aux lieutenans-
colonels des bataillons, à remplir tout ce que le
Roi & S. A. R. se promettent de leur zele & de
leur expérience. Leur seul but doit être de bien
instruire les officiers & les troupes de ces bataillons dans toutes les opérations & manœuvres
qu'on vient de dire : Et comme les uns & les autres sont destinés uniquement au service de l'artillerie, ils ne doivent rien oublier pour s'y rendre habiles. Ceux qui auront l'ambition (& tous
doivent en avoir) ne se contenteront pas de ce
qu'ils auront vû & entendu aux écoles ; ils étu-
dieront chez eux, ils prendront des leçons particulieres, & il arrivera souvent que par leurs
méditations & leur application, ils iront au-delà
des instructions qu'on leur aura données. Le progrès de leur étude les encouragera ; ils acquére-
ront tous les jours de nouvelles lumieres, ils
parviendront au premier mérite de leur profession ; & c'est l'unique objet que doit avoir un
officier. Fait à Paris le vingt-troisieme jour de
Juin mil sept cent vingt. *Signé,* PHILIPPE
D'ORLEANS.

TITRE VI.

Du Rang des Officiers d'Artillerie de Terre avec ceux de la Marine.

ARTICLE PREMIER.

LORSQUE les officiers d'artillerie de terre serviront à terre avec ceux de la marine, ils marcheront à l'avenir entr'eux dans le rang que leurs charges leur donneront, suivant la date de leurs provisions, commissions, brevets & ordres, en la maniere ci-après expliquée. *Louis XIV. du 9 Mars 1706. Les articles suivans sont tirés de la même ordonnance.*

II. Les lieutenans généraux de l'artillerie de terre, avec les commissaires généraux de de l'artillerie de la marine.

Les commissaires provinciaux, avec les capitaines d'artillerie & des galiotes.

Les commissaires ordinaires, avec les lieutenans d'artillerie ou des galiotes.

Les commissaires extraordinaires, avec les sous-lieutenans d'artillerie ou des galiotes.

Les pointeurs ou aides du parc, avec les aides d'artillerie.

III. En cas que Sa Majesté donne des ordres aux officiers de vaisseau de servir comme officiers d'artillerie, ils auront le même rang suivant les différentes qualités dans lesquelles ils seront employés.

IV. Quand l'officier de l'artillerie de la marine se trouvera, par son ancienneté, commandant l'artillerie de terre, il rendra compte au grand-maître, & informera le secrétaire d'état de la guerre, pour rendre compte à Sa Majesté : & de même, quand l'officier d'artillerie de terre se trouvera par son ancienneté commandant l'artillerie de la marine, il informera le secrétaire d'état de la marine, pour rendre compte à Sa Majesté.

V. Les ordres nécessaires pour lesdits officiers d'artillerie de la marine, seront expédiés à l'ordinaire, par le secretaire d'état ayant le département de la marine.

TITRE VII.

Concernant la sûreté des Magasins à poudre, & les transports de poudre dans le Royaume.

ORDONNANCE DU ROI,

Du 26. Avril 1724.

SA Majesté étant informée que dans plusieurs de ses places, l'enceinte des magasins à poudre sert à planter des légumes & des arbres fruitiers, ce qui donne souvent occasion à beaucoup de personnes d'y entrer, même avec du feu, sans en connoître le danger : & Sa Majesté desirant prévenir les accidens qui en pourroient arriver, Elle a ordonné & ordonne, veut & entend, que

dans un mois pour tout délai , les jardins &
arbres fruitiers qui se trouvent dans l'enceinte des magasins à poudre , seront totalement détruits , défendant très-expressément
Sa Majesté aux commandans dans ses places,
aux autres officiers de ses états-majors , à
ceux de l'artillerie , gardes-magasins & autres qui y sont ou y seront employés, de
souffrir qu'il y soit planté des légumes ni des
arbres , & d'y laisser entrer aucunes personnes sans y être nécessaires pour son service.
Louis XV. du 26. Avril 1724.

ORDONNANCE DU ROI,
Du 22 Mars 1758,

S A Majesté étant informée que les poudres qui se transportent, destinées pour les
magasins de ses places, tant de terre que de
mer, & le service des compagnies de commerce, armateurs & l'usage de ses sujets,
ne sont pas escortées sur les routes qu'elles
tiennent , ni gardées dans les lieux où l'on
est obligé de les arrêter, d'une façon à prévenir, autant qu'il est possible, les accidens
du feu, si dangereux pour l'intérêt public &
le bien du service, Sa Majesté a ordonné &
ordonne qu'à l'avenir, à la première réquisition des conducteurs des poudres, munis
des lettres de voiture & passeports nécessaires pour justifier de leur destination, il sera
commandé le nombre de cavaliers des brigades des maréchaussées de proche en pro-

che, qui fera jugé convenable, à chacun
defquels il fera payé quatre livres par jour
pour efcorter les convois & voitures des
poudres, depuis leur fortie des magafins des
fabriques jufqu'à ceux des villes où elles
doivent être remifes pour le fervice de Sa
Majefté & celui des compagnies de commerce, armateurs & les befoins des fujets
de Sa Majefté; que dans les villes, bourgs
& autres lieux du royaume où lefdites poudres paffront la nuit, & qu'on fera obligé
d'y faire féjourner par des cas imprévûs, il
fera fourni, à défaut de troupes réglées, par
les maires, échevins, magiftrats & fyndics
defdits lieux, fur ce requis, fous peine de
défobéiffance, une garde bourgeoife fuffifante, depuis le moment de l'arrivée des
convois & voitures defdites poudres, jufqu'à celui de leur départ, à laquelle garde
qui fera commandée par un officier de la
bourgeoifie, il fera fourni par les communautés, bois & chandelles, en tant que befoin fera, & des logemens les plus à portée
qu'il fera poffible des endroits qui feront
choifis par lefdits conducteurs, hors l'enceinte des villes & bourgs, pour parquer
lefdites voitures, ou pour placer les bateaux, lefquels feront gardés, tant de jour,
s'ils féjournent, que de nuit, par une garde
bourgeoife qui fera établie fur le rivage, &
qui fera relevée aux heures convenables,
ainfi qu'il fe pratique ordinairement. Mande & ordonne Sa Majefté aux gouverneurs

&

& lieutenans généraux dans ses provinces, aux gouverneurs dans ses vil'es & places, aux intendans dans ses provinces & sur les frontieres, & à tous autres qu'il appartiendra, de tenir la main à l'exécution de la présente. Fait à Versailles, le vingt-deuxieme Mars mil sept cens cinquante-huit. *Signé*, LOUIS. *Et plus bas*, LE MARÉCHAL DUC DE BELLE-ISLE.

TITRE VIII.

Concernant la composition & le service du Régiment Royal-Artillerie.

Nota. *Des trois ordonnances qui suivent, celle du premier Juillet* 1729. *regle la maniere dont le Régiment sera composé; & déroge à celle du* 5. *Février* 1720. *rapportée dans le Code; celle du* 5. *Juillet de la même année* 1729, *regle le service de ce Régiment; & celle du* 21 *Juin* 1745 *crée en chacun des Bataillons un Sous-aide-major.*

ORDONNANCE DU ROI.

Du premier Juillet 1729.

ARTICLE PREMIER.

LE régiment Royal-artillerie formera cinq bataillons, qui seront répartis sur les frontieres, ou dans différentes armées, ainsi qu'il s'est pratiqué par le passé; chaque bataillon composé de huit compagnies, dont une de sappeurs, cinq de canonniers, & deux de bombardiers, de soixante-dix hommes chacune, les officiers non compris ; savoir, un capitaine en second, deux lieutenans, deux sous-lieutenans, quatre sergens, quatre caporaux, quatre anspessades, deux cadets, dix-huit sappeurs dans chaque compagnie de sappeurs, dix-huit bombardiers dans chaque compagnie de bombardiers, dix-huit canonniers dans chaque compagnie de canonniers, trente-six apprentifs, & deux tambours de chaque espece.

Nota. Cette ordonnance portoit, qu'en cas de vacance des charges des capitaines en second des compagnies de sappeurs, bombardiers & canonniers, elles ne seroient pas remplacées. Mais par ordonnance du 26. Août 1730. il a été ordonné qu'elles continueront d'être remplies.

II. Il sera formé cinq compagnies de mineurs, & cinq d'ouvriers, pour servir séparément ou avec lesdits bataillons, chaque compagnie de mineurs composée de cinquante hommes ; savoir, un capitaine, deux lieutenans, deux sous-lieutenans, trois sergens, trois caporaux, trois anspessades, deux cadets, seize mineurs, vingt-deux apprentifs & un tambour : & chaque compagnie d'ouvriers de quarante hommes ; savoir, un capitaine chef-d'ouvriers, un lieutenant, trois maîtres ouvriers, trois sous-maîtres ouvriers, vingt-cinq ouvriers, huit apprentifs & un tambour.

III. Chaque bataillon aura un état-major, composé du lieutenant-colonel, un major, un aide-major, un aumônier, & un chirurgien-major; obſervant que le major & l'aide-major ne pourront avoir d'autres emplois dans ledit régiment.

IV. Les capitaines & lieutenans des compagnies d'ouvriers auront rang ſuivant la date de leur commiſſion, avec les officiers dudit régiment de même grade, & avec ceux des compagnies de mineurs, & auront pareillement rang avec les autres troupes, ſur le même pied que les officiers du régiment royal-artillerie.

V. Sa Majeſté voulant diſtinguer l'habillement des compagnies de mineurs & d'ouvriers, de celui des compagnies de ſappeurs, bombardiers & canonniers, qui continueront à être armées & vêtues comme elles ſont actuellement; Elle ordonne que leſdites compagnies de mineurs porteront dorénavant un juſte-au-corps bleu, doublé de rouge, avec une veſte gris de fer, & pour les armes un fuſil, un piſtolet de ceinture, & un ſabre recourbé, pendu à un ceinturon de buffle; & chaque compagnie d'ouvriers un juſte-au-corps gris de fer, doublé de bleu, avec les manches en amadis, la veſte auſſi gris de fer, un mouſqueton, avec une longue & large bayonnette, & un ceinturon de buffle.

VI. L'intention de Sa Majeſté eſt, qu'après la refonte des bataillons faite, les ſoldats qui se trouveront surnuméraires soient incorporés avec leurs habits & épées seulement, en l'état qu'ils se trouveront dans les bataillons d'infanterie françoise de la même garnison qui en auront besoin, ou dans celles qui en seront les plus voisines, pour continuer à y servir le tems porté par leurs engagemens ; avec défenses de les quitter sans congé sur peine d'être traités comme déserteurs : Voulant Sa Majesté, que le reste de leur armement soit déposé dans ses magasins, par les soins des commissaires des guerres ; observant de congédier préalablement ceux dont les congés limités seront expirés, ou qui étant prêts d'expirer, ne seroient pas en volonté de les renouveller.

VII. L'étape n'étant point fournie aux recrues desdits bataillons & compagnies, Sa Majesté pour indemniser les capitaines & leur en tenir lieu, leur accorde ; savoir, deux cens quatre-vingt livres par an à chaque capitaine de sappeurs, bombardiers & canonniers, dont les compagnies sont de soixante-dix hommes ; deux cens livres à chaque capitaine de mineurs, & cent soixante livres à chaque capitaine d'ouvriers.

Nota. *Le Roi ayant par ses ordonnances des* 30 Septembre 1743, 24 Août 1744, 10 *Août* 1745, 15 *Avril,* 30 *Juin & premier Juillet* 1747, *&* 25 Janvier 1748, *fait différentes augmentations à l'occasion de la guerre dans les cinq bataillons de son régiment Royal-artillerie, & dans les compagnies de* *mineurs & d'ouvriers, ayant depuis par son ordonnance du 10 Janvier 1749, réduit ce corps au nombre dont Sa Majesté veut qu'il soit dorénavant compassé, a ordonné 1°.* que les cinq bataillons de Royal-artillerie formeront à l'avenir un corps de trois mille six cent hommes ; ce qui fait sept cent vingt hommes par bataillon, chaque bataillon composé de dix compagnies de soixante-douze hommes chacune, *dérogeant en ce point à l'ordonnance du premier Juillet 1729, ci-dessus, qui ne fixoit les bataillons qu'au nombre de huit compagnies de soixante-dix hommes chacune.* 2°. *Par cette même ordonnance du 10 Janvier 1749, les cinq compagnies de mineurs sont fixées à soixante hommes chacune ; savoir,* un capitaine en premier, un capitaine en second, un premier lieutenant, un second lieutenant, deux sous-lieutenans, deux cadets, quatre sergens, quatre caporaux, quatre anspessades, vingt-quatre mineurs, vingt apprentifs & deux tambours.

3°. *Les cinq compagnies d'ouvriers ont été par la même ordonnance remises à quarante hommes, ainsi qu'il avoit été statué par l'ordonnance ci-dessus, du premier Juillet 1729.*

ORDONNANCE DU ROI,

Du 5. Juillet 1729.

ARTICLE PREMIER.

Quand les bataillons dudit régiment se rencontreront, ils n'auront d'autre rang entre eux que celui de l'ancienneté du lieutenant-colonel; & les officiers, dans les détachemens commanderont entre eux suivant l'ancienneté de leurs commissions, & avec les autres régimens suivant le rang du régiment.

II. Le plus ancien major fera la charge de major de brigade, quand bien même son bataillon ne seroit pas le premier.

III. Lorsque les bataillons se trouveront ensemble, si un des lieutenans-colonels étoit absent, le bataillon ne laissera pas de prendre son rang suivant l'ancienneté du lieutenant-colonel; & le premier capitaine en prendra le commandement sous les ordres, quant au service, du lieutenant-colonel le plus ancien qui se trouvera présent.

IV. Comme les lieutenans-colonels de ce régiment commanderont entre eux suivant leur ancienneté de commissions, si les lieutenans-colonels étoient absens, l'ancien capitaine commanderoit le tout, quand bien même le bataillon dont il seroit ne marcheroit pas le premier.

V. Il ne sera mis à la tête de ces bataillons, foit pour lieutenans-colonels, capitaines ou majors, que des gens élevés dans le corps, & qui fe foient rendus capables par les écoles & leur expérience dans les différentes fonctions que leurs emplois demandent, afin que le même homme puiffe fervir à placer & commander également, tant les batteries de canons, que celles de mortiers, & la conduite des fappes.

VI. Les officiers de ces bataillons garderont les mêmes rangs avec les lieutenans d'artillerie, commiffaires & officiers-pointeurs, tels qu'ils font aujourd'hui reglés pour le fervice.

VII. Les fubalternes, indépendamment des emplois particuliers, aufquels ils feront attachés, continueront à s'inftruire de toutes les parties en général qui concernent le fervice de l'artillerie; & tous les jeunes gens qui entreront pour être officiers, feront obligés d'être inftruits dans les mathématiques, ou de les apprendre dans leurs premiers emplois, & de fubir l'examen.

VIII. Les travaux de fappes fe feront par détachemens ou brigades de la compagnie de fappeurs, toujours commandés par un officier de la même compagnie, & le capitaine fe portera fur les lieux auffi fouvent que l'exigera le bien du fervice pour ordonner la conduite du travail.

IX. Les détachemens pour le fervice du canon feront pris dans les compagnies de canonniers, & commandés par les capitaines & officiers defdites compagnies, proportionnément aux détachemens.

X. Le fervice des mortiers fe fera de même par les compagnies de bombardiers commandés par les capitaines & officiers defdites compagnies, proportionnément aux détachemens.

XI. Les compagnies de mineurs ferviront à l'avenir comme par le paffé pendant les dernieres guerres, favoir par brigades, & par chaque attaque de mines, fous le commandement d'un officier de la compagnie ; lequel, quoique les brigades fe relevent toutes les vingt-quatre heures, ne fera point relevé, & demeurera à l'attaque jufqu'à l'entiere confommation : le capitaine fe portera continuellement fur les lieux, pour arranger & ordonner la conduite du travail.

XII. Les compagnies d'ouvriers deftinés pour les travaux en fer & en bois, feront employés aux arfenaux dans les places, & à la guerre dans les parcs, aux conftructions & radoubs des attirails de l'artillerie, qui feront ordonnées par les commandans de ladite artillerie, & conduites fous l'infpection du capitaine & du lieutenant, par les maîtres ouvriers de ladite compagnie.

XIII. Il fera fourni aux fieges, quand il en fera befoin, ainfi qu'il s'eft toujours pratiqué, des travailleurs détachés des bataillons de la ligne, pour aider à la conftruction des batteries de canons & de mortiers, d'autres pour le fervice des fappes, & d'au-

tres encore pour le service des mines ; le
nombre d'hommes dont le régiment Royal-
artillerie est composé, n'étant pas suffisant
pour ces sortes de travaux.

XIV. Quant au service général de l'artillerie, mouvemens, manœuvres, &c. aufquels les bataillons, les compagnies de mineurs, & celles d'ouvriers sont destinés ; le
nombre d'officiers pour les détachemens
sera commandé suivant ce qui sera jugé nécessaire pour le service de ladite artillerie,
par le commandant de l'artillerie, sans égard
à la force du détachement, ni à l'usage de
l'infanterie, le Roi conservant à cet effet un
nombre plus considérable d'officiers dans
lesdites troupes.

XV. Pour faciliter au capitaine en premier, les moyens de faire les recrues nécessaires pour sa compagnie, le capitaine en
second, & les quatre subalternes, seront
obligés de s'y employer.

XVI. A l'égard de l'argent que le capitaine sera obligé de donner pour faire les
hommes & les conduire, le prix en sera
reglé à l'amiable par le commandant du
corps, & ce suivant les facilités ou difficultés qui peuvent se trouver plus ou moins
grandes, selon le tems & la distance ; l'intention de Sa Majesté n'étant pas que les
officiers chargés des recrues y mettent du
leur, mais bien qu'ils donnent leurs soins
& leur peine pour le bien de son service ;
en s'employant à maintenir ses troupes
complettes. E v

XVII. Aucun subalterne, quelque ancienneté qu'il ait, ne pourra esperer de monter un nouveau grade, qu'il n'ait l'intelligence & la capacité convenables aux différens exercices & pratiques pour le service de l'artillerie.

XVIII. Lorsque les commissaires des guerres feront la revûe, ils la feront par appel pour les différentes payes qui sont dans chaque compagnie, suivant qu'ils seront contrôlés sur le livre signé du lieutenant-colonel & du major, visé du directeur; & s'il y en a de nouveaux depuis la derniere revûe, ils marqueront qu'ils ont été faits depuis, & que c'est en attendant que le directeur les ait approuvés.

XIX. Lesdits commissaires des guerres spécifieront dans leurs revûes, par articles séparés, le nombre qu'il y aura, tant de sergens que de hautes-payes ou soldats apprentifs à la paye ordinaire, afin que le décompte de la compagnie soit fait suivant la paye reglée pour chacun.

XX. Le directeur général des écoles & des bataillons & compagnies attachées au service de l'artillerie, fera à l'ordinaire la revûe desdites troupes, & entrera dans les détails qui seront prescrits dans les instructions qui lui seront délivrées. Les lieutenans-colonels de chacun des bataillons, les capitaines des compagnies de mineurs, & ceux d'ouvriers, enverront directement leurs mémoires au grand-maître de l'artillerie, pour propofer aux emplois vacans.

XXI. Ces bataillons fe trouvant feuls dans une place, ou avec d'autres troupes, y feront le fervice tout comme l'infanterie; mais ils ne feront comptés que fur le pied de trois cent hommes, & il n'y aura quant à préfent, que les capitaines en fecond & & les officiers fubalternes qui monteront la garde, & feront le fervice dans la place; Sa Majefté voulant bien en difpenfer les capitaines en premier, les hautes-payes, & en entier les compagnies de mineurs & d'ouvriers qui ne font point corps avec lefdits bataillons, à moins qu'il ne fût néceffaire pour le fervice de la place, auquel cas ils exécuteront fur cela les ordres des gouverneurs ou commandans des places où ils fe trouveront.

XXII. Le Roi ayant ordonné par le nouveau réglement pour la compofition du régiment Royal-artillerie, que les charges de capitaines en fecond, de fappeurs, canonniers & bombardiers, venant à vaquer par mort, promotion ou abandonnement ne feroient point remplacées, & l'intention de Sa Majefté étant qu'il y ait toujours huit capitaines defdits bataillons qui montent la garde; lorfqu'il viendra à manquer un defdits capitaines en fecond, le dernier capitaine en premier fera commandé pour ce fervice, ainfi de fuite jufqu'à l'entiere extinction des capitaines en fecond, & pour lors il n'y aura plus que fept capitaines en premier pour monter la garde, Sa Majesté en dispensant les lieutenans-colonels.

XXIII. Les bataillons du régiment royal artillerie étant dans tous les siéges journellement de tranchée, par détachemens & à toutes les attaques, ils ne monteront point de tranchée en corps.

XXIV. Dans les armées ils camperont toujours au parc de l'artillerie, & ne feront que ce service.

XXV. Ces bataillons seront répartis sur les frontieres & dans les places principales où se font tous les ouvrages nécessaires pour les magasins d'artillerie, qui seront marqués par Sa Majesté pour les écoles, sous les ordres des officiers d'artillerie qui auront été préposés par le grand-maître de l'artillerie pour commander lesdites écoles.

XXVI. Il continuera d'être entretenu à chaque école un maître de mathématiques pour instruire les officiers dudit régiment, lesquels seront obligés de tenir l'école tous les jours de la semaine que le directeur aura marqués ou leur marquera ; enjoignant au commandant & au major de tenir la main à ce qu'aucun officier n'y manque. Veut au surplus Sa Majesté, que les ordonnances des 3 Février 1720 & 22 Mai 1722, soient exécutées en ce qui n'est pas contraire à la présente. Mandant Sa Majesté à M. le duc du Maine, grand-maître & capitaine général de l'artillerie de France, de faire exécuter & observer le contenu en la présente.

ORDONNANCE DU ROI,

Portant création d'un Sous-aide-major en chacun des cinq bataillons du régiment Royal-artillerie, du 21 Juin 1745.

SA Majesté ayant égard à ce que le major & l'aide-major de chacun des cinq bataillons de son régiment Royal-artillerie, ne pourroient remplir les différens détails qu'exigent les devoirs de leurs charges, & voulant d'ailleurs qu'il se forme des sujets propres à les aider dans leurs fonctions & à les remplacer dans les cas qui se préfenteront ; Elle a jugé nécessaire au bien de son service, d'établir un sous-aide-major en chacun desdits cinq bataillons, sans tirer à conséquence pour les autres troupes de son infanterie, qui recevra le même traitement que les premiers lieutenans dudit régiment, en ustensile, pain & fourrage, & sera payé comme eux sur le même pied de cinquante sols par jour, lorsque les bataillons seront à la solde d'hiver, & de vingt sols par jour lorsqu'ils recevront celle de campagne : duquel traitement Elle ordonne qu'il jouisse à commencer du premier Juillet prochain, en passant présent aux revûes des commissaires des guerres. Mandant Sa Majesté à monsieur le comte d'Eu, grand-maître de son artillerie, de tenir la main à l'exécution de la présente.

Mande & ordonne Sa Majesté aux maréchaux de France commandant ses armées, aux gouverneurs & ses lieutenans généraux en ses provinces & armées, ayant commandement sur ses troupes, aux gouverneurs & commandans de ses villes & places, aux intendans esdites provinces, armées & sur ses frontieres, aux directeurs & inspecteurs généraux sur ses troupes, aux commissaires des guerres, & à tous autres ses officiers qu'il appartiendra, de tenir la main à l'exécution de la présente. Fait au camp sous Tournay, le vingt-un Juin mil sept cens quarante-cinq. *Signé* LOUIS. *Et plus bas,* M. P. DE VOYER D'ARGENSON.

LOUIS-CHARLES DE BOURBON, Comte d'Eu, Duc d'Aumale, Commandeur des Ordres du Roi, Gouverneur & Lieutenant général pour Sa Majesté dans sa province de Guyenne, Grand-maître & Capitaine général de l'Artillerie de France.

VU par nous, l'ordonnance du Roi, ci-attachée, donnée au camp sous Tournay, le 21 du mois de Juin dernier, par laquelle Sa Majesté a jugé nécessaire au bien de son service d'établir un sous-aide-major dans chacun des cinq bataillons du régiment Royal-artillerie, pour aider le major & l'aide-major desdits bataillons dans les différens détails qu'exigent les devoirs de leurs charges, & pour former en même tems des fujets propres à les remplacer dans les cas qui fe préfenteront.

Nous, en vertu de ladite ordonnance & du pouvoir à nous donné par Sa Majefté, à caufe de notredite charge de grand-maître & capitaine général de l'artillerie de France, enjoignons aux lieutenans-colonels commandant les cinq bataillons du régiment Royal-artillerie, & à tous qu'il appartiendra, de tenir la main à l'exécution de la préfente ordonnance. En foi de quoi nous avons fait expédier la préfente fignée de notre main, icelle fait fceller du fceau de nos armes, & contrefigner par le fecrétaire général de l'artillerie de France. Fait au camp de Melis près Lippeloo à l'armée de Flandre, le vingt-neuvieme jour du mois d'Août mil fept cens quarante-cinq. *Signé* LOUIS-CHARLES DE BOURBON. *Et plus bas,* par fon alteffe féréniffime DE LA RUE.

TITRE IX.

Concernant l'Artillerie.

ORDONNANCE DU ROI,
Du 7 Octobre 1732.

SA Majefté voulant déterminer d'une maniere uniforme les diminutions des pieces de canon, mortiers & pierriers deftinés pour le fervice de l'artillerie de terre, &

regler la maniere dont l'épreuve en fera faite, a ordonné & ordonne ce qui fuit.

ARTICLE PREMIER.

Il ne fera dorénavant fabriqué de pieces
de canon que du calibre de 24, de 16, de
12, de 8 & de 4; des mortiers de douze
pouces jufte, & de huit pouces trois lignes
de diametre; des pierriers de quinze pouces; & pour l'épreuve des poudres, des
mortiers de fept pouces trois quarts de ligne.

Les dimenfions & le poids des pieces de
chaque calibre, des mortiers & pierriers,
de même que les dimenfions des plattes-
bandes & moulures, la pofition des anfes
& des tourillons, & les ornemens defdites
pieces, mortiers & pierriers, demeureront
fixés fuivant & conformément aux tables,
efquifles, plans & coupes que Sa Majefté en
a fait dreffer, fans que, fous quelque prétexte que ce foit, il puiffe y être fait aucun
changement.

III. La lumiere des pieces de canon, mortiers & pierriers, fera percée dans le milieu
d'une maffe de cuivre rouge, pure rofette,
bien corroyé, & aura la figure d'un cône
tronqué renverfé.

IV. Il fera fait pour les pieces de canon,
ainfi qu'il eft marqué aux plans, un canal
extérieur depuis la lumiere jufqu'à l'écu des
armes de Sa Majefté, d'une ligne de profondeur & de fix lignes de large, pour éviter

que le vent ne chaſſe la traînée de poudre.

V. La viſiere & le bouton de mire ſeront ſupprimés.

VI. Les pieces continueront d'être coulées par la volée.

VII. Le poids, tant des pieces de canon, que des mortiers & pierriers, l'année, le quantieme du mois de la fonte & le nom du fondeur, ſeront marqués ſur la piece.

VIII. On obſervera de numéroter ſur l'un des tourillons, par premiere, deuxieme, troiſieme & quatrieme, les pieces, mortiers & pierriers de chaque fonte.

IX. Il y aura un officier préſent à la charge du fourneau de chaque fonte; lequel tiendra un état du poids de chaque eſpece de métal, neuf ou vieux, qui ſera employé; & il ne pourra quitter qu'après l'entiere coulée des pieces de canon, mortiers & pierriers.

X. Les fondeurs ne pourront faire battre les pieces, mortiers & pierriers avec le marteau en ſortant de la fonte, & avant que l'épreuve en ait été faite.

XI. L'épreuve des pieces de canon ſera faite de la maniere ſuivante : les pieces ſeront miſes appuyées ſeulement ſous la volée; près les tourillons, ſur un morceau de bois ou chantier, elles ſeront tirées trois fois de ſuite avec des boulets de leur calibre; la premiere fois chargée de poudre à la peſanteur du boulet, la ſeconde aux trois quarts, & la troiſieme aux deux tiers. Si la piece ſoûtient cette épreuve, on y brûlera de la poudre pour la flamber, & auffi-tôt en bouchant la lumiere on la remplira d'eau que l'on preffera avec un bon écouvillon, pour connoître fi elle ne fait point eau par quelqu'endroit. Après ces deux épreuves on examinera avec le char & une bougie allumée, ou le miroir lorfqu'il fera foleil, s'il n'y a point de chambres dans l'ame de la piece, fi les métaux font bien exactement partagés, & fi l'ame de la piece, qui doit être droite & concentrique, n'eft point égarée & ondée.

Nota. Le Roi étant informé que la quantité de poudre prefcrite par cet article pour l'épreuve des canons de fon artillerie de terre, y caufe fouvent une altération nuifible au fervice qu'on en devroit attendre ; & jugeant néceffaire d'y remédier en reglant une nouvelle épreuve que Sa Majefté a eftimé fuffifante pour s'affurer de la qualité des pieces fans y caufer de dommage, Sa Majefté par fon ordonnance du 11 Mars 1744, laquelle confirme dans tous fes autres articles celle du 7 Octobre 1732, a dérogé au XI. en ordonnant que les pieces de canon qui feront dorénavant préfentées à l'épreuve, feront montées fur leur affut, pointées à un but diftant de 180, à 200 toifes & tirées cinq fois de fuite avec des boulets de leur calibre. Elles feront chargées les deux premieres fois d'une quantité de poudre égale au poids des deux tiers du boulet, & les trois autres de la moitié feulement de la pefanteur du

boulet. La poudre fera pefée exactement &
mife en gargouffe de papier, & pour charger il fera mis fur la gargouffe un bouchon
qui fera refoulé de cinq à fix coups, & après
y avoir coulé le boulet, il fera mis deffus un
pareil bouchon qui fera de même refoulé
de cinq à fix coups. *Veut au furplus Sa*
Majefté, que conformément à l'article XI. de
fon ordonnance du 7 Octobre 1732, lorfque les
pieces de canon auront foutenu la nouvelle
épreuve fans altération, on y brûle de la pou-
dre pour les flamber, &c. conformément à ce
qui eft prefcrit par ledit article XI.

XII. Les mortiers feront éprouvés comme ci-après. On commencera par les examiner en grattant avec un inftrument bien
acéré les endroits où l'on foupçonnera qu'il
y a quelque défaut ; ceux où l'on n'en aura
pas reconnu qui foit capable de les faire rebuter, feront mis fur leur culaffe en terre,
les tourillons appuyés fur des billots de bois
pour empêcher qu'ils ne s'enterrent: on les
fera tirer trois fois avec des bombes de leur
diametre, la chambre remplie de poudre,
& les bombes pleines de terre mêlée de
fciure de bois; enfuite on bouchera la lumiere, & on remplira le mortier d'eau pour
voir s'il s'y eft fait quelque évent ou ouverture; & après l'avoir fait laver, on le vifi-
tera de nouveau avec le grattoir pour connoître s'il n'y a point de chambres.

XIII. Les canons, mortiers & pierriers
qui ne feront pas fuivant les dimenfions pref-

crites par la préfente ordonnance, & les canons & mortiers aufquels les officiers d'artillerie, qui feront chargés des épreuves,
reconnoîtront des défauts capables de nuire
au fervice des pieces, feront rebutés, les anfes en feront caffées fur le champ, & les
fondeurs ne pourront rien prétendre pour
la façon.

XIV. Il fera dreffé des procès - verbaux
des épreuves, examen & vifites ci - deffus
ordonnées, dans lefquels les officiers d'artillerie expliqueront la maniere dont ils y
auront procédé, les défauts qu'ils auront
reconnus aux pieces éprouvées, foit qu'ils
jugent qu'ils doivent faire rebuter la piece,
ou que nonobftant les défauts reconnus elle
doit être reçûe; & il y fera fait mention du
nombre & de la qualité des pieces de canon
& mortiers qui auront été reçûs ou rebutés.

On n'a pas jugé à propos de joindre à cette
ordonnance les tables, efquiffes, plans & cou-
pes que le Roi a fait graver, parce que ce détail
ne regarde que les officiers d'artillerie, à qui
on en a fait remettre.

DÉCLARATION DU ROI,

Concernant l'habillement des Ouvriers de l'Ar-
tillerie ; du 12 Mars 1741.

SA Majefté étant informée que depuis fon
ordonnance du premier Juillet 1729, por-

tant réglement pour la solde & la compoſition du régiment Royal-artillerie, & ſon
habillement, il a été jugé à propos lors du
nouvel habillement fait en 1732, de donner
des veſtes bleues aux compagnies d'ouvriers
au lieu de celles de ſerge gris-de-fer, marquées par ladite ordonnance de 1729 : Et
ayant agréé la propoſition qui lui eſt faite
actuellement par le grand-maître de l'artillerie, de changer en rouge, par un nouveau
réglement, ce qui eſt en bleu dans l'habillement des compagnies d'ouvriers, Sa Majeſté
a ordonné & ordonne qu'à l'avenir elles ſe
conformeront au préſent réglement, & porteront un juſte-au-corps gris-de-fer, doublé
de rouge, avec les manches en amadis, la
veſte rouge & la doublure de même couleur, ſans rien changer au ſurplus à ce qui
eſt porté par ſa précédente ordonnance du
premier Juillet 1729, qui aura ſon exécution en tout ce qui ne ſe trouve pas contraire à la préſente. Mande & ordonne Sa Majeſté à Monſieur le comte d'Eu grand-maître
& capitaine général de l'artillerie de France,
aux gouverneurs & ſes lieutenans généraux
dans ſes provinces, aux intendans en ſeſdites
provinces, au directeur des écoles de l'artillerie, aux commiſſaires des guerres, & à
tous autres ſes officiers qu'il appartiendra,
de tenir la main à l'exécution de la préſente.
Fait à Verſailles le douze Mars mli ſept cens
quarante-un. *Signé*, LOUIS. *Et plus bas,*
DE BRETEUIL.

ORDONNANCE DU ROI,

Portant défenses aux Officiers généraux &
autres, employés dans les Armées de Sa
Majesté, de se servir des chevaux & équi-
pages de l'Artillerie & des Vivres ; du 20
Juillet 1741.

SA Majesté s'étant fait représenter ses ordonnances des 15 Février & 18 Mars 1734,
par lesquelles Elle auroit expressément défendu à tous officiers généraux, colonels &
autres, employés en ses armées, de se servir
d'aucuns chevaux & équipages de l'artillerie
& des vivres ; & jugeant nécessaire d'en rappeller les dispositions à l'occasion des différens corps de troupes que les circonstances
présentes l'obligent d'assembler incessam-
ment sur ses frontieres : Sa Majesté a de
nouveau fait très-expresses inhibitions &
défenses à tous officiers généraux, colonels
& autres, sans aucune exception, de se servir, sous quelque prétexte que ce puisse être,
pour conduire leur équipage, ou pour leur
usage particulier, d'aucun charriot, charrette, cheval ou mulet des équipages, tant
des vivres que de l'artillerie. Veut Sa Majesté que par les commissaires des guerres
employés dans lesdites armées, il soit fait
pendant le tems de la campagne, deux fois
au moins, des revûes exactes desdits équipages ; leur défendant Sa Majesté d'y com-

prendre aucune bête de trait ou de somme, de celles qui se trouveront chez lesdits officiers généraux ou autres, sous peine ausdits commissaires d'interdiction, & aux entrepreneurs desdits équipages des vivres & de l'artillerie, de mille livres d'amende applicable au dénonciateur, pour chaque cheval ou mulet qui se trouvera employé à d'autre service qu'à celui dont ils sont chargés. Se réserve au surplus Sa Majesté de punir, suivant l'exigence des cas, ceux qui par violence ou autorité, se seront procuré des chevaux ou mulets desd. équipages. Mande & ordonne Sa Majesté aux généraux de ses armées, aux intendans en icelles, aux commissaires ordinaires de ses guerres, & tous autres qu'il appartiendra, de tenir ponctuellement la main à l'exécution de la présente ordonnance, & de l'informer des contraventions dont ils auront connoissance. Fait à Versailles le vingt Juillet mil sept cens quarante-un. *Signé*, LOUIS. *Et plus bas*, De Breteuil.

Nota. *Par la démission de M. le comte d'Eu de sa charge de grand-maître de l'artillerie, laquelle est demeurée supprimée, il sembleroit que les ordonnances précédentes concernant le grand-maître de l'artillerie & ses officiers sont devenues inutiles, & que par conséquent on n'auroit pas dû les insérer dans cette nouvelle édition ; mais, comme on l'a observé dans la préface, les anciennes ordonnances, bien qu'abrogées en tout ou en partie,* n'en font pas moins une partie essentielle d'un code militaire, où il ne s'agit pas seulement de faire voir quelles font les loix actuelles, mais encore de rapporter les loix antérieures qui conservent toujours une connexité intime avec celles qui leur ont succédé ; c'est par cette raison que l'on insère ici en leur entier les ordonnances rendues au sujet de l'union de l'artillerie avec le génie, bien que ces deux corps ayent été séparés depuis, comme on le verra par les titres suivans.

TITRE X.

Du Corps Royal de l'Artillerie & du Génie.

ORDONNANCE DU ROI,

Pour unir l'Artillerie avec le Génie, sous l'autorité immédiate de Sa Majesté, du 8 Décembre 1755.

SA Majesté ayant accepté la démission que M. le comte d'Eu a faite en ses mains, de la charge de grand-maître & capitaine général de l'artillerie de France, dont Elle l'avoit pourvû par ses lettres-patentes du 12 Mai 1710; Elle a jugé convenable au bien de son service, de prendre Elle-même l'administration de ce corps, & d'unir l'artillerie avec le génie, ne doutant point que la satisfaction qu'elle a eue jusqu'à présent des services importans que ces deux corps lui ont rendus séparément, n'augmente encore

core considérablement par la suite, lorsque ceux qui les composent, emploieront conjointement leurs talens & leur capacité sous son autorité immédiate, pour le succès des opérations dont ils seront chargés ; & en conséquence, elle a ordonné & ordonne ce qui suit.

ARTICLE PREMIER.

Veut Sa Majesté, que les bataillons du régiment Royal-artillerie, les compagnies de mineurs & d'ouvriers qui servent à leur suite, les officiers d'artillerie & les ingénieurs, ne fassent dorénavant qu'un seul & même corps, sous la dénomination de *corps royal de l'artillerie & du génie.*

II. Les chefs de ce corps rendront compte au secrétaire d'état ayant le département de la guerre, & recevront par lui les ordres de Sa Majesté, de l'exécution desquels ils communiqueront au directeur général, & aux autres officiers tirés dudit corps, que Sa Majesté jugera à propos de charger de faire la visite des directions dudit corps, tant générales que particulieres.

III. Tous les officiers dont ledit corps royal sera composé au moyen de cette réunion, rouleront ensemble dans le service qu'ils auront à faire en campagne, suivant leurs grades militaires & leur ancienneté, comme il est expliqué ci-après.

IV. Les lieutenans-colonels qui commandent actuellement les bataillons dudit corps,

& ceux qui leur fuccéderont dans ledit commandement , auront le rang de colonels
d'infanterie.

V. Le premier capitaine factionnaire de
chacun de ces bataillons, le premier des
capitaines de mineurs, & le premier des capitaines d'ouvriers, auront le rang de lieutenans-colonels.

VI. Tous les lieutenans en fecond, & les
fous-lieutenans defdits bataillons & compagnies de mineurs & d'ouvriers, qui exiftent
actuellement, auront le rang de lieutenans
en premier, du jour qu'ils ont été faits officiers.

VII. Les nouveaux officiers qui feront
reçûs à l'avenir dans lefdits bataillons &
compagnies, n'y entreront qu'en qualité de
fous-lieutenans feulement.

VIII. Les lieutenans d'artillerie prendront à l'avenir le titre de *lieutenans-colo-*
nels du corps royal de l'artillerie & du génie ;
les commiffaires-provinciaux celui de *capi-*
taines en pied ; les commiffaires ordinaires
celui de *capitaines en fecond ;* & les commiffaires extraordinaires & officiers-pointeurs celui de *lieutenans en premier.*

IX. Ces officiers rouleront en ces qualités avec les autres officiers du même corps,
qui auront les mêmes grades , à compter
pour les lieutenans d'artillerie & les commiffaires-provinciaux & ordinaires qui ont
été commis par le grand-maître , du jour
de la date de la commiffion qu'ils en ont eue;

& pour les commiſſaires extraordinaires & officiers-pointeurs, du jour de leur entrée dans le corps en qualité d'officiers-pointeurs.

X. Ces mêmes officiers prendront rang dans les grades qui leur ſont ci-deſſus attribués, avec les officiers des autres corps de l'infanterie, ſuivant le rang qui a été précédemment reglé au régiment Royal-artillerie.

XI. Sa Majeſté ſe propoſe au ſurplus, de donner des commiſſions de colonels à un certain nombre d'entre les plus anciens lieutenans d'artillerie.

XII. L'intention de Sa Majeſté étant, que les titulaires des charges qui ont été conſervées par l'article II. de ſon édit du mois de Mai 1716 continuent de jouir leur vie durant, des gages & émolumens qui y ſont attachés; Elle veut que le ſieur marquis de Thiboutot qui eſt pourvû de celle de premier lieutenant général de l'artillerie, & qui étoit ci-devant employé en qualité de commiſſaire ordinaire ſeulement, prenne rang de lieutenant-colonel dudit corps, à compter du jour de la date de la préſente ordonnance; ayant bien voulu lui accorder ce rang, en conſidération des ſervices de ſon pere, & du zele dont il donne perſonnellement des marques; & que les ſieurs de Saint-Auban, & Taboureau de Villepatour, que le grand-maître a pourvûs des charges de lieutenant-provincial & de commiſſaire

provincial de l'arfenal de Paris, fous d'autres dénominations, prennent ledit rang de
lieutenant-colonel, du jour qu'ils ont été
commis par le grand-maître en qualité de
lieutenans d'artillerie.

XIII. Quant aux ingénieurs, ils rouleront
avec les autres officiers dudit corps, en qualité de lieutenans en premier, du jour de
leur réception; & ceux qui ont obtenu des
grades fupérieurs de colonels, lieutenans-
colonels & capitaines, en jouiront à compter de la date de leurs commiffions, ainfi
qu'il a été reglé par les articles II. & III. de
l'ordonnance du 7 Février 1744; à l'effet
de quoi il leur fera expédié des lettres de
paffe pour les tirer des régimens à la fuite
defquels leur réforme avoit été attachés,
& les mettre à la fuite dudit corps.

XIV. Lefdits ingénieurs porteront le
même uniforme que les officiers d'artillerie.

XV. Les bataillons dudit corps royal,
qui fe trouveront de garnifon dans les places, continueront d'y faire le fervice de la
place fur le pied de demi-bataillons, comme
il eft reglé par l'article CXIII. de l'ordonnance du 25 Juin 1750; les compagnies de
mineurs & d'ouvriers, & les officiers dudit
corps, détachés dans les places, n'étant
point fujets à ce fervice.

XVI. Lefdits officiers détachés ne feront
tenus de rendre compte des fonctions de
détails qu'ils feront dans les places concernant l'artillerie & le génie, qu'à ceux aux-

quels ils feront fubordonnés par les ordres, en vertu defquels ils feront employés dans lefdites places.

XVII. Les femeftres continueront d'être tirés à l'ordinaire dans les bataillons dudit corps & les compagnies de mineurs & d'ouvriers ; mais il n'en fera plus donné aux officiers détachés dans les places, lefquels feront déformais employés pendant toute l'année, & ne pourront s'abfenter defdites places que par congé de Sa Majefté.

XVIII. Ceux des lieutenans d'artillerie qui font actuellement chargés de départemens généraux ou particuliers, prendront, outre la qualité de leur grade militaire, celle de directeurs en chef pour l'artillerie au département ou à la place qui leur feront confiés ; & ils conferveront fur les autres officiers détachés, employés pour l'artillerie dans ledit département ou ladite place, la même autorité qu'ils avoient précédemment.

XIX. Il en fera de même des directeurs en chef pour le génie, tant par rapport à leurs titres, qu'à l'égard des officiers qui leur feront fubordonnés en cette partie.

XX. Quand Sa Majefté jugera à propos de confier les deux directions à une même perfonne, les officiers inférieurs chargés de l'un & de l'autre fervice en particulier, lui répondront & lui feront également fubordonnés ; & il en fera de même des directions particulieres des places, lorfque Sa

Majesté les réunira sur la tête du même officier.

XXI. Les places d'officiers détachés dudit corps, qui viendront à vacquer, seront remplies, soit par des officiers pris dans les bataillons dudit corps & les compagnies de mineurs & d'ouvriers, ou par des officiers détachés dudit corps, sur le rapport qui en sera fait à Sa Majesté par le secrétaire d'état ayant le département de la guerre, d'après les témoignages qui lui auront été rendus par le directeur général dudit corps.

XXII. Tous les officiers qui seront tirés à l'avenir des bataillons dud. corps & des compagnies de mineurs & d'ouvriers, pour être employés dans les places, seront également chargés des deux services de l'artillerie & du génie, conformément au reglement particulier que Sa Majesté se réserve de rendre à ce sujet.

Mande & ordonne Sa Majesté à tous les officiers du régiment Royal-artillerie, des compagnies de mineurs & d'ouvriers, du corps de l'artillerie & de celui du génie, qui ne feront plus dorénavant qu'un seul & même corps, de se conformer à ce qui est porté par la présente ordonnance, & de tenir la main, chacun en ce qui le concerne, à son exécution : dérogeant Sa Majesté à toutes ordonnances à ce contraires. Fait à Versailles le huit Décembre mil sept cens cinquante-cinq. *Signé*, LOUIS. *Et plus bas*, M. P. DE VOYER D'ARGENSON.

ORDONNANCE DU ROI,

Portant Réglement pour les écoles du Corps royal de l'Artillerie & du Génie; du 8 Avril 1756.

S A Majesté ayant par son ordonnance du 8 Décembre de l'année derniere, réuni en un même corps les bataillons du régiment Royal-artillerie, les officiers d'artillerie & les ingénieurs, & reglé les rangs que ceux qui composeront ce corps, doivent tenir ensemble, Elle a jugé nécessaire de pourvoir à ce que chacun d'eux acquiere les connoissances relatives aux différens objets de leur destination; & pour cet effet, en confirmant les établissemens qui ont été faits antérieurement, tant dans l'artillerie que dans le génie, Elle a voulu qu'il n'entrât à l'avenir aucun sujet dans le corps, s'il n'étoit reconnu avoir les dispositions desirables pour y faire des progrès & s'y rendre utile; & que non-seulement Elle fût instruite des talens & des dispositions de ceux qui y seront reçûs, mais qu'Elle pût encore s'assûrer des progrès successifs qu'ils feront dans leurs études : & en conséquence, Elle a ordonné & ordonne ce qui suit.

ARTICLE PREMIER.

Nul ne sera admis dans le corps royal de l'artillerie & du génie, s'il n'est parfaite-

F iiij

ment inftruit dans l'arithmétique, & s'il ne fait les élémens de la géométrie & les principes fondamentaux de la méchanique ftatique.

II. Les fujets ainfi préparés, fe préfenteront devant un examinateur qui fera choifi par Sa Majefté; & ceux qu'il aura reconnu avoir les connoiffances ci-deffus exigées, pourront être admis dans le corps quand il y aura des places à remplir.

III. Il fera établi à la Fère une nouvelle école, deftinée uniquement au progrès de l'inftruction des fujets qui auront été admis dans le corps.

IV. Ces éleves formeront une compagnie qui n'excedera pas le nombre de cinquante.

V. Ils auront le rang de fous-lieutenans, avec quarante livres d'appointemens par mois, & ils ne feront point fujets à faire aucun fervice au bataillon en réfidence.

VI. Ils feront commandés par un capitaine en pied, un capitaine en fecond & un lieutenant, lefquels veilleront à leur difcipline; & feront en même tems chargés du commandement de la nouvelle école, fous l'autorité de l'officier qui commandera l'ancienne école.

VII. Comme il y a actuellement dans le corps de l'artillerie un nombre de cadets & de volontaires, beaucoup au-delà de celui que Sa Majefté veut employer à cette nouvelle école, & qu'ils peuvent ne pas avoir tous, les connoissances requises pour y être admis, l'intention de Sa Majesté est qu'il soit tiré dix cadets ou volontaires de chacune des anciennes écoles d'artillerie, pour être envoyés à la nouvelle école de la Fère, & que le choix en soit fait au concours entre ceux qui sont dans chaque école, ensuite de l'examen qui en aura été fait par le commandant de l'école & par les professeurs.

VIII. Si après cette opération il reste encore aux anciennes écoles quelques cadets ou volontaires qui soient suffisamment instruits, on la répétera l'année suivante, pour les envoyer à la nouvelle école, jusqu'à concurrence du nombre de places qu'il y aura à y remplir.

IX. Il ne sera plus reçu à l'avenir de cadets dans les bataillons, ni de volontaires dans les anciennes écoles ; & à mesure que les cadets qui existent, s'éteindront, ils seront remplacés dans les compagnies par des soldats.

X. Il sera établi à la nouvelle école de la Fère, un professeur, un aide & un maître de dessein.

XI. Il y aura tous les matins des jours ouvrables leçon de théorie qui durera trois heures, & tous les après-midi leçon de dessein, excepté les jours où les éleves seront conduits aux leçons de pratique de l'ancienne école, qui leur tiendra lieu des leçons de théorie & de dessein, selon le tems où ils auront été employés.

F v.

XII. On se conformera, quant à la théorie, à ce qui est expliqué dans l'instruction particuliere qui sera remise au commandant de l'école, dans laquelle on ne suivra qu'un seul & même cours, de même que dans celle de Mezieres & dans les anciennes écoles.

XIII. Il ne sera permis, sous quelque prétexte que ce soit, à aucun étranger, ni à aucun officier du bataillon en résidence à la Fère, de se trouver aux leçons de théorie & de dessein de cette nouvelle école.

XIV. Il sera envoyé, à la fin de chaque année, un examinateur nommé par Sa Majesté, pour reconnoître le progrès que les jeunes officiers de la nouvelle école auront fait dans leurs études. Il les examinera en présence du directeur général ou des officiers du corps à ce préposés, & il s'attachera à discerner les genres auxquels chacun d'eux montrera le plus de disposition.

XV. Sa Majesté décidera, sur le rapport qui lui en sera fait, de ceux d'entre ces jeunes officiers qui devront passer à l'école de Mezieres, ou entrer dans les bataillons pour y remplir les places vacantes.

XVI. Ceux qui entreront dans les bataillons, continueront de s'y instruire dans les anciennes écoles, ainsi qu'il s'est pratiqué jusqu'à présent.

XVII. Ceux qui resteront dans la nouvelle école, après avoir subi l'examen, continueront de s'y instruire jusqu'à ce qu'ils foient nommés pour paffer à l'école de Mezieres, ou pour entrer dans les bataillons.

XVIII. Les officiers qui font actuellement dans les bataillons, & ceux qui y entreront par la fuite en fortant de la nouvelle école, pourront fe préfenter à l'examen qui fera fait des fujets de ladite école, quand ils croiront avoir acquis les connoiffances néceffaires pour être admis à celle de Mezieres, pourvû toutefois qu'ils en ayent obtenu la permiffion du directeur général, qui la leur donnera fur le témoignage de leur commandant.

XIX. L'école de Mezieres n'excédera point le nombre de trente officiers.

XX. Ceux qu'on y fera paffer de la nouvelle école de la Fere, auront le rang de lieutenans en fecond, avec foixante livres d'appointemens par mois.

XXI. Le commandant en chef de cette école aura en même tems la direction des places de la Meufe.

XXII. Il aura fous lui deux commandans, un profeffeur & un maître de deffein.

XXIII. Il employera auffi à cette école, lorfqu'il le jugera à propos, les officiers qui feront placés dans fa direction.

XXIV. Les leçons de théorie fe tiendront tous les matins, quand les éleves ne feront point employés aux autres exercices détaillés dans l'inftruction particuliere qui fera remife au commandant de l'école.

XXV. Défend Sa Majefté d'admettre au-

F vj

cuns étrangers aux leçons & exercices de cette école, ni même des officiers des bataillons, autres que ceux qui y feront nécessairement employés aux exercices de pratique.

XXVI. Les éleves de cette école y resteront deux ans ; on les répartira, après leur premiere année, dans les places de la direction de la Meuse ; & à l'expiration de la seconde année, on jugera s'ils sont capables de remplir les deux services de l'artillerie & du génie, qu'il y auroit à leur confier dans les places sous les chefs à ce préposés.

XXVII. A l'égard des cinq écoles ci-devant établies dans les lieux de la résidence des bataillons, elles continueront d'être conduites comme par le passé, en se conformant à ce qui est porté par l'article XII.

XXVIII. Tout ce que les commandans desdites écoles, tant anciennes que nouvelles, ordonneront relativement aux fonctions desdites écoles, sera exécuté sans difficulté par tous les officiers & soldats qui y feront employés ; à l'égard du détail & de la discipline intérieure des troupes, ils feront réservés aux officiers qui feront attachés auſdites troupes. Fait à Versailles le huit Avril mil sept cent cinquante-six. *Signé,* LOUIS. *Et plus bas,* M. P. DE VOYER D'ARGENSON.

ORDONNANCE DU ROI,

Concernant le Corps Royal de l'Artillerie &
du Génie ; du premier Décembre 1756.

S A Majesté jugeant nécessaire , pour le
bien de son service, d'augmenter les bataillons & les compagnies de mineurs & d'ouvriers du corps royal de l'artillerie & du
génie, & de leur donner en même tems
une composition qui puisse procurer de nouveaux moyens d'unir les officiers de l'artillerie avec ceux du génie, suivant que Sa
Majesté l'a réglé par son ordonnance du 8
Décembre 1755 , Elle a ordonné & ordonne ce qui suit.

A R T I C L E P R E M I E R.

Il sera formé, des cinquante compagnies
qui composent les cinq bataillons du corps
royal de l'artillerie & du génie, & qui sont
de soixante-douze hommes, quatre-vingt-
seize compagnies de cinquante hommes
chacune ; & à cet effet le fonds actuel des
compagnies, qui n'est que de trois mille six
cens hommes, sera porté à quatre mille
huit cens hommes, par une augmentation
de douze cens hommes.

II. Ces quatre-vingt-seize compagnies
composeront six bataillons de seize compagnies, en sorte que chaque bataillon sera de
huit cens hommes.

III. Dans le nombre des feize compagnies de chacun de ces bataillons, il y aura deux compagnies de fappeurs, neuf de canonniers, & cinq de bombardiers.

IV. Chaque compagnie de fappeurs fera compofée d'un capitaine en pied, un capitaine en fecond, un premier lieutenant, un lieutenant en fecond, deux fous-lieutenans, deux fergens, deux caporaux, deux anfpeffades, quarante-trois fappeurs & un tambour : & fera payée fur le pied; favoir, de fept livres un fol par jour au capitaine en pied, trois livres au capitaine en fecond, cinquante fols au premier lieutenant, quarante fols au lieutenant en fecond, trente fols à chacun des fous-lieutenans, vingt fols fix deniers à chaque fergent, quatorze fols fix deniers à chaque caporal, onze fols fix deniers à chaque anfpeffade, neuf fols fix deniers à chacun de neuf des quarante-trois fappeurs, fept fols à chacun des trentequatre autres, & neuf fols fix deniers au tambour.

V. Chacune des compagnies de canonniers fera compofée d'un capitaine en pied, un capitaine en fecond, un premier lieutenant, un lieutenant en fecond, deux fouslieutenans, deux fergens, deux caporaux, deux anfpeffades, quarante-trois canonniers, & un tambour; & payée fur le pied, par jour, de fept livres un fol au capitaine en pied, trois livres au capitaine en fecond, cinquante fols au premier lieutenant, quarante sols au lieutenant en second, trente sols à chacun des sous-lieutenans, vingt sols six deniers à chaque sergent, quatorze sols six deniers à chaque caporal, onze sols six deniers à chaque anspessade, neuf sols six deniers à chacun de neuf des quarante-trois canonniers, sept sols à chacun de neuf autres, six sols à chacun des vingt-cinq restans, & neuf sols six deniers au tambour.

VI. Les compagnies de bombardiers, seront composées chacune, d'un capitaine en pied, un capitaine en second, un premier lieutenant, un lieutenant en second, deux sous-lieutenans, deux sergens, deux caporaux, deux anspessades, quarante-trois artificiers ou bombardiers, & un tambour; & payée sur le pied, par jour, de sept livres un sol au capitaine en pied, trois livres au capitaine en second, cinquante sols au premier lieutenant, quarante sols au lieutenant en second, trente sols à chacun des sous-lieutenans, vingt sols six deniers à chaque sergent, quatorze sols six deniers à chaque caporal, onze sols six deniers à chaque anspessade, quinze sols à chacun de deux de huit artificiers-bombardiers, douze sols à chacun de trois desdits artificiers-bombardiers, dix sols à chacun des trois autres; entendant Sa Majesté, que l'augmentation de paye soit donnée seulement à ceux d'entre eux qui se distingueront par leur zele & capacité dans leur métier, & non à la simple ancienneté de service; neuf sols six deniers·

à chacun de six de trente-cinq bombardiers, sept sols à chacun de six autres, six sols à chacun des vingt-trois restans, & neuf sols six deniers au tambour.

VII. A l'égard des payes de gratification desdites compagnies, chaque capitaine recevra cinq desdites payes ; savoir, de sept sols chacune pour les sappeurs, & de six sols pour les canonniers & bombardiers, sa compagnie étant complete de cinquante hommes, quatre à quarante-neuf, trois à quarante-huit, deux à quarante-sept, une à quarante-six, & rien au-dessous dudit nombre de quarante-six hommes.

VIII. L'état-major de chaque bataillon sera composé d'un colonel-commandant & d'un lieutenant-colonel, qui n'auront point de compagnie, lesquels auront, chacun dans leur grade, les mêmes prérogatives que les colonels & les lieutenans-colonels en pied des régimens d'infanterie, en suivant le rang du corps ; il y aura aussi, à chacun desdits bataillons, un major, un aide-major, un sous-aide-major, un aumônier & un chirurgien : & il sera payé par jour ; savoir, seize livres treize sols quatre deniers au colonel-commandant, tant pour ses appointemens en sadite qualité, que pour lui tenir lieu de ceux de capitaine ; onze livres deux sols deux deniers au lieutenant-colonel, pareillement pour ses appointemens en ladite qualité & ceux de capitaine ; neuf livres trois sols trois deniers au major, six livres deux sols deux deniers à l'aide-major, cinquante sols au sous-aide-major, & dix sols à chacun des aumônier & chirurgien.

IX. Entend Sa Majesté, que les compagnies de mineurs & d'ouvriers dudit corps royal de l'artillerie & du génie, qui sont au nombre de dix, soient portées à douze, & qu'il soit à cet effet levé une sixieme compagnie de mineurs, & pareillement une sixieme compagnie d'ouvriers.

X. Ladite compagnie de mineurs d'augmentation, sera composée d'un capitaine en premier, un capitaine en second, un premier lieutenant, un lieutenant en second, deux sous-lieutenans, quatre sergens, quatre caporaux, quatre anspessades, quarante-six mineurs ou apprentifs, & deux tambours; & payée, à commencer du premier du mois de Janvier prochain, ainsi que chacune des cinq autres compagnies qui sont actuellement sur pied, à raison par jour, de six livres cinq sols au capitaine en premier, trois livres au capitaine en second, cinquante sols au premier lieutenant, quarante sols au second lieutenant, trente sols à chacun des deux sous-lieutenans, vingt sols six deniers à chacun des sergens, quatorze sols six deniers à chacun des caporaux, onze sols six deniers à chacun des anspessades, dix sols six deniers à chacun des vingt-quatre mineurs, sept sols à chacun des vingt-deux apprentifs, neuf sols six deniers à chacun des tambours, & sept sols pour chacune des six payes de gratification que Sa Majesté accorde au capitaine, sa compagnie étant complete de soixante hommes, cinq à cinquante-neuf, quatre à cinquante-huit, trois à cinquante-sept, deux à cinquante-six, & aucune, sa compagnie étant au-dessous de cinquante-six hommes.

XI. La compagnie d'ouvriers d'augmentation sera composée d'un capitaine, un premier lieutenant, un second lieutenant, un sous-lieutenant, trois maîtres-ouvriers, trois sous-maîtres, vingt-cinq ouvriers, huit apprentifs, & un tambour; & payée, à commencer du premier du mois de Janvier prochain, ainsi que chacune des cinq autres compagnies qui sont actuellement sur pied, à raison par jour, de six livres au capitaine, cinquante sols au premier lieutenant, quarante sols au second lieutenant, trente sols au sous-lieutenant, vingt sols à chacun des trois maîtres-ouvriers, dix-huit sols à chacun des trois sous-maîtres, quinze sols à chacun de seize ouvriers, douze sols à chacun de neuf autres, dix sols à chacun des huit apprentifs & au tambour, & dix sols pour chacune des quatre payes de gratification que le capitaine touchera, sa compagnie étant complete de quarante hommes, trois payes à trente-neuf, deux à trente-huit, & rien au-dessous dudit nombre de trente-huit hommes.

XII. L'intention de Sa Majesté étant de faire passer aux emplois qui seront à remplir, par la nouvelle composition ci-dessus ordonnée, la plus grande partie des officiers de l'ancien corps de l'artillerie & du genie, ceux desdits officiers qui se trouvent jouir actuellement d'appointemens plus forts que ceux qu'ils auront aux places où ils seront attachés, seront payés du surplus par supplément, sur les ordres particuliers de Sa Majesté.

XIII. Veut Sa Majesté, que les six premiers des capitaines desdits bataillons, le premier des capitaines de mineurs, & le premier des capitaines d'ouvriers, aient le rang de lieutenans-colonels.

XIV. Sa Majesté fera payer aux capitaines dudit corps, pour la levée des treize cens hommes d'augmentation réglée par la présente ordonnance, la somme de cent cinquante-sept mille neuf cent cinquante livres, à raison de cent vingt-une livres dix sols par homme; savoir, cinquante livres pour l'engagement, quarante-une livres dix sols pour l'habillement & équipement, quinze livres pour l'armement, consistant dans le fusil avec sa bayonnette, & quinze livres de gratification, leurs compagnies étant completes au premier Mai prochain, qui est le terme que Sa Majesté a fixé pour le complet de ladite augmentation.

XV. Entend Sa Majesté, que les capitaines travaillent aussi diligemment que son service le requiert, à la levée des hommes de cette augmentation; & qu'à commencer du premier du mois de Janvier prochain, ledit corps foit payé de fes appointemens & folde fuivant fa nouvelle compofition, ainfi qu'il fe trouvera aux revûes qui en feront faites par les commiffaires des guerres.

Mande & ordonne Sa Majefté aux gouverneurs & lieutenans généraux dans fes provinces, aux gouverneurs de fes villes & places, à ceux qui y commandent, aux intendans dans fes provinces & fur fes frontieres, aux commiffaires des guerres ordonnés à la police de fes troupes, & à tous autres fes officiers qu'il appartiendra, de tenir la main à l'exécution de la préfente ordonnance. Fait à Verfailles le premier Décembre mil fept cent cinquante-fix. *Signé*, LOUIS. *Et plus bas*, M. P. DE VOYER D'ARGENSON.

ORDONNANCE DU ROI,

Portant Réglement pour le fervice du Corps royal de l'Artillerie & du Génie, fuivant fa nouvelle formation; du 24 Février 1757.

SA Majefté ayant par fon ordonnance du premier Décembre de l'année derniere, porté le corps royal de l'artillerie & du génie, au nombre de fix bataillons de feize compagnies chacun, & de fix compagnies de mineurs & autant de compagnies d'ouvriers, au moyen de laquelle augmentation la plus grande partie des officiers des anciens corps de l'artillerie & du génie ont été incorporés dans lesdites troupes : & voulant régler ce qui devra s'observer dans ledit corps, tant pour le service de chaque troupe en général, que pour celui qu'elles auront à faire dans les places, dans les écoles & en campagne, Sa Majesté a ordonné & ordonne ce qui suit :

Du Service en général.

ARTICLE PREMIER.

Les bataillons du corps royal de l'artillerie & du génie conserveront dans l'infanterie le même rang qu'avoit précédemment le régiment Royal-artillerie.

II. Ces bataillons rouleront entr'eux suivant l'ancienneté des colonels qui en seront titulaires, dont ils porteront le nom.

III. Lorsque plusieurs bataillons du corps royal se trouveront ensemble, le plus ancien colonel les commandera pour le service commun ; mais la discipline intérieure de chaque bataillon demeurera à son colonel, ou à l'officier qui devra commander en son absence.

IV. Les lieutenans-colonels dudit corps rouleront entr'eux, suivant la date des commissions qu'ils auront reçûes du Roi, & de celles qui auront été expédiées en qualité de lieutenant d'artillerie aux anciens officiers de ce corps, conformément à l'ordonnance du 8 Décembre 1755.

V. Les capitaines, tant en pied qu'en second, prendront pareillement rang entre eux, fuivant la date de leurs commiffions du Roi, & de celles des commiffaires ordinaires des officiers de l'ancien corps de l'artillerie.

VI. Les lieutenans en premier & en fecond, rouleront entr'eux; favoir, ceux des bataillons, fuivant la date des premieres lettres d'officier qu'ils auront eues du Roi; ceux de l'ancien corps de l'artillerie, fuivant leurs lettres d'officiers-pointeurs; & ceux de l'ancien corps du génie, fuivant leur réception dans le corps.

VII. Les fous-lieutenans qui exiftoient avant l'ordonnance du 8 Décembre 1755, rouleront avec les lieutenans; & ceux qui auront été reçûs depuis en cette qualité, ne prendront rang qu'après tous les lieutenans.

VIII. Les bataillons du corps royal feront fujets à la même police & difcipline que tous ceux de l'infanterie françoife, en quelqu'endroit qu'ils fe trouvent.

IX. Les foldats apprentifs de chaque compagnie, & à leur défaut, les foldats de recrue que l'on croira capables de remplir les places vacantes, foit de canonniers, bombardiers ou fappeurs, feront préfentés au directeur général, qui les fera examiner & exercer en fa préfence; ceux dont la capacité aura été reconnue, feront reçûs & enregiftrés; & ceux qu'il aura refufés, refteront foldats à la paye ordinaire jufqu'à ce qu'ils foient mieux inftruits.

Du Service dans les Places.

X. Les bataillons du corps royal, soit qu'ils se trouvent seuls dans les places ou avec d'autres troupes, y feront le service comme toute l'infanterie.

XI. Sa Majesté trouve bon cependant qu'ils ne fournissent que la moitié du nombre de soldats qui sera demandé aux autres bataillons de la garnison pour le service de la place.

XII. Elle a bien voulu aussi dispenser du service des places les capitaines en pied, ainsi que les premiers sappeurs, canonniers & bombardiers, & les compagnies de mineurs & d'ouvriers, à moins que la nécessité du service n'exige de les y employer ; auquel cas, ils exécuteront ce qui leur sera ordonné par les commandans desdites places.

XIII. Les capitaines en second & les officiers subalternes monteront la garde, feront la ronde, & généralement tout le service d'infanterie usité dans la place où leur bataillon se trouvera, & ils couleront à fonds avec les officiers des autres régimens de la garnison.

XIV. Lorsqu'il sera envoyé dans une place un détachement du corps royal, l'officier qui commandera ce détachement, recevra en y arrivant, l'ordre de celui qui sera chargé de la direction, sur tout ce qu'il aura à faire pour le service auquel il sera deſtiné; le directeur, de même que les officiers de réſidence, s'adreſſeront au commandant de la place pour demander les travailleurs de ce détachement, ou d'autres troupes de la garniſon, qui ſeront néceſſaires pour le ſervice de l'artillerie & du genie; & la diſcipline intérieure du détachement ſera réſervée à l'officier qui le commandera, lequel en ſera reſponſable au chef de la troupe dont il aura été détaché, & ſe conformera d'ailleurs aux ordres du commandant de la place ſur la diſcipline de la garniſon.

XV. Les officiers du corps royal, qui en ſeront détachés pour être en réſidence dans les places, ſe préſenteront auſſi-tôt après leur arrivée dans leſdites places, à ceux qui y commanderont, pour leur faire part de leurs ordres.

XVI. Ils informeront de leur arrivée le ſecrétaire d'état ayant le département de la guerre, les directeurs des départemens d'où ils reſſortiront, & le colonel de leur bataillon.

XVII. Ils ne feront dans les places que le ſervice de l'artillerie & du génie, ſous les ordres des directeurs des départemens, auxquels ils rendront compte de tout ce qui y aura rapport, & ne pourront ſous aucun prétexte y prendre le commandement, à moins qu'ils n'y fuſſent détachés avec une troupe du corps royal.

XVIII. L'ordre leur ſera porté tous les jours par un ſergent du bataillon ou du détachement

tachement du corps royal, s'il s'en trouve dans la place ; & s'il n'y en avoit point, un sergent des autres troupes de la garnison le portera seulement à celui qui commandera en chef, soit l'artillerie ou le génie, dans ladite place, conformément à l'article CCCXII de l'ordonnance du 25 Juin 1750.

XIX. Ils se trouveront aux revûes des bataillons ou autres troupes du corps royal qui seront dans la place, ou à celles des autres troupes de la garnison, afin que le commissaire des guerres puisse certifier leur présence à leur emploi.

XX. Lorsqu'ils devront être relevés, ils ne pourront partir de leur résidence qu'après avoir donné le tems nécessaire aux officiers destinés à les remplacer pour se mettre au fait du local, les avoir instruits de l'état des magasins, munitions & attirails dont ils auront été chargés, & leur avoir remis les inventaires, les plans & les projets de nouvelles constructions.

XXI. Les emplois de gardes d'artillerie & d'artificiers qui vacqueront dans les places, seront remplis de préférence par les sergens & artificiers des bataillons, qui, par leur capacité & leur conduite, seront jugés les plus capables de les remplir.

Du Service dans les Ecoles.

XXII. Sa Majesté ayant déclaré ses intentions sur la tenue des écoles du corps royal, tant anciennes que nouvelles, par

Tome I,   G

son ordonnance du 8 Avril 1756, Elle enjoint aux commandans desdites écoles, de tenir la main à ce qu'elles soient exécutées, & de rendre compte au directeur général, des progrès que les éleves y feront.

XXIII. Chaque jour que l'on tiendra la salle des mathématiques, un capitaine en premier y présidera sous l'autorité du commandant de l'école qui s'y trouvera.

L'officier-major de semaine s'y trouvera aussi pour rendre compte des officiers de service, & il remettra au commandant l'état de ceux qui y auront manqué sans aucun sujet légitime.

Le capitaine prendra de son côté ledit état pour le remettre au commandant du bataillon.

Les majors des bataillons étant chargés de veiller à l'application des sujets desdits bataillons, sous l'autorité des commandans des écoles, ils auront aussi inspection sur ce qui se passera dans la salle, lorsque leurs occupations leur permettront de s'y trouver; ils seront aussi présens aux examens que feront les commandans des écoles.

XXIV. Les lieutenans & sous-lieutenans seront obligés de se trouver à la salle de mathématiques tous les jours qu'elle se tiendra; & quelqu'ancienneté qu'ils aient dans le corps, ils ne monteront aux emplois vacans que relativement à leur capacité, à laquelle seule les colonels auront égard dans leur nomination.

XXV. Les bataillons & détachemens du corps royal qui feront attachés aux écoles, recevront les ordres des commandans defdites écoles, fur tout ce qu'ils auront à faire pour ce fervice, conformément à ce qui eft porté par l'ordonnance fufdite, du 8 Avril 1756.

XXVI. On fe conformera auffi pour les écoles de pratique aux anciens reglemens, & elles feront indiquées, fuivant l'ufage, aux jours de la femaine où la campagne eft le moins fréquentée par les gens du pays.

XXVII. Les officiers deftinés à ce fervice, feront employés aux différentes manœuvres, conformément aux inftructions particulieres qui ont été ou feront données par la fuite aux commandans defdites écoles, & ils feront relevés fucceffivement, afin qu'ils puiffent tous fe former également & fe mettre en état de remplir toutes les fonctions dont on voudra les charger dans les places ou à l'armée.

XXVIII. Il y aura dans chaque école trois officiers choifis du bataillon, qui repréfenteront la brigade du parc; le premier fera chargé de régler tout ce qui concerne le détail du parc, conféquemment aux ordres qu'il recevra des commandans de l'école; le fecond, en qualité d'aide, fera les états de remife & de confommation; le troifieme, comme fous-aide, exécutera ce qui lui fera ordonné par les deux autres, relativement à cette partie.

XXIX. L'officier principal du parc donnera au major, quand il le demandera, l'état de la situation des munitions existantes audit parc, pour qu'il puisse répondre aux questions qui lui seront faites, & prendre au besoin les ordres du commandant de l'école.

XXX. Ces trois officiers seront changés aussi souvent qu'il sera possible, pour en pouvoir former un grand nombre aux détails du parc, & cependant donner le tems à ceux qui y seront employés de s'en instruire parfaitement.

Du Service en Campagne.

XXXI. Lorsqu'on voudra mettre un équipage d'artillerie en campagne, il sera envoyé dans la place où il se formera un nombre suffisant d'officiers du corps royal, de différens grades, choisis entre ceux qui auront le plus de capacité, lesquels seront aux ordres du commandant de l'équipage, aideront à sa formation, en prendront le détail, & y resteront attachés pendant toute la campagne, jusqu'à ce que l'équipage soit licencié.

XXXII. Un de ces officiers sera désigné pour faire les fonctions de commissaire du parc, un autre pour faire le détail de l'équipage, & il sera donné à celui-ci un nombre suffisant d'aides pris parmi les officiers subalternes.

XXXIII. Le commandant de l'équipage

choisira entre les autres officiers ceux qui devront former la brigade du parc.

XXXIV. Quand l'équipage aura joint l'armée, les officiers qui y seront attachés feront un service commun entr'eux, à l'exception de ceux de la brigade du parc, qui ne feront que celui de leur batterie aux siéges & aux batailles, suivant le grade du premier capitaine de ladite brigade, observant même que le chef de ladite brigade ou le garde du parc soit toujours présent pour les distributions de munitions à faire dans chaque circonstance.

XXXV. Le commandant de l'équipage sera reconnu en cette qualité à la tête du bataillon (ou des bataillons) qui serviront avec ledit équipage ; & s'il est brigadier ou officier général, le commandant desdits bataillons lui fera rendre les honneurs dûs à son grade, quand même il n'auroit pas de lettres de service.

XXXVI. Les colonels, lieutenans-colonels, & généralement tous les officiers qui auront été tirés de leurs directions ou résidences, pour être attachés audit équipage pendant la campagne, y seront pareillement reconnus.

XXXVII. Ces officiers feront le service dans la place avec ceux du bataillon, pendant tout le tems qu'ils y resteront en attendant le départ de l'équipage, à moins qu'ils ne soient commandés pour un service particulier, qu'ils feront toujours par pré-

férence à celui du bataillon; & toutes les
fois qu'ils feront commandés pour monter la garde ou aller en détachement, ils
porteront l'efponton & le hauffe-col.

XXXVIII. Quand le bataillon prendra
les armes pour paffer en revûe, le commandant de l'équipage fe placera à la droite
du colonel, foit que le bataillon foit en bataille ou rompu par divifions; les autres
officiers détachés à la fuite de l'équipage,
& qui ne feront point du bataillon, fe tien-
drent joignant la compagnie de la droite
du bataillon, fur un ou plufieurs rangs,
fuivant leur grade; & lorfque le bataillon
fe rompra pour défiler, ils formeront une
divifion particuliere qui marchera en avant
du bataillon.

XXXIX. Lorfque le commandant de l'é-
quipage en arrangera les brigades, les commandans des bataillons l'informeront des
talens des officiers defdits bataillons, afin
que fur leur rapport & la connoiffance qu'il
en prendra par lui-même, il puiffe choifir
ceux de ces officiers qu'il jugera les plus
propres à former lefdites brigades pour le
fervice de campagne & les fiéges.

XL. Les brigades feront chacune de fix
officiers, dont le premier fera capitaine en
pied, & le nombre des brigades fera reglé
fuivant celui des pieces d'artillerie que l'on
aura à employer.

XLI. Les officiers qui auront été affectés
à une brigade, y refteront, autant qu'il fera

poſſible, pendant tout le cours de la campagne, pour qu'ils puiſſent donner une attention plus ſuivie à l'entretien des pieces dont elle ſera compoſée.

XLII. Les colonels des bataillons du corps royal qui ſerviront en campagne, n'auront d'autre ſervice à faire que celui de leur grade en roulant avec les autres colonels d'infanterie, à moins que par leur ancienneté ils ne ſe trouvent commander l'équipage.

XLIII. Les autres colonels & les lieutenans-colonels attachés à l'équipage, de même que les officiers des bataillons qui auront ce rang, ſeront directeurs de tranchée, & comme tels, en feront tour-à-tour la viſite, ainſi que celle des batteries, pour rendre compte des progrès du travail au commandant de l'équipage.

XLIV. Quand il n'y aura à l'armée qu'un bataillon du corps royal, le major de ce bataillon fera les fonctions de major de brigade, ira tous les jours à l'ordre chez le major général de l'infanterie, & viendra le rendre au commandant de l'équipage, & enſuite au commandant du bataillon : s'il y avoit pluſieurs bataillons enſemble, cette fonction ſera remplie par le plus ancien des majors deſdits bataillons en commiſſion de capitaine, lequel ſera major de brigade ; & en ce cas, il ne portera l'ordre qu'au commandant de l'équipage.

XLV. Le major du bataillon ou de la

brigade qui apportera l'ordre chez le commandant de l'équipage, y trouvera le major de l'équipage, avec lequel il se concertera pour tout le service qu'il y aura à faire pour les officiers & le nombre des soldats qui devront être commandés, à l'exception de ce qui sera nécessaire pour les gardes ordinaires & la sûreté du camp où le concours du major de l'équipage ne sera plus nécessaire.

XLVI. Le commandant de l'équipage commandera les officiers du bataillon, ou autres qui y seront attachés, soit pour le service de l'artillerie ou pour celui du génie, selon qu'il le jugera à propos.

XLVII. Les bataillons du corps royal & les compagnies de mineurs & d'ouvriers, ne feront jamais aucun mouvement que par l'ordre du général de l'armée, ou du commandant du corps de troupes avec lequel ils serviront ; mais les détachemens qui en seront tirés marcheront sur les ordres de celui qui commandera l'artillerie & le génie dans ladite armée ou corps de troupes, dans lesquels ordres il sera fait mention de ceux qu'il aura reçûs de l'officier général commandant.

XLVIII. Le colonel titulaire de chaque bataillon, & en son absence le lieutenant-colonel, ou au défaut de celui-ci, le plus ancien capitaine dudit bataillon, le commandera en ce qui regarde uniquement la discipline intérieure du corps, qui comprend

les revûes, les congés, les appels, l'habillement, l'armement, la subsistance & tous
les détails de l'infanterie; l'autorité du commandant de l'équipage ne devant s'étendre
que sur ce qui concerne le service de l'artillerie & du génie.

XLIX. Le commandant du bataillon devra néanmoins prévenir celui de l'équipage,
du jour & de l'heure qu'il destinera à l'e-
xercice & aux inspections particulieres qu'il
voudroit faire des soldats dudit bataillon;
& si le commandant de l'équipage avoit des
raisons pour desirer que ces exercices ou
inspections fussent remises à un autre tems,
le commandant du bataillon sera tenu d'y
déférer.

L. Dans tout autre service que celui de
l'intérieur des bataillons, les officiers de l'é-
quipage prendront le commandement entre
eux suivant leur grade & leur ancienneté,
de maniere que les colonels soient commandés par les brigadiers, & ceux-ci par les
officiers généraux ; lesquels brigadiers &
officiers généraux ne pourront cependant
prétendre les honneurs attribués à leurs grades, à moins qu'ils ne commandent l'équipage, ou qu'ils n'aient des lettres de service.

LI. Les officiers des compagnies de mineurs & d'ouvriers ne seront point attachés
aux brigades, devant être uniquement occupés à leur service particulier.

LII. Les articles CCCXLIV & CCCXLV

de l'ordonnance du 17 Février 1753, concernant les convois d'artillerie & leurs efcortes, feront exécutés, avec cette exception cependant, que comme depuis l'incorporation des anciens officiers de l'artillerie
& du génie avec ceux des bataillons, ils ont
tous un rang déterminé dans l'infanterie ; fi
l'officier qui aura été nommé à l'ordre pour
commander l'efcorte d'un convoi, vient à
manquer, alors le commandement de ladite
efcorte appartiendra au commandant du
convoi, s'il ne fe trouve point dans ladite
efcorte d'officier d'un grade fupérieur au
fien, ou qui à grade égal, foit d'un régiment plus ancien que le corps royal.

LIII. Sa Majefté, en confirmant fon ordonnance du 18 Septembre 1723, concernant la maniere dont il doit être procédé
contre les foldats, cavaliers & dragons, &
tous autres particuliers convaincus d'avoir
volé des pieces & munitions d'artillerie,
veut que les confeils de guerre qui fe tiendront dans les armées pour le jugement dudit crime, foient affemblés chez le commandant de l'équipage d'artillerie, & compofés des capitaines & autres officiers du
corps royal, & que le major de bataillon
dudit corps, qui fera la fonction de major
de brigade, foit chargé de l'inftruction du
procès. Pour tout autre délit, il en fera ufé
comme il eft porté dans l'ordonnance du
17 Février 1753, & dans celle du 25 Juin

1750, pour ce qui concerne le service dans les places.

LIV. A la fin de la campagne, les officiers qui formeront la brigade du parc, rentreront dans les arsenaux avec le train d'artillerie pour y faire faire les radoubs nécessaires, & pourvoir aux approvisionnemens pour la campagne suivante ; & en cas de licenciement de l'équipage, ils attendront les ordres de la Cour pour retourner à leur premiere charge.

Fonctions de l'Officier chargé du détail de l'Equipage.

LV. Cet officier servira sous la dénomination de major de l'équipage ; & lorsqu'il l'aura joint dans le lieu de son assemblée, il devra former un état des officiers détachés, & de tous les employés à la suite dudit équipage, pour en remettre le livret au commissaire des guerres, qui sera chargé d'en faire la revûe, & s'employer à leur procurer le payement de leur subsistance près du trésorier & des munitionnaires.

LVI. Il tiendra à cet effet, des registres de recette & de dépense pour chaque officier & employé de l'équipage, ainsi que pour toutes les distributions auxquelles il enverra un de ses aides, pour lui en rapporter les feuilles, & en former un état général pour toute la campagne.

Il aura la police sur tous les employés, tels que conducteurs, ouvriers d'état, arti-

G vj

ficiers, charretiers, &c. pour les admettre en bonne regle & discipline aux différens travaux où il plaira au commissaire du parc de les employer; & il les fera rassembler, camper ou loger à portée du parc pour les trouver plus facilement dans le besoin.

LVIII. Il recevra du commissaire du parc un état des pieces & munitions d'artillerie de toute espece, qui feront audit équipage, avec le nombre & la qualité des voitures, pour pouvoir en rendre compte en toute occasion au commandant de l'équipage, & répondre à toutes les questions qui pourroient lui être faites à ce sujet par le général de l'armée.

LIX. Il sera logé le plus à portée qu'il sera possible, du commandant de l'équipage, pour pouvoir plus facilement prendre & rendre ses ordres.

LX. Il ira au campement, ou y enverra un de ses aides, pour reconnoître l'emplacement destiné pour le parc, & les commodités dont il sera environné, afin de profiter des maisons & granges pour loger le commissaire du parc, établir des magasins à couvert, & former des hangars pour les ouvriers & pour faire travailler les artificiers; il s'adressera à l'officier-major du bataillon qui sera au campement, pour faire garder lesdits bâtimens par quelques soldats, afin d'éviter toute discussion avec ceux qui voudroient s'en emparer.

LXI. Il accompagnera le commandant

de l'équipage dans toutes ses tournées, pour indiquer ensuite aux officiers commandés les points de travail qu'il leur aura destinés.

LXII. Il continuera de prendre le mot & l'ordre chez le général de l'armée, du maréchal-de-camp de jour, & portera le mot au commandant de l'équipage.

LXIII. Il se trouvera tous les jours chez le commandant de l'équipage, quand le major du bataillon ou de la brigade du corps royal viendra y apporter l'ordre, pour copier les articles qui auront rapport à ses fonctions, & se concerter avec lui pour l'exécution, ainsi qu'il est dit à l'article XLV.

LXIV. Quand le siége d'une place aura été déterminé, il demandera au major général de l'infanterie, des sergens intelligens pour les attacher pendant le siége aux directeurs & brigadiers de tranchée, & en garder un avec lui, conformément à l'article DCLXXXIX de l'ordonnance du 17 Février 1753. Ces sergens devront suivre les officiers auxquels ils seront attachés, dans toutes leurs visites ou travaux, & porter leurs ordres par-tout où ils le leur ordonneront : ils seront payés sur l'ordre du major général.

LXV. Pendant la durée du siége, il enverra tous les matins un de ses aides pour accompagner le directeur dans sa visite de la tranchée & des batteries ; & tandis que le directeur examinera les travaux, cet aide prendra des officiers qui les conduisent, un état de tout ce qui fera néceffaire pour le travail de la nuit fuivante, tant en travailleurs qu'en munitions ou attirails propres à conduire ou réparer les ouvrages.

LXVI. Il profitera du tems de cette vifite pour faire rendre chez lui les fergens de tous les travailleurs qui auront été employés le jour & la nuit précédens aux tranchées & aux batteries ; il vifera & fignera leurs billets, obfervant de diftinguer les travailleurs de batterie d'avec ceux de tranchée, & de renvoyer ces derniers au major général, pour en ordonner le payement, & de tenir un regiftre des autres, pour pouvoir en tems & lieu dreffer les états de dépenfe des batteries ; il obfervera auffi qu'il ne foit point employé de travailleurs, canonniers ou fervans aux batteries, que conformément à la demande qu'il en aura faite au major du bataillon ou de la brigade.

LXVII. Pendant que le directeur, au retour de fa vifite, ira rendre compte au commandant de l'équipage du progrès des travaux de la nuit, l'aide qui l'aura accompagné, ira porter au major de l'équipage les états des demandes faites par les officiers commandans aux travaux & batteries, & il en dreffera un fur le champ pour demander au major général de l'infanterie les travailleurs néceffaires pour la nuit & la journée fuivantes, & un autre pour demander au commissaire du parc les munitions & attirails nécessaires aux travaux.

LXVIII. Il remettra au major du bataillon ou de la brigade, lorsque celui-ci ira porter l'ordre au commandant de l'équipage, un état des canonniers nécessaires pour relever les batteries, des officiers à commander pour ce service, & généralement de tout ce qui aura été ordonné par le commandant de l'équipage pour la nuit & la journée suivantes.

LXIX. Lorsque le major de l'équipage ne pourra, par des raisons indispensables, se trouver chez le commandant de l'équipage à l'heure de l'ordre, le major du bataillon ou de la brigade, ou celui qui par de mêmes causes y seroit envoyé de sa part, recevra d'un des aides de l'officier chargé du détail, les états susdits, & lui laissera copier dans l'ordre du jour les articles qui concerneront le service de l'artillerie & du génie, ainsi que les distributions.

LXX. Quelque tems avant qu'on releve la tranchée & les batteries, le major de l'équipage ira vérifier au parc si les munitions & attirails qu'il a demandés sont préparés; il fera disposer ceux qui sont portatifs, pour les remettre aux canonniers & servans qui vont relever aux batteries, & qui les prendront en sortant de leur camp pour s'y rendre.

LXXI. Il ira ensuite au dépôt de la tranchée pour y rassembler les travailleurs de l'infanterie qui auront été demandés à l'ordre, il les rangera suivant leur destination ; & si on a demandé des saucissons, gabions, piquets, sacs à terre, &c. il leur en fera distribuer par l'ordre du major de la tranchée, & les tiendra ainsi prêts à marcher, pour les joindre aux détachemens de canonniers qui iront relever aux batteries, & aux officiers qui iront relever à la tranchée.

LXXII. La place étant rendue, le major de l'équipage y entrera avec le commissaire du parc, celui qui sera chargé de la police du corps royal, & les officiers qui y auront été destinés par le commandant de l'équipage, pour reconnoître l'état de la place, prendre l'inventaire des effets, pieces & munitions d'artillerie qui s'y trouveront ; examiner celles qu'il en faudra retirer pour les réparer, de même que celles qu'il faudra y ajoûter, ainsi que les travaux qu'il y aura à faire, pour remettre la place en état de défense ; & ils recevront sur cela les ordres du commandant de l'équipage, après lui avoir remis l'état de tout ce qu'ils auront trouvé de bien conditionné ou hors de service.

LXXIII. Le major de l'équipage formera aussi l'état des batteries qui auront été employées au siége, du nombre & de la qualité des bouches à feu, des jours qu'elles ont tiré, des objets qu'elles avoient, & des sommes qui ont été consommées pour le payement des travailleurs & canonniers ; il remettra cet état au commandant de l'équipage, qui en rendra compte au secrétaire d'état ayant le département de la guerre.

LXXIV. Il n'abandonnera l'équipage qu'après qu'il en aura reçû l'ordre de la Cour.

Mande & ordonne Sa Majesté aux gouverneurs & ses lieutenans généraux commandans en ses provinces & armées, aux commandans particuliers de ses villes & places, au directeur général du corps royal de l'artillerie & du génie, aux commandans des écoles, des équipages & des bataillons dudit corps, & à tous autres ses officiers qu'il appartiendra, de tenir la main à l'exécution de la présente ordonnance, & de s'y conformer sans difficulté. Fait à Versailles le vingt-quatre Février mil sept cent cinquante-sept. *Signé*, LOUIS. *Et plus bas*, R. DE VOYER.

ORDONNANCE DU ROI,

Pour l'établissement d'un Commissaire général, & de onze Commissaires des guerres & du Corps royal de l'Artillerie & du Génie; du 6 Avril 1757.

SA Majesté ayant jugé à propos de supprimer les fonctions des onze commiscontrôleurs établis pour le service de l'artillerie dans les différens départemens, Elle a ordonné & ordonne ce qui suit:

ARTICLE PREMIER.

Il fera nommé un commiſſaire général du corps royal de l'artillerie & du génie, auquel il fera expédié à cet effet une com-miſſion pour en prendre la qualité, & dont les fonctions feront ci-après expliquées, aux appointemens qui lui feront réglés.

II. Il fera pareillement établi onze com-miſſaires des guerres & du corps royal de l'artillerie & du génie, & même un plus grand nombre lorſque le beſoin le requerra, auxquels il fera expédié des commiſſions particulieres, aux appointemens qui leur feront reglés par le ſecrétaire d'état ayant le département de la guerre. Ils réſideront dans les lieux qui leur feront indiqués, & ne pourront s'abſenter de leurs départe-mens ſans une permiſſion du ſecrétaire d'é-tat ayant le département de la guerre. Ces commiſſaires exécuteront tout ce qui leur fera ordonné concernant le ſervice du corps royal de l'artillerie & du génie, par les in-tendans des provinces & armées, ainſi & de la même maniere que les commiſſaires ordi-naires des guerres ſont tenus d'exécuter tout ce qui leur eſt ordonné pour le ſervice par les intendans.

III. Ces onze commiſſaires feront tous les deux mois les revûes des bataillons, des compagnies de mineurs & d'ouvriers du corps royal de l'artillerie & du génie, qui ſe trouveront dans l'étendue de leurs départemens, de ce corps, des ouvriers d'état, canonniers d'état & employés. Ils feront pareillement les revûes tant des officiers-commandans les fept écoles dudit corps royal de l'artillerie & du génie, que de ceux qui font à la fuite defdites écoles. Leurs extraits de revûes feront par eux remis tant aux commis des tréforiers généraux dudit corps royal, pour fervir au payement de la folde & appointemens des officiers, ouvriers, canonniers d'état & employés, qu'aux différens fourniffeurs de pain, viande, fourrages, hôpitaux, lits, & autres qui feront dans le cas de leur fournir les quantités dont ils jouiffent en tems de paix & de guerre ; ils enverront de pareils extraits tous les deux mois au fecrétaire d'état, ayant le département de la guerre, aux intendans & au commiffaire général.

IV. Lorfqu'il y aura des armées, les commiffaires du corps royal feront informés des bataillons, compagnies de mineurs & d'ouvriers, officiers détachés du corps royal de l'artillerie & du génie, ainfi que des ouvriers & autres employés ordinaires & extraordinaires à la fuite defdites armées. Lefdits commiffaires pafferont en revûe lefdits bataillons, compagnies de mineurs & d'ouvriers, officiers détachés, ouvriers & employés, chevaux, mulets, &c. & ce ne fera que fur les extraits des revûes, lefquels feront vifés par le commandant du corps royal, qu'ils en remettront aux commis du tréforier général du corps royal fervant auxdites armées, qu'ils pourront être payés de leur folde, appointemens ou traitemens, de même que pour la folde des chevaux & mulets qu'ils pafferont pareillement en re-vûe, & en remettront des extraits à l'en-trepreneur pour fervir à fon payement, ainfi que les certificats de non-fourragé, & les procès-verbaux des chevaux tués; ils en-verront de pareils extraits au fecrétaire d'é-tat ayant le département de la guerre & au commiffaire général. Il fera à cet effet détaché, en tems de guerre, des commif-faires dudit corps royal, choifis par le Roi, dans le nombre de ceux qui feront employés dans les départemens, pour aller fervir aux armées, & ils y feront aux ordres des in-tendans defdites armées.

V. Il fera remis aux commiffaires déta-chés à la fuite des équipages d'artillerie, un état détaillé de tous les effets, attirails & munitions dont feront compofés lefdits équipages. Ces commiffaires auront atten-tion d'enregiftrer toutes les confommations journalieres qui fe feront au parc, & ils fe-ront temus d'envoyer tous les quinze jours au fecrétaire d'état ayant le département de la guerre, un état détaillé, qui faffe voir la confommation & la quantité d'effets, munitions & attirails qui exiftent au parc: toutes les dépenfes de l'artillerie ne pour-ront être allouées dans les comptes des tréforiers du corps royal, à moins qu'elles ne soient arrêtées par les directeurs en chef pour l'artillerie, vérifiées par les commissaires des guerres & du corps royal, & ordonnancées par les intendans.

VI. Lorsqu'il sera question d'entrer dans une ville, fort ou citadelle pris sur les ennemis, le commissaire des guerres & du corps royal de l'artillerie & du génie, chargé de la police de l'équipage d'artillerie, s'y transportera pour dresser, conjointement avec un officier du corps détaché à cet effet, un inventaire de tous les effets, munitions & attirails concernant le service du corps royal de l'artillerie & du génie, qui se trouveront dans la place. Il sera fait une description exacte de la quantité & de la qualité de chacun de ces effets. Cet inventaire, qu'ils signeront, sera visé par le commandant en chef du corps à l'armée, & sera adressé ensuite au secrétaire d'état ayant le département de la guerre, & au commissaire général. Il sera choisi par le commandant de l'équipage, parmi les employés ou parmi les sergens des bataillons, un garde d'artillerie, qui sera chargé de tous les effets qui seront trouvés dans la place, & dont il fournira sa reconnoissance au bas dudit inventaire.

VII. Les gardes-magasins enverront tous les trois mois au secrétaire d'état ayant le département de la guerre, au commissaire général & au commissaire de leur département, les états de remise & de consommation de chaque quartier, & ils leur adreſſeront au premier Janvier de chaque année, l'inventaire général de leurs magaſins. Les commiſſaires du corps royal vérifieront les inventaires des gardes & leurs états de remiſes & de conſommations; ils enverront tous les trois mois au ſecrétaire d'état ayant le département de la guerre, & au commiſſaire général, un état général & abrégé des remiſes & conſommations, & un état de ſituation des principales munitions des places de leurs départemens; & au premier Janvier de chaque année, ils adreſſeront pareillement l'inventaire général deſdites places, pour chacune deſquelles il y aura deux colonnes, dont l'une contiendra les munitions de ſervice, & l'autre les munitions à réparer : ils y joindront un autre état des munitions hors de ſervice, pour qu'il puiſſe en être ordonné.

VIII. Les regiſtres que les gardes-magaſins d'artillerie doivent tenir, ſeront cotés & paraphés par leſdits commiſſaires du corps royal, leſquels viſeront généralement toutes les pieces qui doivent ſervir à la décharge deſdits gardes, & juſtifier leur recette & leur dépenſe.

IX. Les commiſſaires des guerres & du corps royal feront tous les ans une tournée générale de leurs départemens, & il leur ſera adreſſée par le ſecrétaire d'état ayant le département de la guerre, l'état des magaſins dont il ſera jugé à propos qu'ils faſſent

une vérification exacte; & d'après l'ordre
qu'ils en auront reçû, ils examineront conjointement avec les officiers du corps employés dans les places, tous les effets d'artillerie qui se trouveront dans les magasins
qui leur seront indiqués; ils en dresseront
un procès-verbal assez détaillé, pour qu'on
puisse connoître non-seulement la quantité
& la qualité de ces effets, mais encore ceux
qui sont en état de servir, ceux qui sont à
réparer, & ceux qui sont totalement hors
de service. Comme cette opération seroit
sujette à une dépense considérable s'il falloit
prendre des ouvriers extraordinaires pour
la faire, ils s'adresseront en pareil cas au
gouverneur ou commandant de la place,
pour qu'ils aient à détacher le nombre de
soldats qu'ils jugeront nécessaire pour cette
opération, & ce en conformité de l'ordonnance du 23 Janvier 1679 : ils adresseront
ce procès-verbal au secrétaire d'état ayant
le département de la guerre, & au commissaire général.

X. Lesdits commissaires auront une des
clefs différentes des magasins dans les lieux
de leur résidence, afin qu'il n'en puisse rien
sortir ni y être reçu qu'ils n'en aient connoissance : lorsqu'ils seront obligés de s'absenter ils laisseront ces clefs à l'officier commandant l'artillerie dans la place, & sur leur
simple réquisition il leur en sera remis, sans
difficulté, dans tous les lieux où ils feront
leurs visites.

XI. Lorfqu'il viendra à vaquer une place de garde d'artillerie, foit par mort ou autrement, le commiſſaire des guerres & du corps royal ſe tranſportera ſur le lieu pour être préſent à la vérification & à la deſcription qui ſeront faites des effets qui ſe trouveront dans ledit magaſin, & il ſera procédé à cette opération en préſence de l'officier commandant l'artillerie, qui ſera chargé d'inſtaller le nouveau garde-magaſin. Leſdits commiſſaires auront attention de faire ſigner au nouveau garde-magaſin une reconnoiſſance détaillée au-bas de l'inventaire des effets, attirails & munitions qui ſe ſeront trouvés dans ledit magaſin.

XII. Tous les marchés concernant l'artillerie & le génie ſeront paſſés par-devant les intendans des provinces, de concert pour l'artillerie avec le directeur de ladite artillerie, & en préſence du commiſſaire du corps royal du département, & pour le génie avec le directeur en chef des fortifications; à l'exception toutefois des marchés que le ſecrétaire d'état ayant le département de la guerre jugera à propos de paſſer directement.

XIII. Lorfqu'il ſera queſtion de conſtruire ou de réparer les effets & attirails de l'artillerie, il en ſera arrêté des états par le ſecrétaire d'état ayant le département de la guerre, leſquels ſeront envoyés aux directeurs en chef de l'artillerie, pour qu'ils tiennent la main à leur exécution : leſdits

commiſſaires

commissaires se transporteront dans les lieux où l'on travaillera ; ils auront attention de vérifier toutes les pieces de dépenses, soit en deniers, soit en effets, lesquelles seront auparavant arrêtées par les directeurs en chef ; les premieres ne pourront être allouées dans le compte du trésorier, que lorsqu'elles seront revêtues de cette formalité, & ordonnancées par les intendans ; & les dernieres ne pourront servir à la décharge des gardes d'artillerie, à moins qu'elles ne soient vérifiées par les commissaires des guerres & du corps royal.

XIV. Il sera donné avis aux commissaires du corps royal, des épreuves de poudre qui seront à faire dans leurs départemens ; ils seront tenus de s'y transporter afin d'être présens à l'épreuve & à la réception qui en seront faites par le directeur en chef ou par le plus ancien officier d'artillerie employé dans la place. Ils dresseront & signeront le procès-verbal d'épreuve, & délivreront les certificats de réception à l'entrepreneur général pour obtenir son payement. Ils veilleront aussi au rafinage des salpêtres & à la fabrique des poudres, & ils tiendront la main à ce qu'elles soient faites de la qualité portée par le traité & par les ordonnances, à ce qu'elles soient exactement pesées & convenablement embarillées.

XV. Comme les fontes de l'artillerie demandent une très-grande attention, il y aura un commissaire du corps royal dans chacune des villes du royaume où il y a une fonderie, lequel fera préfent à la charge du fourneau de chaque fonte, & tiendra, de concert avec l'officier principal dudit corps royal de l'artillerie & du génie, un état du poids de chaque piece de métal, en diftinguant la quantité de métal neuf, de la quantité de métal vieux qui feront employées ; & ledit commiffaire ne pourra quitter qu'après l'entiere coulée des pieces de canon, mortiers, pierriers, &c. Il affiftera de concert avec le même officier aux épreuves des canons, mortiers, &c. auxquelles feront appellés tous les officiers du corps royal employés dans la place, & en dreffera & fignera les procès-verbaux.

XVI. Les commiffaires du corps royal de l'artillerie & du génie, feront tenus de fe tranfporter dans tous les magafins de leurs départemens, pour être préfens aux remifes qui s'y feront pendant le cours de l'année par les marchands, entrepreneurs, fourniffeurs & autres auxquels il aura été paffé des marchés particuliers ; en conféquence il fera donné avis auxdits commiffaires, des marchés & adjudications qui feront faits & du tems auquel les fournitures doivent être livrées dans les magafins, afin qu'ils aient le tems de s'y rendre pour examiner fi ces fournitures font de bonne qualité, & fi elles font en tout point conformes au marché dont il leur fera donné communication ; ils auront attention de dreffer un procès-verbal de ces remises, lequel sera signé par l'officier commandant l'artillerie dans la place, en présence duquel il sera fait ; ces commissaires chargeront de ces effets le garde d'artillerie qui en donnera son reçû au bas dudit procès-verbal ; & ce ne pourra être qu'en rapportant le procès-verbal signé de l'officier commandant l'artillerie & du commissaire du corps royal, & au bas duquel sera le récépissé du garde-magasin, que l'entrepreneur ou fournisseur pourra être autorisé à demander le payement de ces fournitures : & au cas qu'il s'en trouvât qui ne fussent pas conformes au marché, les commissaires du corps royal en préviendront l'intendant & le directeur de l'artillerie du département, en même tems qu'ils en rendront compte au secrétaire d'état ayant le département de la guerre.

XVII. Le commissaire général pourra, lorsqu'il le jugera à propos, faire par lui-même les revûes indistinctement dans les différens départemens, lesquelles valideront comme celles des commissaires des guerres & dudit corps ; de même qu'il lui sera libre aussi de faire la visite des différens magasins, & les gardes de ces magasins seront tenus à cet effet de lui en ouvrir les portes lorsqu'il le demandera. Le commissaire général pourra pareillement en tems de guerre se rendre à la suite de l'armée pour y faire les fonctions détaillées & contenues dans les articles IV. V. & VI. de la préfente ordonnance.

XVIII. Sa Majefté autorife les commiffaires ordinaires des guerres à faire, au défaut de ceux du corps royal, les revûes des bataillons, compagnies de mineurs & d'ouvriers, des officiers détachés du corps royal de l'artillerie & du génie, ainfi que des ouvriers, canonniers d'état & employés qui fe trouveront dans leurs départemens, en même tems qu'ils procéderont à celles des troupes. Dans des cas particuliers il leur fera adreffé des ordres, tant de la part du fecrétaire d'état ayant le département de la guerre, que de celle des intendans, à l'effet de remplir les mêmes fonctions prefcrites par la préfente ordonnance pour les commiffaires des guerres & du corps royal de l'artillerie & du génie. Ces commiffaires remettront leurs extraits de revûes aux commis du tréforier général du corps royal, ainfi qu'aux différens fourniffeurs, & en enverront au fecrétaire d'état ayant le département de la guerre, aux intendans & au commiffaire général du corps royal.

Mande & ordonne Sa Majefté aux gouverneurs & lieutenans généraux dans fes provinces & armées, aux gouverneurs de fes villes & places, & ceux qui y commandent, aux commandans & intendans de fes armées, aux intendans dans les provinces & fur les fronticres, au directeur général &

aux directeurs des départemens du corps royal de l'artillerie & du génie, aux commandans des écoles, des équipages, aux colonels des bataillons dudit corps, aux commissaires des guerres & à tous autres ses officiers qu'il appartiendra, de tenir la main à l'exécution de la présente. Fait à Versailles le six Avril mil sept cent cinquante-sept. *Signé*, LOUIS. *Et plus bas*, R. DE VOYER.

Nota. *Depuis le 8 Décembre 1755 jusqu'au 5 Mai 1757, l'artillerie & le génie n'ont fait qu'un seul corps ; mais le Roi ayant jugé à propos de les séparer, nous allons rapporter l'ordonnance rendue à cet effet.*

ORDONNANCE DU ROI,

Pour séparer le Corps du Génie de celui de l'Artillerie ; du 5 Mai 1758.

SA Majesté s'étant fait représenter l'état des ingénieurs destinés à faire dans les places le service de la fortification, & ayant remarqué que le nombre n'est pas suffisant pour remplir convenablement une partie aussi essentielle de son service, Elle a en conséquence ordonné & ordonne ce qui suit :

ARTICLE PREMIER.

Les ingénieurs qui avoient été réunis par l'ordonnance du 8 Décembre 1755, au corps de l'artillerie & de Royal-artillerie,

H iij

pour ne faire qu'un seul corps, sous la dé-nomination de *Corps Royal de l'Artillerie & du Génie*, en seront desunis pour former entr'eux un corps séparé, sous la dénomina-tion du *Corps des Ingénieurs*.

II. Les officiers des bataillons de Royal-artillerie, ceux des compagnies de mineurs & d'ouvriers, & les officiers de l'ancien corps de l'artillerie, détachés dans les pla-ces, continueront de ne former qu'un seul corps, sous la dénomination de *Corps Royal d'Artillerie*.

III. Les ingénieurs qui ont été incorpo-rés dans les bataillons du corps royal, en vertu de l'ordonnance du premier Décem-bre 1756, quitteront les charges & emplois qu'ils remplissent dans les bataillons, & se rendront dans les résidences qui leur seront assignées.

IV. Les ingénieurs ne feront dans les places & dans les armées que le service d'in-génieur; ils ne s'occuperont plus à l'avenir des détails de l'artillerie.

V. Ces officiers se conformeront, tant pour le service des places que pour le ser-vice de guerre, à tout ce qui est prescrit par l'ordonnance du 7 Février 1744, sur le service & le rang des ingénieurs.

VI. L'uniforme des ingénieurs, sera de drap couleur bleu de Roi, paremens de ve-lours noir, doublure de serge rouge, veste & culotte rouge; l'habit sera garni jusqu'à la taille de boutons de cuivre doré, cinq fur chaque poche, & autant fur les manches.

VII. Les ordres du Roi feront adreffés aux chefs du corps des ingénieurs, par le fecrétaire d'état ayant le département de la guerre, à qui feul ils rendront compte de l'exécution des ordres qu'ils auront reçûs.

VIII. Aucun officier ne pourra être reçû dans le corps des ingénieurs, qu'il n'ait été admis auparavant à l'école de Mezieres, & qu'il n'ait acquis le degré d'inftruction prefcrite par les différens reglemens qui ont été faits lors de l'établiffement de cette école.

Mande & ordonne Sa Majefté à fes lieutenans généraux commandant en chef fes armées, à tous directeurs & ingénieurs employés dans fefdites armées ou dans fes places, & à tous autres fes officiers qu'il appartiendra, de fe conformer à ce qui eft porté par la préfente ordonnance, & de tenir la main, chacun en ce qui le concerne, à fon exécution, dérogeant Sa Majefté à toute ordonnance & reglemens à ce contraires. Fait à Verfailles le cinq Mai mil fept cent cinquante-huit. *Signé*, LOUIS. Et *plus bas*, Le Maréchal Duc de Belle-Isle.

TITRE XI.

Des Tréforiers du Corps Royal de l'Artillerie & du Génie.

LETTRES PATENTES DU ROI,

Qui reglent la forme en laquelle le fieur Hoc-quart comptera des exercices de la charge de Tréforier général de l'Artillerie, depuis & compris l'année 1751 jufques & compris 1755 ; données à Verfailles le 21 Fé-vrier 1757.

Regifrées en la Chambre des Comptes.

LOUIS, par la grace de Dieu, Roi de France & de Navarre : à nos amés & féaux confeillers les gens de nos comptes à Paris, Salut. Notre très-cher & très-amé coufin Louis-Charles de Bourbon, comte d'Eu, nous ayant donné fa démiffion de l'état & charge de grand-maître & capitaine géné-ral de l'artillerie de France, nous nous fom-mes réfervé de pourvoir par nous-mêmes au fait de ladite artillerie : & comme nous fommes informés que le fieur Hocquart, tréforier général de ladite artillerie, n'a pas encore compté des dépenfes qu'il a faites fur les ordres de notredit coufin le comte d'Eu, pendant les exercices des années 1751, 1752, 1753, 1754 & 1755, dont notre-dit coufin n'a pû, depuis fa démiffion, ar-

rêter les états particuliers de dépenſe & états
au vrai, nous avons réſolu d'expliquer nos
intentions ſur la maniere dont ledit ſieur
Hocquart ſera tenu de compter deſdits exercices. A ces cauſes, de l'avis de notre conſeil, nous avons ordonné, & par ces préſentes ſignées de notre main, ordonnons,
voulons & nous plaît, que ledit ſieur Hocquart ſoit tenu, comme les tréſoriers généraux de l'extraordinaire des guerres, de
compter des exercices deſdites années 1751,
1752, 1753, 1754 & 1755, par état au
vrai en notre conſeil, & enſuite en notre
chambre des comptes. Ordonnons que les
recettes deſdits exercices ſeront admiſes dans
les états au vrai & comptes, en les juſtifiant
comme l'ont été celles des comptes précédens ; & que les dépenſes des exercices deſdites cinq années ſeront paſſées dans les états
au vrai & comptes, en rapportant des états
des dépenſes faites par ledit ſieur Hocquart,
leſquels états ſeront par nous arrêtés & or-
donnancés, ſignés de nous & contre-ſignés
par le ſecrétaire d'état ayant le département
de la guerre ; & quant aux autres pieces juſti-
ficatives des payemens, il n'en ſera point
rapporté d'autres que celles qu'il étoit d'u-
ſage de rapporter ſur les comptes précédens. Et d'autant qu'à l'égard des états qui
ſeront par nous arrêtés, nous aurons une
connoiſſance directe de leur contenu, n'entendons qu'ils ſoient aſſujettis à être contrôlés par le contrôleur général de l'artille-

rie, ainſi que nous l'avions ordonné par l'article X de notre déclaration du 21 Juillet 1716, à laquelle nous avons dérogé & dérogeons pour ce regard ſeulement. Voulons & entendons que les gages & appointemens de notredit couſin le comte d'Eu, en ladite qualité de grand-maître & capitaine général de l'artillerie, ſoient employés & paſſés dans les états & comptes dudit ſieur Hocquart de ſon exercice de 1755, à compter du premier Janvier de ladite année, juſques & compris le mois d'Octobre ſuivant; & ceux du ſecrétaire général de ladite artillerie, pour ladite année entiere, pour lequel tems nous avons fixé la jouiſſance deſdits gages & appointemens. Si vous mandons que ces préſentes vous ayez à faire régiſtrer purement & ſimplement, & le contenu en icelles garder & obſerver ſelon leur forme & teneur : car tel eſt notre plaiſir. Donné à Verſailles le vingt-unieme jour du mois de Février, l'an de grace mil ſept cent cinquante-ſept, & de notre regne le quarante-deuxieme. *Signé*, LOUIS. *Et plus bas*, par le Roi. *Signé*, R. DE VOYER. Et ſcellé du grand ſceau de cire jaune.

Regiſtrées en la chambre des comptes, ouï & ce requérant le procureur général du Roi, pour être exécutées ſelon leur forme & teneur. Les bureaux aſſemblés, le treize Juin mil ſept cent cinquante-ſept. Signé, DUCORNET.

EDIT DU ROI,

Portant suppression des offices de Trésoriers généraux de l'Artillerie & des Fortifications, réservés en deux Corps d'Offices distincts par les articles XIII. & XIV. de l'Edit du mois de Décembre 1716: Et création en titre d'Office formé de deux, l'un ancien & l'autre alternatif, Trésoriers généraux de l'Artillerie & du Génie; donné à Versailles au mois de Mars 1758.

Regiſtré en Parlement, Chambre des Comptes & Cour des Aides.

LOUIS, par la grace de Dieu, Roi de France & de Navarre : à tous préſens & à venir ; Salut. La charge de grand-maître & capitaine général de notre artillerie étant devenue vacante par la démiſſion que notre très-cher & très-amé couſin le comte d'Eu, en a faite en nos mains, nous avons pris l'adminiſtration des divers corps de l'artillerie ; & ayant jugé utile au bien de notre ſervice de réunir dans un ſeul & même corps l'artillerie & le génie, il nous a paru également avantageux & du bon ordre de nos finances, de raſſembler entre les mains d'un ſeul tréſorier les différens objets de dépenſes qui ont rapport aux détails, tant de l'artillerie que du génie, pour le ſervice de terre, leſquels détails ſont conſidérables, & ont juſqu'ici été diviſés

H vj

entre le tréforier de l'extraordinaire des guerres, celui de l'artillerie, & celui des fortifications ; d'en diftraire tout ce qui concerne les fortifications de mer, côtes maritimes, ports & havres, dont par nos édits de Décembre 1716 & Juin 1717, nous avions confondu le maniement avec celui des fortifications des places de terre. C'eft par ces motifs que nous nous fommes déterminés à fupprimer les charges de tréforiers de l'artillerie & des fortifications, pour créer deux nouveaux offices, fous le titre de tréforiers généraux de l'artillerie & du génie, en nous réfervant de pourvoir, ainfi que nous le jugerons à propos, à l'exercice des fonctions de tréforier defdites fortifications des places de mer, côtes maritimes, ports & havres. A ces caufes, & autres à ce nous mouvant, & de notre certaine fcience, pleine puiffance & autorité royale, nous avons par notre préfent édit perpétuel & irrévocable, dit, ftatué & ordonné ; difons, ftatuons & ordonnons, voulons & nous plaît ce qui fuit.

ARTICLE PREMIER.

Avons éteint & fupprimé, à compter du premier du mois de Janvier 1756, les offices de tréforiers généraux de l'artillerie & des fortifications des places de terre & de mer, côtes maritimes, ports & havres, que nous avions réfervé en deux corps d'offices diftincts, par les articles XIII. & XIV. de

notre édit du mois de Décembre 1716, &
dont nous avions reglé les fonctions & les
attributions par deux de nos édits du mois
de Juin 1717.

II. Liquidons en conféquence, favoir ledit office de tréforier général de l'artillerie,
à la fomme de quatre cens foixante mille
livres, dont quatre cens mille livres pour
la premiere finance d'icelui, conformément
à l'un de nos édits de Juin 1717 & à notre
déclaration du 8 Octobre 1726, & foixante
mille livres depuis payées en vertu de notre
édit du mois de Décembre 1743 ; & ledit
office de tréforier des fortifications des places de terre & de mer, côtes maritimes,
ports & havres, à la fomme de cinq cens
quatre-vingt mille livres, dont cinq cens
mille livres pour la premiere finance, conformément au deuxieme de nos édits de
Juin 1717, & quatre-vingt mille livres depuis payées en exécution de notre édit de
Décembre 1743 ; defquelles fommes de quatre cens foixante mille livres d'une part,
& cinq cens quatre-vingt mille livres d'autre
part, lefdits tréforiers fupprimés feront,
chacun en droit foi, remboursés par le garde
de notre tréfor royal en exercice ; favoir,
lefdites quatre cens foixante mille livres,
de la maniere qui fera ci-après expliquée,
& lefdites cinq cens quatre-vingt mille livres, les deux tiers actuellement, & le furplus après l'appurement des comptes du
dernier pourvû & de fes auteurs ; vec l'in-

térêt à raifon du denier vingt dudit capital,
tant qu'il fubfiftera en tout ou partie, à
compter dudit jour premier Janvier 1756,
jufqu'au parfait remboursement qui en fera
fait, le tout en remettant par lefdits officiers
fupprimés audit garde d: notre tréfor royal,
avec leurs titres de propriété, leurs quittances de finance déchargées du contrôle,
provifions & quittances de remboursement,
& juftifiant fur lefdites cinq cens quatre-
vingt mille livres qu'il n'y a aucune faifie ni
oppofition entre les mains du confervateur
defdites faifies & oppofitions en notredit
tréfor royal.

III. Avons créé & érigé, créons & érigeons en titre d'offices formés, deux nos
confeillers, l'un ancien & l'autre alternatif
tréforiers généraux de l'artillerie & du génie; & nous avons fait choix, pour remplir ledit office d'ancien, de la perfonne du
fieur Hocquart, pourvû de l'office de
tréforier général de l'artillerie, que noûs
avons fupprimé par l'article premier du
préfent édit; & avons difpofé dudit office
alternatif en faveur du fieur Gabriel Michel : & comme dès l'année 1756, nous
avions commis par provifion ledit fieur
Hocquart pour faire, à compter du premier
Janvier de ladite année, la recette & dépenfe comme auroit fait le tréforier général
de l'artillerie & du génie; & que nous
avions aufli commis par provifion led·t fieur
Michel p' ·ur faire ladite recette & dépenfe

pendant l'année 1757, nous avons validé
& validons, en tant que befoin eft ou feroit, les recettes & dépenfes que lefdits
fieurs Hocquart & Michel ont faites pendant lefdites années 1756 & 1757.

IV. Avons reglé & fixé la finance de chacun defd. offices, à la fomme de fix cens mille
livres, qui nous fera payée par chacun defdits deux nouveaux tréforiers, & dans laquelle, quant audit office d'ancien, entrera
le rembourfement qui fera fait audit fieur
Hocquart de la finance de fondit office fupprimé; à l'effet de quoi nous avons trans-
féré & transférons fur la finance dudit
office ancien de tréforier général de l'artillerie & du génie, le privilége qui nous eft
acquis fur les finances dudit office de tréforier général de l'artillerie, pour raifon des
comptes dudit fieur Hocquart & de fes auteurs, jufqu'à l'entier & parfait appurement d'iceux, même les priviléges des créanciers particuliers dudit fieur Hocquart, fi
aucuns y a, fur ledit office fupprimé, &
dans le cas où lefdits créanciers auroient lieu
d'en exercer, dont mention fera faite dans
la quittance de finance qui lui fera expédiée
par le tréforier de nos revenus cafuels; &
avons en conféquence fait pleine & entiere
main-levée des faifies & oppofitions qui
pourroient être formées de la part du contrôleur des reftes ou autres, au rembourfement dudit office de tréforier général de
l'artillerie.

V. Lefdits tréforiers poffféderont lefdits offices, & les exerceront ; favoir, ledit fieur Hocquart fur les provifions que nous lui avons accordées pour ledit office de tréforier général de l'artillerie ; à l'effet de quoi nous l'avons difpenfé & difpenfons par ces préfentes de fe faire pourvoir, recevoir & prêter nouveau ferment, à la charge par lui de faire regiftrer en notre chambre des comptes la quittance de finance qui lui fera expédiée pour ledit nouvel office, & que de notre préfent édit il fera en notredite chambre, fait mention fur les anciennes provifions dudit fieur Hocquart ; & ledit fieur Michel fur les provifions dudit office, qui lui en feront expédiées en notre grande chancellerie fur la quittance du tréforier de nos revenus cafuels : & avons, pour cette fois feulement, réduit & réduifons à moitié les droits du marc d'or & frais de provifions & reception dudit tréforier alternatif, ayant difpenfé & difpenfant ledit fieur Hocquart defdits droits & frais, au moyen de ceux par lui ci-devant payés. Voulons même qu'au moyen de la finance que chacun d'eux doit nous payer, ils ne puiffent être affujettis à fournir caution de leur maniement en notre chambre des comptes : Voulons de plus, que ceux qui prêteront leurs deniers pour l'acquifition defdits offices, aient privilége fur iceux, dont mention fera faite dans les quittances de finance, & que l'évaluation defdits offices demeure fixée, comme nous la fixons, à la fomme de vingt mille livres, fur le pied de laquelle fomme lefdits tréforiers payeront l'annuel & le prêt, & les droits dûs aux mutations.

VI. Ils jouiront, à compter du jour de la date de leurs quittances de finance, cha-.cun de trente mille livres de gages par chacun an, tant en exercice que hors d'exercice; & dans l'année de leur exercice, de taxations fur les dépenfes que nous ordonnerons, lefquelles taxations nous avons fixées & fixons à fix deniers pour livre fur les dépenfes qu'ils feront jufqu'à concurrence de fix millions, & à deux deniers pour livre fur toutes celles au-delà defdits fix millions, à quelque fomme que lefdites dépenfes puiffent monter, tant en tems de paix qu'en tems de guerre; lefquels gages & taxations nous attribuons auxdits tréforiers, tant à raifon de leurs finances, que pour leurs frais de régie, remifes d'argent en tous lieux que befoin fera pour le fait de leurs charges, & autres frais & dépenfes généralement quelconques; defquelles taxations que nous avons déclarées non fujettes à la retenue des quatre deniers pour livre, le fonds fera fait auxdits tréforiers avec celui des objets de dépenfes qu'ils auront à faire, & dont ils feront emploi dans leurs comptes où lefdits gages & taxations feront paffés & alloués fans difficulté, dérogeant pour raifon defdites jouiffances à tous édits & ordonnances contraires.

VII. Lefdits tréforiers recevront en notre tréfor royal les fonds que nous ordonnerons leur être remis pour les dépenfes de l'exercice de chaque année, & toucheront par les mains de qui il appartiendra, dans les tems & de la maniere accoutumée, les fommes employées dans nos états, ou qu'aucunes de nos provinces ou villes doivent payer pour les fortifications des places de terre feulement ; quant aux dépenfes, elles confifteront non-feulement dans tout ce qui compofoit la précédente geftion defdits tréforiers de l'artillerie & des fortifications des places de terre feulement, mais encore dans les diverfes natures énoncées dans l'état que nous en avons arrêté, & qui fera joint & annexé fous le contre-fcel de notredit préfent édit, fans que les tréforiers de l'extraordinaire des guerres puiffent dans aucun cas s'immifcer dans lefdites dépenfes, à peine de radiation dans leurs états au vrai & comptes, & de la reftitution des taxations que ces dépenfes leur auroient produites. Et réciproquement, voulons & entendons que toutes les dépenfes, autres que celles détaillées dans ledit état, & qui pourroient paroître avoir ou auroient en effet rapport au fervice de l'artillerie & du génie, continuent, comme par le paffé, d'être faites par lefdits tréforiers généraux de l'extraordinaire des guerres, fans que ceux de l'artillerie & du génie puiffent en aucun cas s'y immifcer, aux mêmes peines de radiation dans leurs états au vrai & comptes, & de la reftitution des taxations que ces dépenfes auroient produites.

VIII. Les tréforiers généraux de l'artillerie & du génie, jouiront, outre les gages & taxations que nous leur avons attribués par l'article VI. chacun de quatre minots de fel de franc-falé par année, & chacun dans leur exercice des mêmes droits de rôle fur les dépenfes qui y font fujettes, & que nous avons diftraites de l'extraordinaire des guerres, dont les tréforiers dudit extraordinaire des guerres ont jufqu'à préfent joui en vertu de nos édits. Ils jouiront de plus du titre & qualité d'écuyer, tant qu'ils exerceront lefdites charges, du droit de *Committimus* en notre grande chancellerie, & autres honneurs, priviléges, exemptions, immunités, prérogatives & droits de toute efpece, dont ont joui, jouiffent ou doivent jouir lefdits tréforiers généraux de l'extraordinaire des guerres, à l'inftar defquels ils font créés ; & il leur fera fourni toutes efcortes néceffaires, & fans frais, pour la conduite des deniers qu'ils auront à faire voiturer pour le fait de leur charge. Voulons même que leurs commis jouiffent des mêmes priviléges, franchifes & exemptions dont jouiffent ceux defdits tréforiers généraux de l'extraordinaire des guerres.

IX. Il fera par lefdits nouveaux tréforiers procédé aux payemens qu'ils auront à faire fur les ordonnances qui en feront par nous signées & expédiées par le secrétaire d'état ayant le département de la guerre, suivant & ainsi qu'il est usé & pratiqué pour l'extraordinaire des guerres ; lesquels trésoriers compteront pour chaque année par état au vrai en notre conseil, & par compte en notre chambre des comptes, dans les mêmes formes, manieres & délais fixés pour lesdits trésoriers généraux de l'extraordinaire des guerres, par nos édits, déclarations ou reglemens sur ce intervenus, dérogeant expressément par le présent édit à tout ce qui pourroit avoir été jusqu'à présent ordonné, sur l'ordre & la forme du maniement & de la comptabilité des recettes & dépenses concernant l'artillerie en faveur des grands maîtres & capitaines généraux de l'artillerie ou autres, par quelques titres que ce soit, accordés par nous ou par les Rois nos prédécesseurs, entre les mains desquels nouveaux trésoriers nous laisserons chaque année la somme de quinze mille livres, dont dix mille livres pour les épices, & cinq mille livres pour les façons, vacations & frais de reddition de leur compte.

X. Défendons auxdits trésoriers généraux de l'artillerie & du génie, d'entrer ou d'avoir part, directement ou indirectement, dans aucun traité d'affaires extraordinaires de finance de quelque nature qu'elles puissent être. Si donnons en mandement à nos amés & féaux conseillers les gens tenant notre cour de parlement, chambre des

comptes & cour des aides à Paris, que notre
préfent édit ils aient à faire lire, publier &
regiftrer, & le contenu en icelui garder &
exécuter felon fa forme & teneur : car tel
eft notre plaifir. Et afin que ce foit chofe
ferme & ftable à toujours, nous y avons
fait mettre notre fcel. Donné à Verfailles
au mois de Mars, l'an de grace mil fept
cent cinquante huit, & de notre regne le
quarante-troifieme. Signé, LOUIS. *Et plus
bas*, Par le Roi, R. DE VOYER. *Vifa*
LOUIS. Vû au confeil, BOULLONGNE. Et
fcellé du grand fceau de cire verte, en lacs
de foie rouge & verte.

*Regiftré, oui, & ce requérant le procureur
général du Roi, pour être exécuté felon fa
forme & teneur, fans que l'énonciation d'aucune déclaration qui n'auroit été regiftrée en
la cour, puiffe être tirée à conféquence, ni
fuppléer au défaut dudit enregiftrement, fuivant l'arrêt de ce jour. A Paris, en Parlement, toutes les chambres affemblées, le dix-
fept Mars mil fept cent cinquante-huit. Signé,
YSABEAU.*

*Regiftrées en la chambre des comptes, oui,
& ce requérant le procureur général du Roi,
pour être exécutées felon leur forme & teneur,
fans néanmoins que le tréforier des fortifications fupprimé, puiffe recevoir le dernier tiers
du rembourfement de la finance dudit office,
qu'après l'entier appurement & correction des
comptes de fes exercices, & de ceux de fes
prédéceffeurs audit office, & pour jouir par*

les tréforiers nouvellement créés de l'effet &
contenu efdites lettres , même de la difpenfe
de donner caution, fans que ladite difpenfe
puiffe tirer à conféquence pour leurs fuccef-
feurs ; & à la charge qu'ils ne pourront s'immifcer dans les exercices & fonctions defdits
offices , favoir , ledit Hocquart , qu'après
avoir fait regiftrer en la chambre la quittance
de finance mentionnée auxdites lettres ; &
ledit Michel qu'après avoir obtenu des provifions dudit office , & en avoir prêté ferment en
la chambre en la maniere accoutumée : lef-
quelsdits tréforiers nouvellement créés feront
tenus de faire juger leurs taxations au grand
bureau en la maniere accoutumée ; & qu'au
cas qu'il plairoit au Roi de défunir les comptes de l'artillerie de ceux des fortifications ,
les épices du compte de ladite artillerie feront
comme ci-devant arrêtées conformément au
tarif confirmé par l'arrêt de la chambre du
premier Juillet 1743 ; & celles des comptes
des fortifications, conformément à l'édit du
mois de Juin 1717, & autant dudit état des
parties de dépenfes concernant l'artillerie &
le génie, attaché fous le contre-fcel defdites
lettres, & dépofé au greffe de la chambre pour
y avoir recours en tems & lieu. Les bureaux
affemblés , le vingt Mars mil fept cent cinquante-huit. Signé , DUCORNET.

    Regiftrées en la cour des aides, oui, & ce
requérant le procureur général du Roi, pour
être exécutées felon leur forme & teneur, fans
que l'énonciation d'aucuns édits ou déclara-

tions qui n'auroient été regiftrés en la cour, pnij,e être tirée à conféquence, ni fuppléer au défaut d'enregiftrement. Fait à Paris en ladite cour des aides, les chambres affemblées, le vingt-un Mars mil fept cinquante-huit. Collationné. Signé, Desormes.

Etat des parties de dépenfes concernant l'Artillerie & le Génie, qui feront payées par les Tréforiers généraux du Corps Royal de l'Artillerie & du Génie, chacun en l'année de leur exercice, en exécution de l'article VII. de l'édit de création de leurs charges, du mois de Mars 1758.

LA folde, maffe, uftenfile, fourrages, recrues & étapes aux recrues des bataillons du régiment Royal-artillerie, des compagnies de mineurs & d'ouvriers qui font à leur fuite.

Les appointemens, tant ordinaires qu'extraordinaires, dans les places & en campagne des officiers du corps royal de l'artillerie & du génie.

Les appointemens ordinaires & extraordinaires, gages, foldes, gratifications & falaires de tous officiers, commiffaires, canonniers, charrons, charpentiers, fondeurs, déchargeurs, capitaines, conducteurs de charrois, tentiers, ronneliers, manouvriers, pionniers du parc & de batteries, gens de métier & tous autres fuppôts ordinaires & extraordinaires de l'artillerie.

La levée & subsistance de tous les chevaux de timon ou de trait, haut-le-pied, mules, mulets, bœufs & équipages destinés au service & tirage de l'artillerie ; ce qui comprend la dépense de l'équipage, dit de réserve, soit que toutes ces dépenses se fassent par marché ou par régie & économie.

La dépense pour la fabrication, achat, radoub, remontage & entretien des canons, mortiers. coulevrines, pierriers, fusils, pistolets, bayonnettes, sabres, épées, espontons, pertuisanes, cuirasses, casques, bâtons & harnois de guerre, & généralement de toutes pieces d'artillerie, grosses ou menues, armes à feu, ou autres offensives & défensives, de quelque espece qu'elles soient, avec leur attirail, garniture & dépendances.

L'achat, le transport, voiture & entretien des chariots d'artillerie, affûts, chapes, tonneaux, barrils, brouettes, bois de charronnage & de remontage, madriers, leviers, grues, crics, constructions de batteries, sacs à terre, outils de toutes especes, à pionniers, à ouvriers & autres, hottes, mannequins, matériaux, & généralement toutes les choses relatives à l'artillerie & au génie, nécessaires pour l'exécution des travaux des siéges & bombardemens des villes, forts, châteaux, redoutes & forteresses, ainsi que pour leurs rasemens & démolitions.

La construction & entretien de galiotes, galeasses,

galéaffes, folde de bateliers, matelots & ouvriers, leurs équipages, attirail, arme-mens & apparaux, pontons, bateaux, ponts de bateaux & de pontons & bateaux, ponts de bois de flotte & de tonneaux, radeaux & autres de toute efpece, eftacades, corda-ges, bois, fer, clous, uftenfiles & attirail à leur ufage.

L'achat, tranfport & entretien des bou-lets, bombes, balles, falpêtre, foufre, char-bon, poudre de toutes fortes, groffes & menues, façon & compofition d'icelles, cuivre, étain, plomb, fer, bois de remon-tage, pierres à fufil, & toutes autres mu-nitions & matériaux à l'ufage de l'artillerie & du génie.

La dépenfe de tous les travaux de fortifi-cations des lignes à demeure, & leurs com-munications & tous autres remuemens de terre à faire dans les places, rafement & démolition d'icelles.

La conftruction & réparation des che-mins pour le paffage particulier de l'artil-lerie.

La conftruction, réparation, loyers, en-tretiens annuels ordinaires & extraordinai-res de magafins & bâtimens à l'ufage de l'artillerie, arfénaux, tant de Paris que des provinces, angards, fonderies, forges, fourneaux, moulins à bras & à chevaux.

Achats de terreins & maifons pour des magafins d'artillerie, ainfi que pour les for-tifications.

Tome I.   I

L'achat, voiture & transport des pierres, briques, bois, fers, outils & autres matériaux employés à la construction, augmentation, réparation & entretien des fortifications des villes, citadelles, forts & châteaux appartenans à Sa Majesté, la démolition des places & fortifications, le déblai & transport des matériaux & autres remuemens des terres.

Les appointemens ordinaires & extraordinaires, gages, solde, gratifications de tous officiers, commissaires, entrepreneurs, ouvriers, manouvriers, pionniers & autres gens y employés, & toutes autres dépenses des susdites constructions, augmentations, réparations & entretiens des fortifications ou de leurs démolitions.

Fait & arrêté à Versailles, le quatre Mars mil sept cent cinquante-huit. Signé, R. DE VOYER.

TITRE XII.

Concernant la composition & le service du Corps Royal de l'Artillerie.

ORDONNANCE DU ROI,

Concernant le Corps Royal de l'Artillerie ; du 5 Novembre 1758.

SA Majesté voulant confirmer l'union déjà établie entre les différentes parties de son corps royal de l'artillerie, & lui donner une nouvelle forme plus convenable au bien de son service, & plus avantageuse aux officiers dudit corps, Elle a ordonné & ordonne ce qui suit :

ARTICLE PREMIER.

Les officiers qui ci-devant ont composé les bataillons de Royal-artillerie, ceux des compagnies de mineurs & d'ouvriers, & les officiers de l'ancien corps de l'artillerie détachés dans les places, ne feront, ainsi qu'il a déjà été reglé, qu'un seul & même corps, sous la dénomination de corps royal de l'artillerie, lequel continuera d'être administré par le secrétaire d'état ayant le département de la guerre, sous l'autorité immédiate de Sa Majesté.

II. Ce corps sera desormais composé de six cens trente-six officiers ; savoir, un directeur & six inspecteurs, six chefs de brigades, vingt-huit colonels, trente-trois lieutenans-colonels, cent onze capitaines en premier, cent neuf capitaines en second, cent vingt lieutenans en premier, cent vingt-six lieutenans en second, & quatre-vingt-seize sous-lieutenans ; lesquels officiers feront répartis, comme il sera dit ci-après.

III. Les six bataillons du corps royal de l'artillerie, feront convertis en pareil nombre de brigades, composées de huit cens hommes, & divisées en huit compagnies de cent hommes chacune.

IV. Chaque brigade sera composée d'une

compagnie d'ouvriers, de cinq compagnies de canonniers & de deux compagnies de bombardiers.

V. La compagnie d'ouvriers fera compofée d'un capitaine en premier, de deux capitaines en fecond, deux lieutenans en premier & de deux lieutenans en fecond, fix fergens ou maîtres ouvriers, fix caporaux ou fous-maîtres, fix anfpeffades, foixante ouvriers, dix-neuf apprentifs & trois tambours.

Comme ces compagnies d'ouvriers, qui n'étoient jufqu'ici compofées que de quarante hommes, feront deformais portées au nombre de cent, tandis que les cent fappeurs, qui exiftoient ci-devant en deux compagnies de cinquante hommes l'une, font réduites à une compagnie de foixante hommes feulement, il fera fourni fur lefdits cent fappeurs, au capitaine d'ouvriers, la quantité de quarante hommes, choifis entre les plus fufceptibles de leur nouvelle deftination, & ledit capitaine d'ouvriers fera inceffamment nouvelle recrue de vingt hommes.

VI. Chacune des compagnies de canonniers fera compofée d'un capitaine en premier, de deux capitaines en fecond, deux lieutenans en premier, deux lieutenans en fecond, fix fergens, fix caporaux, fix anfpeffades, foixante-dix-neuf canonniers, & trois tambours.

VII Chaque compagnie de bombardiers

sera composée d'un capitaine en premier, de deux capitaines en second, deux lieutenans en premier, deux lieutenans en second, six sergens, six caporaux, six anspessades, soixante-dix-neuf bombardiers, & trois tambours.

VIII. L'état-major de chaque brigade sera composé d'un brigadier ou chef de brigade, qui, quelque grade supérieur qu'il puisse acquérir, conservera le commandement en chef de sa brigade, jusqu'à ce qu'il plaise à Sa Majesté de lui donner d'autres fonctions, d'un colonel, d'un lieutenant-colonel, d'un major, d'un aide-major, d'un sous-aide-major, & d'un garçon-major, un aumônier, & un chirurgien.

IX. Sa Majesté ayant retiré des brigades du corps royal de l'artillerie, les compagnies de sappeurs qui faisoient ci-devant partie des bataillons dudit corps, Elle entend néanmoins que jusqu'à nouvel ordre de sa part, ces compagnies, qu'Elle réduit au nombre de six de soixante hommes chacune, soient, ainsi que les compagnies de mineurs, attachées audit corps royal, & soient composées comme il suit.

X. Chacune des six compagnies de sappeurs sera composée d'un capitaine en premier, un lieutenant en premier, deux lieutenans en second, trois sergens, trois caporaux, trois anspessades, cinquante sappeurs, & un tambour.

XI. Chacune des six compagnies de mi-

neurs fera compofée d'un capitaine en premier, un capitaine en fecond, deux lieutenans en premier, deux lieutenans en fecond,
quatre fergens, quatre caporaux, quatre anfpeffades, quarante-fix mineurs ou apprentifs, & deux tambours.

XII. L'intention de Sa Majefté étant de
traiter favorablement des officiers qui fe
diftinguent par leur travail & leur application, Elle veut bien abréger en leur faveur
le tems qu'un capitaine du corps royal auroit à attendre le grade de lieutenant-colonel, & Elle décide en conféquence, qu'indépendamment des trente-trois lieutenans-
colonels établis par l'article II de la préfente
ordonnance, le premier capitaine factionnaire de chaque brigade, ainfi que le premier des fix capitaines de fappeurs, & le
premier des fix capitaines de mineurs, jouiront dudit grade de lieutenant - colonel,
n'entendant cependant pas que cette grace
puiffe leur faire prétendre d'autres appointemens ni traitement que ceux attachés à
leur compagnie, jufqu'à ce qu'ils foient par-
venus à la lieutenance-colonelle d'une brigade ou à une fous-direction.

XIII. Sa Majefté jugeant à propos de fupprimer tous les anciens départemens généraux de l'artillerie, Elle veut & entend qu'à
l'avenir les officiers principaux du corps,
ci-devant chargés de ces départemens, foient
remplacés par fept infpecteurs généraux,
dont le premier aura titre de *directeur géné-*

ral, fans avoir néanmoins d'autre autorité, d'autres fonctions, & d'autres appointe- mens que les fix autres ; ces infpecteurs vi- fiteront tous les ans les différentes provin- ces du royaume qui leur feront alternative- ment affectées, felon les ordres qu'ils re- cevront du fecrétaire d'état ayant le dépar- tement de la guerre, afin de prendre dans chaque place les connoiffances les plus exa- ctes des réparations, conftructions & ap- provifionnemens faits ou à faire, de vérifier la capacité & bonne conduite des officiers y employés, de tenir la main à ce que dans les manufactures d'armes, fonderies pour le canon ou les fers coulés, le meilleur or- dre poffible foit établi & entretenu, ainfi que dans tous les arfenaux de conftruction & autres.

Ces mêmes officiers infpecteront les fix brigades & les écoles du corps, afin d'être en état de rendre compte au fecrétaire d'état ayant le département de la guerre, du zele, de l'application & des progrès de tous les officiers des brigades, de ceux attachés aux écoles, & enfin de ceux qui font chargés des détails de l'artillerie dans les places.

XIV. Sa Majefté jugeant encore du bien de fon fervice & de l'avantage des officiers de fon corps royal de l'artillerie, de fup- primer une partie des trente-trois départe- mens particuliers ou direction des provin- ces, qui fubfiftant ci-devant, partageoient trop le fonds qu'Elle peut affigner auxdites directions, Elle a ordonné & ordonne que les trente-trois anciens départemens provinciaux de l'artillerie feront convertis en vingt-deux directions.

XV. Chaque direction fera adminiftrée par un colonel-directeur en chef, un lieutenant-colonel fous-directeur, deux capitaines en premier & deux capitaines en fecond.

XVI. Il fera arrêté tous les ans, par le fecrétaire d'état ayant le département de la guerre, un état des officiers qui feront employés dans chaque direction, & le directeur pourra, lorfque le bien du fervice l'exigera, faire paffer les officiers qui fe trouveront fous fes ordres, des réfidences qui leur auront été affignées dans telle autre place de fa direction qu'il jugera à propos, en obfervant néanmoins d'en rendre compte au fecrétaire d'état ayant le département de la guerre.

A l'égard des capitaines en fecond, l'intention du Roi étant qu'ils fervent alternativement dans les différentes directions, ainfi que dans les brigades, Sa Majefté veut & entend que, quoique deux capitaines en fecond paroiffent attachés à chaque compagnie de canonniers, bombardiers & ouvriers, un feul officier de ce grade refte à chacune defdites compagnies pour y faire le fervice de la brigade, tandis que l'autre fera détaché dans les directions; à raifon de quoi lefdits capitaines en fecond alternativement employés dans les directions &

brigades, seront toujours payés par le major de la brigade à laquelle ils seront attachés, lequel major sera tenu de leur faire passer leurs décomptes dans les places de leur résidence.

XVII. Les manufactures d'armes demandant chacune l'attention d'un officier qui en soit uniquement occupé, Sa Majesté veut & ordonne qu'il soit détaché dans chacune desdites manufactures un lieutenant colonel pour être chargé de veiller à l'exécution de tout ce qui est prescrit par les reglemens concernant lesdites manufactures, & des ordres particuliers qui pourront lui être adressés par le secrétaire d'état ayant le département de la guerre, auquel il rendra compte directement de ses fonctions, Sa Majesté n'entendant pas que les directeurs dans le département desquels lesdites manufactures seront établies en puissent prendre connoissance.

XVIII. Sa Majesté voulant qu'à l'avenir nul officier ne puisse être reçû en qualité de lieutenant en second dans les brigades du corps royal de l'artillerie, sans avoir été reconnu capable de remplir par la suite les différentes fonctions qui pourront lui être confiées, Elle a ordonné & ordonne qu'il sera établi des écoles dans lesquelles seront préalablement instruits tous les sujets qui se destineront à entrer dans lesdites brigades.

Veut à cet effet Sa Majesté que la nouvelle école de la Fere, qu'on nommera l'*E-*

I v.

cole des éleves, foit confervée, & que ceux
qu'on y recevra par la fuite, fur les certificats de l'examinateur du corps, jouiffent
de la folde de vingt-fix fols huit deniers par
jour, mais n'aient aucun rang d'officier.
Ces éleves ne pourront jamais être au-delà
du nombre de cinquante, & formeront une
compagnie commandée par un lieutenant-
colonel, un capitaine en premier & un capitaine en fecond. Les éleves auront un
habit bleu, à paremens de même couleur,
boutons de cuivre doré jufqu'à la poche,
quatre à la poche & quatre fur les manches.
L'ancienneté ne prévaudra jamais pour leur
avancement ; & ce feront toujours ceux que
les examens défigneront comme les plus
appliqués & les plus capables, qui feront
choifis pour remplir le nombre des fous-
lieutenans qui pourront manquer annuellement dans les anciennes écoles.

XIX. Les anciennes écoles, au nombre
de fix, feront établies dans les villes défi-
gnées pour les garnifons ordinaires des fix
brigades du corps ; l'ordre de leur fervice
ou de leur inftruction fera déterminé par
un reglement particulier. L'intention de Sa
Majefté eft d'y entretenir quatre-vingt-feize
fous-lieutenans, à raifon de feize par chacune defdites écoles, dont ils fortiront pareillement, non par rang d'ancienneté, mais
par diftinction de mérite & de connoiffance
pour remplir les places de lieutenant en fecond qui pourront annuellement vaquer

dans les quarante-huit compagnies dont
font compofées les fix brigades, ou dans les
douze compagnies de fappeurs & de mineurs.

XX. La premiere répartition qui fera
faite des officiers fervans actuellement dans
le corps royal de l'artillerie, fera reglée fans
aucun égard à leur préfente pofition dans
les bataillons, dans les compagnies de mineurs & d'ouvriers, ou dans les places, tous
ne devant compofer qu'un même corps. Sa
Majefté entend qu'ils foient indiftinctement
deftinés aux diverfes fonctions de leur état,
quelques différentes qu'elles puiffent être de
celles dont ils étoient précédemment chargés, & qu'il n'entre aucune autre confidération dans cet arrangement, que le bien
de fon fervice & le genre de connoiffance
& de talens qu'on aura pû reconnoître jufqu'à préfent dans chacun defdits officiers.

XXI. Tous les officiers répartis dans les
brigades ou dans les directions, felon les
arrangemens ci-deffus, rouleront enfemble
pour parvenir aux places fupérieures qui
viendront à vaquer, c'eft-à-dire, que le plus
ancien lieutenant en fecond, dans quelque
brigade qu'il fe trouve, paffera à la premiere lieutenance en premier, qui vaquera
dans telle autre brigade que ce foit ; que le
plus ancien des lieutenans en premier, paffera au grade de capitaine en fecond, dans
quelque brigade que fe trouve la place vacante ; que le plus ancien de tous les capi-

taines en fecond, paffera au grade de capitaine en premier, foit en prenant une compagnie dans les brigades, foit une place de
même grade dans les directions, felon qu'aura vaqué ladite place de capitaine en premier. Le plus ancien des capitaines, non
premier factionnaire, foit qu'il ferve dans
les brigades ou dans les directions, paffera
à la place de premier factionnaire qui viendra à vaquer dans quelque brigade que ce
foit. Le plus ancien des premiers faction-
naires paffera à la place de lieutenant-colonel de brigade, ou à la fous-direction de
province qui fe trouvera vacante. Le plus
ancien des lieutenans-colonels des brigades
ou des fous-directeurs, paffera à la premiere place de colonel de brigade ou de directeur qui fe trouvera vaquer. Le plus ancien defdits colonels de brigades ou des directeurs, deviendra chef de brigade, & le
plus ancien des chefs de brigade paffera au
grade d'infpecteur. Sa Majefté ne doutant
pas qu'un arrangement fi avantageux à tous
les officiers de fon corps royal, ne les engage à faire de nouveaux efforts pour fe
rendre fufceptibles des places fupérieures
auxquelles ils peuvent prétendre, & pour
prévenir qu'à raifon de négligence, & fur
le rapport des infpecteurs généraux ou autres officiers fupérieurs du corps, lefdites
places, naturellement dévolues aux anciens,
ne foient accotdées de préférence à la diftinction du mérite de leurs cadets.

XXII. Les officiers attachés aux compagnies de sappeurs & de mineurs, rouleront jusqu'à nouvel ordre & selon l'arrangement ci-dessus, avec tous ceux des brigades ou des directions ; & si dans quelque circonstance le bien du service exige que ces officiers, ainsi que ceux des compagnies d'ouvriers, restent à leur compagnie, tandis que leur ancienneté les porteroit à des états supérieurs dans les directions ou brigades, Sa Majesté n'entendant pas qu'ils perdent par-là le fruit de leurs services, veut qu'en ce cas, ils soient sans quitter leurs places, revêtus des grades acquis par leur ancienneté, & jouissent des mêmes appointemens qu'ils auroient obtenus en passant à des fonctions différentes.

Mande & ordonne Sa Majesté à tous les officiers des bataillons du corps royal de l'artillerie, des compagnies de mineurs & d'ouvriers, & à tous ceux détachés dans les places pour le service de l'artillerie, de se conformer à ce qui est porté par la présente ordonnance, & de tenir la main, chacun en ce qui le concerne, à son exécution, qui aura lieu à compter du premier Janvier prochain, dérogeant Sa Majesté à toutes ordonnances à ce contraires. Fait à Versailles le cinq Novembre mil sept cent cinquante-huit. *Signé*, LOUIS. *Et plus bas*, Le Maréchal de Belle-Isle.

ORDONNANCE DU ROI,

Portant réglement pour le service du Corps
Royal de l'Artillerie ; du 2 Avril 1759.

S A Majesté ayant, par son ordonnance
du cinq Novembre de l'année derniere,
donné une nouvelle forme au corps royal
de l'artillerie ; & voulant regler plus particulierement ce que les officiers dudit corps
devront observer dans la suite, tant pour
leur service en général, que pour celui qu'ils
auront à faire dans les places & en campagne, Elle a ordonné & ordonne ce qui suit :

Du Service en général.

ARTICLE PREMIER.

Le corps royal de l'artillerie conservera
dans l'infanterie le même rang qu'avoit précédemment le régiment Royal-artillerie.

II. Les brigades dudit corps rouleront
entre elles, suivant le grade & l'ancienneté
du chef de brigade qui en sera titulaire, &
dont elles porteront le nom.

III. Lorsque plusieurs brigades du corps
royal se trouveront ensemble, le plus élevé
en grade, ou le plus ancien à grade égal
des officiers commandant lesdites brigades,
les commandera toutes.

IV. Les colonels & lieutenans-colonels
du corps royal de l'artillerie rouleront entre

eux, ainfi que les capitaines en premier &
en fecond, de même que les lieutenans,
conformément à ce qui a été reglé pour les
officiers de l'ancien corps de l'artillerie &
ceux des anciens bataillons dudit corps, par
les articles IV. V. VI. & VII. de l'ordonnance du 24 Février 1757.

V. Les brigades du corps royal de l'artillerie feront fujettes à la même police &
difcipline que les régimens d'infanterie dans
tel endroit qu'elles fe trouvent.

VI. Aucun foldat de recrue ne pourra
être reçû dans les brigades qu'il n'ait cinq
pieds quatre pouces, ou s'il n'a que cinq
pieds trois pouces fix lignes, qu'il ne foit
entre feize & vingt ans, & ne promette
un accroiffement & une force convenables
pour être propre à toutes les fonctions dudit corps ; défend Sa Majefté à tout capitaine d'admettre aucun foldat dans fa compagnie qu'après qu'il aura été agréé par le
chef de la brigade & enrôlé par le major.

VII. Il fera délivré à l'avenir cinq congés d'ancienneté par an à chaque compagnie de cent hommes du corps royal, &
trois à chaque compagnie de foixante, lorfque Sa Majefté en accordera à fes autres
troupes.

VIII. Ces congés ne pourront être délivrés qu'à la revûe de l'infpecteur du corps,
par qui ils feront vifés, indépendamment
des autres formalités prefcrites par les ordonnances.

IX. Sa Majefté defirant que dans la promotion des foldats aux places de hautes-
payes, d'anfpeffades, de caporaux & de fergens, on n'ait aucun égard à l'ancienneté,
mais feulement à la bonne conduite & à
l'application des fujets, Elle veut que lorfqu'une place de fergent viendra à vaquer
dans une des compagnies des brigades du
corps royal, les douze plus anciens fergens
de la brigade s'affemblent pour choifir parmi tous les caporaux de ladite brigade trois
fujets propres à remplir la place vacante :
ils les préfenteront au major & au capitaine
de la compagnie dans laquelle la place de
fergent fera vacante ; & fur le rapport de
ces deux officiers, le commandant de la brigade nommera celui des trois fujets propo-
fés qui lui paroîtra mériter la préférence.

X. Lorfqu'une place de caporal viendra
à vaquer dans l'une des compagnies des brigades du corps royal, les huit plus anciens
caporaux de la brigade, & les quatre plus
anciens fergens s'affembleront pour choifir
parmi les anfpeffades de la brigade trois fujets qu'ils préfenteront pour être nommés,
comme il eft dit à l'article précédent pour
les fergens.

XI. Les compagnies d'ouvriers ne devant
jamais fournir de caporaux pour être fergens dans les autres compagnies, lorfqu'il
manquera un fergent dans une compagnie
d'ouvriers, il ne pourra être tiré d'aucune
autre ; mais l'élection du nouveau fergent

se fera toujours comme il est dit à l'article IX. avec cette différence que les seuls caporaux de la compagnie d'ouvriers concourront pour la place vacante. Il en sera de même pour la nomination aux places de caporaux qui viendront à vaquer dans ladite compagnie.

XII. Lorsqu'il vaquera une place d'anspessade, les six sergens & les six caporaux de la compagnie dans laquelle elle sera vacante, s'assembleront pour choisir parmi les soldats de la plus haute paye de ladite compagnie seulement, trois sujets propres à la remplir; ils les présenteront à leur capitaine, qui, d'après l'approbation du commandant de la brigade, nommera celui qu'il en jugera le plus digne. Il en sera usé de même pour la nomination aux places de haute-payes.

XIII. Sa Majesté ayant créé quatre compagnies des soldats invalides tirés du corps royal de l'artillerie, Elle veut & ordonne, conformément à l'article IV. de l'ordonnance du 15 Décembre 1758, que les lieutenances desdites compagnies, à mesure qu'elles viendront à vaquer, soient remplies par ceux des anciens sergens dudit corps, qui seront jugés le plus susceptibles de cette marque de distinction, d'après le compte qui en sera rendu annuellement par les inspecteurs du corps royal, au secrétaire d'état ayant le département de la guerre.

XIV. Les emplois de garde d'artillerie

qui vaqueront, feront remplis par des fergens choifis dans le corps royal de l'artillerie, ou par des conducteurs choifis de même parmi ceux qui ferviront ou qui auront
fervi à la fuite des équipages employés aux
armées ; & les places d'artificiers feront
remplies par les artificiers des brigades.

Du Service dans les Places.

XV. Les brigades du corps royal , foit
qu'elles fe trouvent feules dans les places,
ou avec d'autres troupes, y feront le fervice
comme toute l'infanterie.

XVI. Sa Majefté trouve bon cependant,
qu'elles ne fourniffent que la moitié du
nombre d'officiers & de foldats qui fera demandé aux autres troupes de la garnifon,
pour le fervice de la place, de forte qu'une
brigade du corps royal ne fera le fervice que
comme un demi-bataillon.

XVII. Sa Majefté veut bien auffi difpenfer de tout fervice des places les capitaines
en pied, ainfi que les compagnies d'ouvriers, les premiers canonniers & bombardiers, à moins que la néceffité du fervice
n'exige de les y employer, auquel cas ils
exécuteront ce qui leur fera ordonné par les
commandans defdites places.

XVIII. Les capitaines en fecond & les
officiers fubalternes monteront la garde,
feront la ronde, & généralement tout le
fervice d'infanterie, ufité dans la place où
leur brigade fe trouvera, & ils couleront à

fond avec les officiers des autres régimens de la garnison.

XIX. Les troupes du corps royal ne devant être détachées hors des places dans lesquelles elles se trouvent établies, que pour le service qui leur est propre, les commandans desdites places ne pourront rien exiger d'elles à cet égard, que dans les cas de la nécessité la plus absolue; & ils seront obligés, lorsque ces circonstances se présenteront, d'en rendre compte sur le champ au secrétaire d'état ayant le département de la guerre.

XX. Les chefs de brigade, les colonels & lieutenans-colonels du corps royal de l'artillerie, se conformeront pour la visite des postes, à ce qui est prescrit par les articles DXXXVI. DXXXVII. DXXXIX. DXL & DXLI de l'ordonnance du 25 Juin 1750.

XXI. Tout officier du corps royal de l'artillerie, en arrivant dans la place où il doit servir, après avoir communiqué ses ordres au commandant de ladite place & à celui de l'artillerie, informera de son arrivée le secrétaire d'état ayant le département de la guerre, ainsi que le directeur du département.

XXII. Lorsqu'il sera envoyé une brigade ou un détachement du corps royal dans une place où il se trouvera un officier employé pour le service dudit corps, plus élevé en grade, ou l'ancien à grade égal de celui qui commandera ladite brigade ou ledit détachement, alors le commandement en appartiendra sans difficulté à l'officier de la direction ; mais celui-ci ne pourra cependant intervertir en aucune façon l'ordre, la discipline & les détails de la troupe ; & pareillement lorsqu'un officier de la direction se trouvera dans le cas de déférer le commandement du corps royal à un officier commandant une brigade ou un détachement dudit corps, ce dernier ne pourra rien changer aux détails particuliers dont se trouvera chargé l'officier de la direction : l'intention de Sa Majesté étant que tous les honneurs du commandement soient attribués dans tous les cas à l'officier supérieur en grade, ou le plus ancien à grade égal, mais que chacun, tant des officiers attachés aux brigades, que de ceux détachés dans les directions, se renferme dans ses fonctions particulieres.

XXIII. Les officiers du corps royal, détachés avec troupe ou sans troupe, ne feront dans les places que le service de l'artillerie, Sa Majesté n'entendant cependant pas les priver du privilége accordé par l'article XIII. de l'ordonnance du 25 Juin 1750, aux officiers des troupes françoises pour le commandement des places.

XXIV. L'ordre sera porté tous les jours dans les places au commandant du corps royal, tel qu'il soit, par le major de la brigade, ou par un aide-major, si le major n'avoit pas pû aller à l'ordre. Il sera porté par des aides-majors aux autres officiers supérieurs dudit corps, & aux capitaines & officiers inférieurs par des sergens. S'il n'y avoit dans la place qu'un détachement du corps royal, l'ordre sera porté par un sergent à celui qui le commandera, de même qu'aux autres officiers dudit corps; & quand il n'y aura ni brigade ni détachement dudit corps, un sergent de la garnison le portera seulement à l'officier qui commandera l'artillerie en chef dans la place, conformément à l'article CCCXII. de l'ordonnance du 25 Juin 1750.

XXV. Les officiers détachés pour le service de l'artillerie dans les places, passeront en revûe devant le commissaire des guerres & du corps royal, ou celui de la place à son défaut. S'il y a dans la place une brigade du corps royal, ils se tiendront avec l'état-major de ladite brigade, chacun dans le rang dû à leur grade. S'il n'y a qu'un détachement du corps royal, ils s'y joindront aussi suivant leur grade & leur ancienneté. S'il n'y avoit point de troupe du corps royal dans la place, le commissaire des guerres & du corps royal les verra à l'arsenal, ou autre lieu connu destiné au service de l'artillerie; & si la revûe devoit être faite par un commissaire des guerres qui ne fût pas du corps royal, ils se trouveront sur la place dans le tems où il fera celle de la garnison.

XXVI. Sa Majesté ayant jugé à propos

de supprimer par les articles XIV. & XV. de l'ordonnance du 5 Novembre 1758, les anciens départemens généraux de l'artillerie, & une partie des départemens particuliers, ou directions de provinces, Elle veut & ordonne qu'il soit pris de nouvelles mesures pour assurer la conservation des papiers qui existoient précédemment dans les dépôts desdits anciens départemens. En conséquence tous les directeurs & sous-directeurs nouvellement établis, dresseront au plûtôt les inventaires les plus exacts & les plus détaillés qu'il sera possible, de tous les papiers concernant le service, qui leur auront été remis ou laissés par les officiers qu'ils ont remplacés. Ils adresseront copie desdits inventaires au secrétaire d'état ayant le département de la guerre ; & au commencement de chaque année, ils lui enverront de même un état particulier de tous les papiers qu'ils auront ajoûtés aux anciens pendant le courant de l'année précédente. Ce que prescrit à cet égard Sa Majesté aux directeurs & aux sous-directeurs de l'artillerie, sera de même observé par les capitaines en premier & les capitaines en second du corps royal, qui se trouvent actuellement & se trouveront dans la suite employés sous leurs ordres dans les places de leurs directions.

XXVII. Tout officier du corps royal qui se trouvera dans le cas de quitter une place pour passer à une autre destination, laissera

tous les papiers concernant le service dont
il étoit chargé, à l'officier qui viendra le
remplacer; ils en dresseront un inventaire,
dont il sera fait trois copies qu'ils signeront, l'une pour être envoyée au secrétaire
d'état ayant le département de la guerre,
l'autre que gardera l'officier remplacé pour
lui servir de décharge, & la troisieme qui
sera jointe aux papiers de la place.

XXVIII. Tout officier du corps royal
qui recevra des ordres pour s'absenter mo-
mentanément du lieu de sa résidence, ou
qui sera obligé d'en partir avant l'arrivée
de l'officier nommé pour le remplacer,
laissera les papiers dont il étoit chargé, avec
leur inventaire, au plus ancien des officiers
dudit corps qui auront été employés sous
ses ordres dans la même place, pour être
remis par lui à son successeur; & dans les
places où il ne se trouvera qu'un seul officier
du corps royal, lorsqu'il sera obligé d'en
partir avant d'avoir été remplacé, il dépo-
sera chez le major de la place lesdits papiers
renfermés sous un scellé qui ne pourra être
levé que par le successeur dudit officier du
corps royal; & dans l'un & l'autre cas,
l'inventaire desdits papiers sera toujours
adressé au secrétaire d'état ayant le département de la guerre, par l'officier qui les aura
laissés.

XXIX. Ordonne Sa Majesté qu'après la
mort d'un officier du corps royal, résidant
dans une place, le scellé sera apposé sur les

papiers concernant le service dont il étoit chargé par le major, & à son défaut par l'aide-major de la place, en présence des autres officiers du corps royal qui se trouveront employés dans la même résidence, & ledit scellé ne pourra de même être levé qu'en leur présence; il sera dressé alors, de concert entre lesdits major ou aide-major & officiers du corps royal, un inventaire desdits papiers, dont il sera envoyé une copie au secrétaire d'état ayant le département de la guerre. Lorsqu'il ne se trouvera point d'officier du corps royal dans la place, le major, après avoir apposé le scellé sur lesdits papiers, sera tenu d'en avertir sur le champ le directeur ou le sous-directeur de l'artillerie du département, qui enverront sur les lieux un officier pour retirer lesdits papiers, & le scellé ne pourra être levé qu'en présence dudit officier.

XXX. Chaque directeur adressera tous les ans, dans le courant du mois d'Octobre, au secrétaire d'état ayant le département de la guerre, les projets des différens ouvrages & réparations à faire, tant aux attirails qu'aux bâtimens de l'artillerie des places de sa direction; & il joindra auxdits projets les plans, profils, élévations qui pourront être nécessaires pour l'entiere connoissance des ouvrages proposés.

XXXI. Lorsqu'il aura reçû l'état des ouvrages ordonnés par le Roi pour l'année suivante, il en enverra des copies collationnées

nées par lui au sous-directeur de son département & aux capitaines qui, dans quelques places, pourront se trouver dans le cas de conduire l'exécution desdits ouvrages ; ceux-ci en dresseront les devis & conditions, conformément à chacun des articles portés dans les états qui leur auront été adressés, & ces devis seront envoyés par le directeur au secrétaire d'état ayant le département de la guerre, qui donnera les ordres nécessaires aux intendans des provinces pour passer les marchés des objets qui pourront en être susceptibles.

XXXII. Tout officier du corps royal qui se trouvera chargé dans une place de la conduite des ouvrages de l'artillerie, adressera tous les mois au directeur du département, un mémoire pour lui rendre compte de l'avancement desdits ouvrages, & le directeur en rendra compte au secrétaire d'état ayant le département de la guerre.

XXXIII. Il se conformera avec la plus grande exactitude à l'état des ouvrages ordonnés, & ne pourra, sous quelque prétexte que ce puisse être, porter un fonds, en tout ou en partie, d'un article à l'autre, sans un ordre supérieur.

XXXIV. Défend aussi Sa Majesté aux directeurs de l'artillerie, & à tous autres officiers du corps royal, chargés sous leurs ordres de l'exécution des ouvrages, d'en entreprendre aucun sans un ordre supérieur. Elle excepte cependant de cette regle tout

Tome I. K

ce qui ne pourroit pas être différé fans préjudicier évidemment à fon fervice, à la confervation ou à la sûreté des munitions & effets de l'artillerie & à celle des bâtimens qui en dépendent. Les directeurs, & même les officiers employés fous leurs ordres dans les places de leurs directions, pourront prendre fur eux, dans ces cas urgens, de faire travailler aux réparations dont il fera queftion ; mais ils en rendront compte fur le champ au fecrétaire d'état ayant le département de la guerre, lui feront connoître la néceffité du parti qu'ils auront pris, & lui enverront l'eftimation de la dépenfe à laquelle pourront monter lefdites réparations.

XXXV. Lorfque les ouvrages concernant les bâtimens deftinés au fervice de l'artillerie feront achevés, les officiers du corps royal qui en auront conduit l'exécution, en feront, en préfence des entrepreneurs, le toifé général & définitif, qu'ils figneront & dont il fera fait un extrait fur le champ pour former l'état apoftillé définitif, que le directeur enverra en même tems que fes projets au fecrétaire d'état ayant le département de la guerre. Il fera formé & envoyé également un état de toutes les dépenfes relatives aux attirails & aux autres parties du fervice de l'artillerie dans les arfenaux.

XXXVI. Les directeurs de l'artillerie vifiteront, au moins une fois tous les ans, les arfenaux des places de leurs directions, &

choisiront pour cette tournée le courant du
mois de Septembre, pour qu'ils puissent
voir l'exécution des ouvrages faits pendant
ladite année, & faire, de concert avec les
officiers employés dans chaque place, les
projets & estimations des ouvrages à faire
l'année suivante.

XXXVII. Les capitaines employés dans
les places ne pourront proposer directement
aucun ouvrage au secrétaire d'état ayant le
département de la guerre. Ils rendront
compte aux directeurs ; & en leur absence,
aux sous-directeurs des départemens dans
lesquels ils seront employés, de tout ce que
le service de l'artillerie paroîtra exiger dans
les lieux de leur résidence ; & d'après leur
rapport, lesdits directeurs ou sous-directeurs
proposeront eux-mêmes au secrétaire d'état
ayant le département de la guerre, ce qu'ils
jugeront convenable.

XXXVIII. Nul officier du corps royal
ne pourra s'absenter du lieu de sa résidence,
sous quelque prétexte que ce puisse être,
sans un congé du Roi, signé du secrétaire
d'état ayant le département de la guerre,
ou sans la permission de son directeur ou
autre officier, sous les ordres duquel il sera
employé ; & celui-ci ne sera autorisé à la lui
donner que pour quinze jours au plus, &
en en donnant avis sur le champ au secrétaire d'état ayant le département de la
guerre.

XXXIX. Aucun officier dudit corps, soit

qu'il ait reçû des ordres du directeur du département, pour pafler d'une place à une autre, foit même qu'il lui ait été ordonné par le fecrétaire d'état ayant le département de la guerre, de fe rendre à une nouvelle deftination, ou qu'il ait obtenu une fimple permiffion de fon directeur, de s'abfenter, ou même un congé de Sa Majefté, ne pourra quitter aufli le lieu de fa réfidence, fans la permiffion du commandant de la place, conformément à l'article DXLVIII. de l'ordonnance du 25 Juin 1750.

XL. Tout officier du corps royal, commandant l'artillerie dans une place, tiendra la main à ce que le garde-magafin de ladite artillerie rempliffe exactement les devoirs de fon emploi; il veillera particulierement à ce qu'il ne faffe aucune efpece de remife ou de livraifon fans fon ordre, ou fans des ordres fupérieurs qui feront toujours préfentés audit commandant de l'artillerie, pour être vifés par lui.

XLI. Lefdits officiers auront foin aufli d'informer régulierement leurs directeurs de la conduite, de l'application & de la capacité defdits gardes-magafins, & ils en rendront compte aux infpecteurs du corps royal dans chacune de leurs tournées.

XLII. Les directeurs de l'artillerie tiendront la main à ce que tous les officiers du corps royal employés fous leurs ordres, rempliffent les fonctions qui leur font ou pourront leur être confiées : ils veilleront à leur conduite, s'attacheront à exciter leur zele & leur émulation, à développer leurs talens, à s'assûrer sur-tout de celles des différentes parties du service de l'artillerie, auxquelles chacun d'eux paroîtra le plus propre, & ils en rendront compte à la fin de chaque année au secrétaire d'état ayant le département de la guerre.

XLIII. Les inspecteurs généraux du corps royal jouiront dans toutes les places du département qui leur aura été assigné, de tous les honneurs attribués aux autres inspecteurs généraux des troupes, conformément aux articles V. & DI. de l'ordonnance du 25 Juin 1750.

XLIV. Lorsqu'ils feront leurs tournées, les directeurs de leurs départemens les informeront de tout ce qui aura rapport au service de l'artillerie des places de leurs directions, leur donneront communication de tous les papiers qui leur seront confiés, & les accompagneront, s'il est nécessaire, dans les places de leurs directions : lesdits inspecteurs rendront compte ensuite au secrétaire d'état ayant le département de la guerre, de tous les détails dont ils auront pris connoissance ; ils recevront de lui, sur chacun de ces objets, les ordres nécessaires, & ils auront soin de les faire exécuter.

· XLV. Sa Majesté défend, sous les peines les plus graves, à tous les officiers du corps royal, de communiquer à qui que ce puisse être, sans un ordre exprès du secrétaire d'état ayant le département de la guerre, les papiers concernant l'artillerie, ni les plans qui pourront leur avoir été confiés.

Du Service en Campagne.

XLVI. Lorſqu'il ſera queſtion de mettre un équipage d'artillerie en campagne, l'oſficier nommé pour le commander, celui qui ſera chargé de la direction du parc, & tous ceux des officiers employés dans les directions, qui ſeront deſtinés à ſervir à ſa ſuite, ſe rendront dans la place où il ſe formera, aideront à ſa compoſition, & reſteront attachés pendant toute la campagne audit équipage juſqu'à ce qu'il ſoit licencié.

XLVII. Les officiers du corps royal qui auront été tirés des directions pour être attachés à l'équipage, feront dans le lieu de l'aſſemblée le ſervice de la place, pendant tout le tems qu'ils y reſteront, en attendant le départ dudit équipage, Sa Majeſté n'en diſpenſant que ceux qui ſeront employés à la diviſion du parc, & ceux qu'Elle en a déja diſpenſés par l'article XVII.

XLVIII. Le major de la brigade du corps royal qui ſera employé à l'armée, ou le plus ancien en date de commiſſion de capitaine des majors des brigades qui pourront s'y trouver réunies, ſera tout-à-la-fois major de brigade & major dudit équipage; il jouira en conſéquence de toutes les prérogatives anciennement accordées aux majors de l'artillerie, particulierement de celle de pren-

dre chez le général de l'armée, du maréchal
de camp de jour , le mot & l'ordre qu'il
portera au commandant de l'équipage feulement.

XLIX. Il fera traité comme tous les autres majors de brigade d'infanterie.

L. Le commandant de l'équipage pro-
posera au secrétaire d'état ayant le département de la guerre , le nombre de capitaines
en second & lieutenans en premier, qu'il
jugera néceffaire pour servir d'aides audit
major, & lui indiquera en même tems ceux
qu'il croira les plus propres pour cette deftination.

LI. Ledit major formera un état des officiers tirés des directions & de tous les employés à la suite de l'équipage, pour en remettre le livret au commiffaire des guerres
& du corps royal, & s'employer à leur
procurer le payement de leurs appointemens & la fourniture de leur fubfiftance
près du tréforier & des munitionnaires.

LII. Il tiendra à cet effet des regiftres de
recette & de dépenfe pour chacun defdits
officiers & employés, ainfi que pour toutes
les diftributions, auxquelles il enverra un
de fes aides pour lui en rapporter les feuilles
& en former un état général pour toute la
campagne.

LIII. Il aura, conjointement avec le directeur du parc & le commiffaire des guerres & du corps royal, la police fur tous les
employés, teis que le garde-magafin du

parc, les conducteurs, ouvriers d'état, artificiers, charretiers, &c.

LIV. Il aura toujours un état de situation des pieces & munitions d'artillerie de toute espece qui seront à l'équipage, avec le nombre & la qualité des voitures, pour pouvoir en rendre compte en toute occasion au commandant dudit équipage, & répondre à toutes les questions qui pourroient lui être faites à ce sujet par le général de l'armée.

LV. Il accompagnera le commandant de l'équipage dans toutes ses tournées, pour recevoir & rendre ses ordres.

LVI. Le premier soin du commandant de l'équipage en arrivant au lieu de l'assemblée, sera de former le partage, tant des officiers que des différentes bouches à feu dudit équipage, en un nombre convenable de divisions, qui porteront ce nom dans la suite, au lieu de celui de brigades qu'elles portoient précédemment : il réunira chez lui pour cet effet les principaux officiers du corps royal qui se trouveront audit lieu d'assemblée; il arrangera avec eux lesdites divisions, & en dressera un état, qu'ils signeront & qui sera envoyé par le commandant de l'équipage au secrétaire d'état ayant le département de la guerre, pour être approuvé par le Roi; & en attendant l'approbation de Sa Majesté, on se conformera sans difficulté pour le service de l'équipage, à la disposition proposée.

LVII. Tous les officiers des compagnies

d'ouvriers seront toujours attachés à la division du parc ; & lorsqu'ils ne suffiront pas pour en remplir le service, le commandant de l'équipage leur adjoindra ceux qu'il jugera à propos de choisir, tant dans les brigades du corps royal que dans le nombre des officiers tirés des directions.

LVIII. Les officiers qui auront été affectés à une division de bouches à feu, y resteront, autant qu'il sera possible, pendant tout le cours de la campagne, pour qu'ils puissent donner une attention plus suivie à l'entretien des pieces dont elle sera composée.

LIX. Ils feront tous les jours une visite exacte desdites pieces, de leurs voitures & munitions, & fourniront au directeur du parc, ainsi qu'au major, l'état des réparations dont elles pourront avoir besoin. Ils verront dans les marches parquer tous les soirs leur division & auront soin qu'elle soit disposée suivant l'ordre de sa marche & dans l'emplacement qui aura été désigné par le directeur du parc.

LX. Les officiers généraux & les brigadiers du corps royal, qui seront pourvûs de lettres de service, feront une fois pendant la campagne, ainsi que les colonels & les lieutenans-colonels dudit corps, le service de l'armée, suivant leurs grades.

LXI. Les brigades du corps royal & leurs détachemens, ne pourront jamais être employés au service de la ligne ; elles contir

K v

nueront de camper, fuivant l'ufage ordinaire, au parc de l'artillerie.

LXII. On fe conformera pour les convois d'artillerie & leurs efcortes, à ce qui eft porté par les articles CCCXLIV. & CCCXLV. de l'ordonnance du 17 Février 1753, & par l'article LII. de celle du 24 Février 1757.

LXIII. L'équipage d'artillerie étant en marche, fera toujours précédé d'un détachement des compagnies d'ouvriers, pour ouvrir & préparer les chemins.

LXIV. Chaque divifion de bouches à feu fera particulierement accompagnée d'un peloton, compofé du nombre de fergens & de foldats néceffaire pour le fervice, lequel peloton fera alternativement commandé par la moitié des officiers attachés à ladite divifion, la totalité ne devant s'y trouver que dans le cas de détachemens ou d'affaires générales.

LXV. Il fera commandé tous les jours un lieutenant du corps royal, pour être envoyé près du général de l'armée, & y refter à portée de recevoir les ordres qu'il pourroit avoir à donner concernant le fervice de l'artillerie; cet officier fera relevé toutes les vingt-quatre heures.

LXVI. Le jour d'une bataille, le commandant de l'artillerie, après toutes les reconnoiffances relatives aux difpofitions & aux manœuvres de ladite artillerie, en rendra compte au général de l'armée, & fe

tiendra à portée de recevoir ses ordres &
d'en donner où il sera nécessaire ; il sera accompagné du major de l'équipage & de ses
aides.

LXVII. Il distribuera, d'après les ordres
du général, tous les officiers principaux de
l'équipage, dans les différentes positions où
ils auront été jugés nécessaires.

LXVIII. Quand le siége d'une place aura
été déterminé, le commandant de l'équipage, après avoir donné les ordres nécessaires pour les approvisionnemens de l'artillerie, reconnoîtra les lieux les plus avantageux pour l'établissement du parc & des dépôts généraux & particuliers, relativement
au front d'attaque, & il en rendra compte
au général de l'armée.

LXIX. La tranchée étant ouverte, il ira
tous les jours chez le général de l'armée
pour l'informer du progrès des travaux de
l'artillerie, lui proposer la construction des
batteries, suivant les positions qu'il aura re-
connues, & recevoir ses ordres en conséquence.

LXX. Les officiers généraux, brigadiers,
colonels & lieutenans-colonels employés
sous les ordres du commandant de l'équipage, à l'exception seulement du directeur
du parc, rouleront ensemble pour le service de la tranchée ; ils seront alternativement commandés pour visiter & faire exécuter les travaux ordonnés par ledit commandant, & pourvoiront à tout ce que des

circonstances imprévûes pourroient exiger. Ces officiers seront relevés toutes les vingt-quatre heures.

LXXI. Toutes les divisions seront commandées à leur tour pour la construction des batteries, selon le rang d'ancienneté de leurs chefs.

LXXII. La moitié de chaque division marchera à-la-fois pour la construction de la batterie dont elle sera chargée, & le chef de la division ne sera relevé que lorsque la batterie aura tiré. Alors le commandant de l'équipage reglera, selon le besoin, le nombre d'officiers qui devront s'y relever toutes les vingt-quatre heures.

LXXIII. Quelque nombre de batteries que puisse avoir à établir chaque division dans un même siége, la division du parc n'en fera qu'une seule, & prendra rang suivant la date du plus ancien des capitaines en premier qui entreront dans sa composition.

LXXIV. Lorsque les batteries auront besoin de communications avec la tranchée, ces communications seront dirigées par les officiers du corps royal employés auxdites batteries, & exécutées par les travailleurs de l'artillerie.

LXXV. Les détachemens des bataillons, adjoints pour le service de l'artillerie aux brigades du corps royal, seront, ainsi que ceux desdites brigades, commandés tous les jours par le major de l'équipage ; & lorsque ces troupes ne suffiront pas, il donnera au major général de l'armée, un état des travailleurs extraordinaires qu'il sera nécessaire de tirer de la ligne.

LXXVI. Le major de l'équipage tiendra un registre des travailleurs qu'il emploiera, en distinguant ceux que chaque troupe aura fourni, & la nature de l'ouvrage auquel ils auront été employés, afin de ne pas confondre la dépense des batteries avec d'autres objets.

LXXVII. Il tiendra note, dans le même registre, du jour de l'emplacement des batteries, du nombre & de la qualité des bouches à feu dont elles seront composées, de leur direction, du jour auquel elles auront commencé à tirer, & du jour auquel elles auront cessé.

LXXVIII. Il enverra tous les matins, pendant toute la durée du siége, un de ses aides à l'officier principal du corps royal qui sera de tranchée, pour visiter avec lui les batteries, prendre dans chacune l'état des détachemens & des munitions dont elle pourroit avoir besoin dans le cours de la journée, & le lui rapporter.

LXXIX. Les batteries seront relevées deux heures avant la nuit. Le premier soin des officiers arrivans, sera d'examiner les directions desdites batteries; ils prendront connoissance de tout ce qu'elles pourront exiger pendant la nuit, & les officiers relevés en apporteront un état au directeur du parc.

LXXX. Il fera commandé tous les jours un fergent avec trois ouvriers en bois & trois ouvriers en fer pour être envoyés à la tranchée ; ils vifiteront toutes les batteries, & y feront les réparations qui pourront s'exécuter fur les lieux. Cette efcouade fera relevée toutes les vingt-quatre heures.

LXXXI. Le commandant de l'équipage rendra compte journellement au fecrétaire d'état ayant le département de la guerre, du progrès de l'artillerie, & lui fera connoître par des plans, la pofition de toutes les batteries & les directions de leurs feux.

LXXXII. Quand la place fera fur le point de fe rendre, le commandant de l'équipage propofera au général de l'armée, les officiers du corps royal qui devront aller reconnoître & mettre en ordre les magafins, & tout ce qui concerne l'artillerie de la place.

LXXXIII. Lefdits officiers y feront inftallés par l'officier principal du corps royal qui fera détaché le jour de la reddition de la place ; & le commiffaire des guerres & du corps royal s'y trouvera en même tems.

LXXXIV. On procédera fur le champ, fuivant l'ufage ordinaire, à la reconnoiffance & à l'inventaire des effets & munitions d'artillerie qui feront dans la place ; & l'officier principal du corps royal, fous

les ordres duquel s'exécuteront tous les arrangemens relatifs, restera dans la place
jusqu'à la clôture de l'inventaire.

LXXXV. Aussi-tôt que le commandant
de l'équipage aura reçû ledit inventaire, il
en adressera copie au secrétaire d'état ayant
le département de la guerre.

LXXXVI. Veut au surplus Sa Majesté
que ses anciens reglemens concernant le service du corps royal, & les fonctions des
officiers chargés du commandement & des
différens détails des équipages d'artillerie,
continuent d'être exactement observés en
ce qui n'a rien de contraire à la présente.

Mande & ordonne Sa Majesté aux gouverneurs & ses lieutenans généraux, commandans en ses provinces & armées, aux
commandans particuliers de ses villes &
places, aux directeur général & inspecteurs
généraux du corps royal de l'artillerie, aux
chefs de brigades, colonels, lieutenans-
colonels dudit corps, & à tous autres ses
officiers qu'il appartiendra, de tenir la main
à l'exécution de la présente ordonnance,
& de s'y conformer sans difficulté. Fait à
Versailles, le deuxieme Avril mil sept cent
cinquante-neuf. *Signé*, LOUIS. *Et plus
bas*, LE MARÉCHAL DUC DE BELLE-ISLE.

TITRE XIII.

Concernant les Compagnies de Mineurs & de Sappeurs.

ARTICLE PREMIER.

SA Majesté ayant par l'article X. de son ordonnance du 5 Novembre 1758, retiré les compagnies de sappeurs des brigades du corps royal de l'artillerie, & déterminé, jusqu'à nouvel ordre seulement, la forme sous laquelle ces compagnies, ainsi que celles des mineurs, devroient être administrées ; Elle ordonne qu'à l'avenir & à dater du premier Avril de la présente année, les compagnies de sappeurs & les compagnies de mineurs cesseront d'être en aucune façon attachées au corps royal de l'artillerie : Entend & veut Sa Majesté, qu'elles soient desormais attachées au corps de ses ingénieurs.

II. Le Roi veut que d'après la publication de la présente ordonnance, & à compter du premier Avril de la présente année, les fonds qui ont été assignés pour la subsistance & la solde des officiers, sergens, caporaux, anspessades, haute-payes & soldats, tant des compagnies de sappeurs que de celles des mineurs, lesquels fonds ont fait jusqu'à présent partie de ceux destinés à la solde & à la subsistance des officiers & soldats du corps royal de l'artillerie, en soient distraits, pour être uniquement appliqués à la solde & subsistance des officiers, sergens, caporaux, anspessades, haute-payes & soldats desdites compagnies de sappeurs & de mineurs.

III. Entend au surplus Sa Majesté que les compagnies de sappeurs & de mineurs continuent de tenir rang dans son infanterie, immédiatement après le corps royal de l'artillerie.

IV. Chacune des six compagnies de sappeurs sera composée de trois sergens, trois caporaux, trois anspessades, cinquante sappeurs & un tambour, commandée par un capitaine avec un lieutenant; & payée par jour, sur le pied de six livres treize sols quatre deniers au capitaine, cinquante sols au lieutenant, vingt sols dix deniers à chaque sergent, quatorze sols huit deniers à chaque caporal, onze sols huit deniers à chaque anspessade, neuf sols huit deniers à chacun de onze des cinquante sappeurs, sept sols deux deniers à chacun des trente-neuf autres, & neuf sols huit deniers au tambour.

V. Les compagnies de sappeurs seront divisées par escouade de huit hommes chacune, y compris un caporal ou un anspessade; il y aura un sergent pour deux escouades.

VI. L'intention de Sa Majesté étant de pourvoir par la suite aux recrues qui seront nécessaires aux compagnies de sappeurs, pour les entretenir completes, les capitaines ne recevront plus de payes de gratification ; mais Sa Majesté se réserve de leur marquer sa satisfaction, par des gratifications proportionnées au soin qu'ils prendront pour la conservation de leurs soldats.

VII. Chacune des six compagnies de mineurs sera composée de quatre sergens, quatre caporaux, quatre anspessades, quarante-six mineurs ou apprentifs, & deux tambours, commandés par un capitaine, un capitaine en second, un lieutenant, deux lieutenans en second ; & payées par jour, à raison de six livres treize sols quatre deniers au capitaine, trois livres six sols huit deniers au capitaine en second, cinquante sols au lieutenant, quarante sols à chaque lieutenant en second, vingt sols dix deniers à chaque sergent, quatorze sols huit deniers à chaque caporal, onze sols huit deniers à chaque anspessade, dix sols huit deniers à chacun des vingt-quatre mineurs, sept sols deux deniers à chacun des vingt-deux apprentifs, & neuf sols huit deniers à chacun des tambours.

VIII. Le plus ancien capitaine des six compagnies de sappeurs commandera les six compagnies de sappeurs, & le plus ancien capitaine des compagnies de mineurs commandera également les six compagnies de mineurs : ils auront rang de lieutenant-colonel du jour qu'ils seront devenus les plus anciens capitaines, & jouiront, à commencer du même jour, de neuf livres six sols huit deniers d'appointemens par jour, tant comme commandans des six compagnies, que comme capitaine particulier d'une compagnie, nonobstant ce qui est prescrit par l'article XIII. de l'ordonnance du 5 Novembre 1758.

IX. Le capitaine commandant les compagnies de mineurs devant être chargé d'un détail & d'un service considérable, Sa Majesté entend qu'il soit mis à la premiere compagnie de mineurs un premier capitaine en second, pour veiller plus particulierement à la discipline de ladite compagnie, aux appointemens de cinq livres par jour; ce premier capitaine en second devant toujours être attaché à la compagnie commandante.

X. L'intention de Sa Majesté est qu'il soit mis un major & un aide-major à chacun des deux corps de sappeurs & de mineurs, qui seront payés à raison de huit livres six sols huit deniers à chaque major, & de six livres aussi par jour à chaque aide-major.

XI. L'uniforme des sappeurs & des mineurs sera le même que celui qui a été reglé pour les ingénieurs.

XII. Les compagnies de sappeurs & de mineurs destinées à servir aux armées, marcheront entre l'avant-garde & la tête de l'armée; leurs équipages marcheront à la suite de ceux du quartier général.

XIII. Elles camperont le plus à portée qu'il sera possible du quartier général ou de celui du corps des ingénieurs, lorsque les circonstances empêcheront les officiers de ce corps d'être logés au quartier général.

XIV. Les compagnies de sappeurs & de mineurs ne rouleront ensemble que pour fournir la garde du commandant des ingénieurs, & celle qui sera nécessaire à leur police particuliere : elles ne pourront être commandées pour aucun autre service, l'intention de Sa Majesté étant qu'elles ne soient jamais distraites de leurs opérations particulieres.

XV. Lorsqu'il sera détaché quelques sappeurs ou quelques mineurs d'une ou de plusieurs compagnies, il marchera toujours un lieutenant de chaque troupe avec le détachement s'il n'excede pas vingt hommes, & un capitaine avec un ou deux lieutenans si le détachement est plus fort.

XVI. Les compagnies de sappeurs & de mineurs qui serviront aux armées, y exécuteront tout ce qui leur sera ordonné par le commandant des ingénieurs.

XVII. Le commandant des ingénieurs emploiera les sappeurs & les mineurs, lorsque le service de l'armée le permettra, à tous les ouvrages nécessaires à leur instruction, pour les opérations de pratique, relatives à leurs différens services. Il sera fourni pour cet effet des outils, & les bois pour fascines, gabions, claies, blindes, chassis,

&c. on leur assignera un terrein particulier ; la dépense en sera payée sur les ordres du général de l'armée.

XVIII. Les compagnies de sappeurs qui ne seront pas employées aux armées, seront en garnison à Mezieres, & s'y instruiront de tous les ouvrages relatifs aux sappes, suivant ce qui leur sera prescrit par le directeur des fortifications, qui commande en même tems les écoles de théorie & de pratique du génie ; elles n'y monteront que la garde nécessaire à leur police particuliere.

XIX. Les compagnies de mineurs qui ne seront point employées aux armées, seront en garnison à Verdun, & s'y instruiront de tous les ouvrages relatifs aux mines, suivant ce qui leur sera prescrit par l'officier que Sa Majesté jugera à propos de nommer pour y veiller ; & elles n'y monteront que la garde nécessaire à leur police particuliere.

XX. Les sappeurs & les mineurs qui seront employés aux travaux de la fortification dans les différentes places, y exécuteront tout ce qui leur sera prescrit, relativement à ces travaux, par les ingénieurs qui en auront la conduite.

XXI. Les compagnies de sappeurs & de mineurs auront dans leurs garnisons un quartier séparé, soit qu'il y ait des casernes, soit qu'elles logent chez les bourgeois,

Louis XV. 10 *Mars* 1759.

TITRE XIV.

Concernant le Service des Colonels du Corps Royal de l'Artillerie & du Génie.

ARTICLE PREMIER.

SA Majefté reconnoiffant de plus en plus la néceffité de fixer les officiers du corps royal de l'artillerie & du corps du génie, au fervice qui eft propre à chacun de ces corps, & qui par l'étendue & l'importance des objets qu'il embraffe, ne fauroit être trop pratiqué pour être bien rempli ; Elle a reglé que les officiers de ces corps qui ont le rang de colonel, ou qu'Elle entretient en qualité de colonels réformés, même ceux qui font brigadiers & n'auroient point de lettres de fervice, les chefs & les colonels des brigades du corps royal de l'artillerie, à l'exception de ceux qui fe trouveront dans le cas de l'article qui fuit, ne feront aucun autre fervice que celui des emplois qui leur font confiés dans lefdits corps, & qu'ils ne pourront être détachés en leur qualité de colonel pour quelque caufe & fous quelque prétexte que ce foit, Sa Majefté les affurant au furplus, que quoique reftreints aux fonctions de leurs emplois, ils ne feront pas moins fufceptibles des graces qu'Elle a bien voulu jufqu'à préfent accorder à ceux qui s'y font diftingués par leur application & leurs talens.

II. Veut cependant Sa Majesté, que les deux plus anciens colonels du corps de l'artillerie, & le plus ancien colonel du corps du génie, dans chacune des armées qu'Elle aura sur pied, puissent être détachés une fois pendant le cours de la campagne en leur qualité de colonel, & qu'ils en fassent le service après tous les colonels en pied d'infanterie, & concurremment avec les colonels par commissions ; savoir, les deux du corps royal de l'artillerie, suivant le rang de ce corps dans l'infanterie ; & le colonel du corps du génie, suivant le rang du régiment auquel il se trouvera attaché par sa commission de colonel. *Louis XV. du 22 Mai 1759.*

TITRE XV.

Concernant les Ingénieurs.

ORDONNANCE DU ROI,

Sur le service & le rang des Ingénieurs ; du 7 Février 1744.

SA Majesté voulant rendre le corps des ingénieurs de plus en plus utile à son service, lui donner des marques de sa satisfaction, & régler le rang que tiendront à l'avenir lesdits ingénieurs entr'eux, & avec les officiers de ses troupes, tant en campagne que dans les places, Elle a ordonné & ordonne ce qui suit.

Article Premier.

Le corps du génie fera compofé à l'avenir de trois cens ingénieurs, qui feront diftribués dans les provinces & places du royaume, conformément à l'état qui en fera arrêté tous les ans par le fecrétaire d'état ayant le département de la guerre.

II. Tout ingénieur prendra rang de lieutenant réformé d'infanterie, du jour de la date de fon brevet d'ingénieur, en conféquence duquel il fera reconnu en ladite qualité de lieutenant réformé par tous les officiers, gendarmes, maréchaux-des-logis, fergens, cavaliers, dragons & foldats des troupes de Sa Majefté.

III. Sa Majefté defirant honorer le corps des ingénieurs de tous les grades militaires qui peuvent les mettre en état de prendre rang avec les officiers de fes troupes, Elle a réfolu de donner des commiffions de colonel réformé & de lieutenant-colonel réformé, à ceux qui par leur application, & principalement par leurs fervices de guerre, auront mérité fes graces ; & Elle veut qu'en conféquence defdites commiffions ceux des ingénieurs qui en feront pourvus, prennent rang entr'eux dans les armées où ils feront employés, & qu'ils commandent à tous les ingénieurs qui leur feront inférieurs en grade.

IV. N'entend néanmoins Sa Majefté que les ingénieurs, qui par la fuite obtiendront des

des commiſſions de colonel & de lieutenant-colonel, puiſſent en vertu deſdites
commiſſions, prétendre aucun commandement ſur les troupes, dans les détachemens
ou poſtes où ils ſe trouveront commandés,
à moins d'un ordre exprès du Roi ou du
général à ce ſujet : l'intention de Sa Majeſté
étant qu'ils ſoient commandés de piquet
une fois ſeulement à l'entrée & une fois à
la fin de la campagne.

V. A l'égard des ingénieurs qui ſeront
pourvus de commiſſions de capitaines, &
de ceux qui n'auront que le rang de lieutenant, Sa Majeſté deſire qu'ils continuent de
prendre rang & de faire le ſervice entr'eux
ſuivant l'uſage établi ci-devant dans le
corps.

VI. L'ingénieur qui aura été nommé par
Sa Majeſté pour commander les brigades
deſtinées à ſervir en campagne, rendra
compte directement au général de l'armée,
de ce qui concernera le ſervice deſdites brigades ; &, à ſon défaut, celui des brigadiers qui ſera ſupérieur en grade, fera les
mêmes fonctions.

VII. Il ſera auſſi nommé par Sa Majeſté
un ingénieur, non compris dans le nombre
de ceux des brigades, pour faire les fonctions de major du corps dans les armées
où Sa Majeſté fera ſervir au moins deux
brigades d'ingénieurs. Ce major ſe trouvera
tous les jours à l'ordre chez le major général de l'infanterie, le portera à ſon com-

mandant, recevra les fiens en conféquence, & les fera paffer aux brigadiers par un ingénieur de chaque brigade, qui viendra les prendre chez lui. Il aura foin de vifiter chaque jour les ouvrages que les ingénieurs feront exécuter, pour en rendre compte à fon commandant ; il ira tous les jours de marche au campement avec le major général de l'infanterie ; il fera & arrêtera les décomptes des ingénieurs avec le tréforier & le munitionnaire, & il les commandera à l'ordre pour le fervice.

VIII. Il fera donné à l'avenir une garde de dix hommes & un fergent, au commandant des ingénieurs, bien entendu que s'il eft officier général, il en aura une felon fon grade.

IX. Le commandant des ingénieurs aura toujours fon logement à l'armée au quartier général, ou le plus près que faire fe pourra, ainfi que les autres ingénieurs qui feront fous fes ordres.

X. Tous les jours que l'armée marchera pendant le cours de la campagne, il fera commandé un ou deux ingénieurs pour accompagner le maréchal-de-camp de jour au campement, exécuter fes ordres, prendre une connoiffance exacte de la fituation du camp, & reconnoître les ouvrages & retranchemens dont il feroit fufceptible.

XI. Défend Sa Majefté à tous ingénieurs fervant dans fes armées, de donner ou envoyer aucuns plans des ouvrages qu'ils exé-

cuteront, qu'au général, & au secrétaire
d'état ayant le département de la guerre.

XII. Défend pareillement Sa Majesté à
tous brigadiers, sous-brigadiers & autres
ingénieurs, de quitter à l'armée leur brigade sans la permission de leur commandant
& du général de l'armée.

XIII. Le jour d'une affaire générale, le
commandant des ingénieurs, le major & un
ingénieur d'ordonnance se tiendront près
du général, qui leur donnera ses ordres
pour la distribution & l'emploi des autres
ingénieurs.

XIV. Lorsqu'il sera question de former
un siége, il sera nommé par Sa Majesté un
ingénieur pour commander les brigades &
diriger les opérations du siége; il rendra
compte directement au général de l'armée,
& prendra ses ordres pour tout ce qui regardera les ingénieurs destinés au siége, &
le service de la tranchée, dont il enverra
tous les jours un plan au secrétaire d'état
ayant le département de la guerre, où seront marqués les progrès & les nouveaux
ouvrages.

XV. Il sera aussi nommé par Sa Majesté
un ingénieur pour être chargé du détail de
la tranchée, qui ne sera attaché à aucune
des brigades; il ira tous les jours la visiter
soir & matin; il rendra compte au commandant de l'état où il l'aura trouvée, &
il recevra ses ordres pour le nombre de
travailleurs qu'il demandera au major gé-

néral de l'infanterie, pour l'efpece & la quantité de matériaux néceſſaires pour le ſervice de ... tranchée, & pour le paye-ment des ſappeurs & des mineurs, dont il tiendra un état exact & détaillé jour par jour, qu'il remettra à la fin du ſiége au com-mandant des ingénieurs.

XVI. Le major des ingénieurs ira tous les jours porter l'ordre lui-même aux bri-gadiers de tranchée.

XVII. Lors de l'inveſtiture de la place le commandant des ingénieurs demandera au major général de l'infanterie, deux ſer-gens pour lui, un pour l'ingénieur chargé du détail de la tranchée, & deux pour cha-que brigade d'ingénieurs : ces ſergens ſeront choiſis entre les plus intelligens ; ils ne fe-ront point de ſervice à leur corps, & ils reſteront aux ordres des ingénieurs pendant tout le ſiége.

XVIII. Tous les ingénieurs ſeront logés le plus près de la queue de la tranchée, que faire ſe pourra.

XIX. Les ſappeurs & mineurs, & les travailleurs de jour & de nuit, ne pour-ront être payés que ſur le certificat des in-génieurs qui les auront employés, lequel ſera viſé par l'officier général commandant la tranchée, & le prix de leur travail ſera reglé par le général de l'armée, ſur le comp-te que lui en rendra le commandant des in-génieurs.

XX. Les claies & gabions qui ſeront fourhis à la queue de la tranchée, ne pourront être payés que fur le certificat de l'ingénieur qui les aura reçus.

XXI. Les ingénieurs feront tenus, toutes les fois qu'ils feront des logemens & des débouchés pour les fappes, & qu'ils traceront les tranchées fous le feu de l'ennemi, de s'armer de leur pot-en-tête & de leur cuiraffe, fous peine aux contrevenans d'être renvoyés fur le champ au lieu de leur réfidence.

XXII. Les officiers qui voudront fervir en qualité d'ingénieurs volontaires, en la place de ceux qui auront été tués ou bleffés, ne pourront être reçus qu'avec l'agrément du commandant du corps, & après en avoir obtenu la permiffion du colonel ou commandant du régiment dans lequel ils ferviront, & ils feront payés comme ingénieurs ordinaires.

XXIII. Auffi-tôt que la place affiégée aura capitulé, le commandant des ingénieurs prendra l'ordre du général, pour y envoyer un ingénieur des plus intelligens, qui prendra connoiffance des mines, galeries, foûterrains & poternes de communication, & fera un état de tout ce qui peut concerner les fortifications.

XXIV. Ledit commandant propofera au général les ingénieurs qu'il croira les plus utiles, pour entrer dans la place en même tems que les troupes, & y réfider jufqu'à ce que le Roi y ait pourvu.

XXV. Il recevra en même tems les ordres du général fur tout ce qui concerne la fortification de la place, & les fera exécuter, en en donnant avis fur le champ au fecrétaire d'état ayant le département de la guerre.

XXVI. Lorfqu'une place fera affiégée, le commandement entre les ingénieurs qui s'y trouveront, fera déféré à celui qui fera le premier en grade, foit qu'il ait fa réfidence ordinaire dans la place, ou qu'il y ait été envoyé, & l'ingénieur en chef reftera cependant toujours chargé du détail de la place.

XXVII. Si un brigadier vient à être tué ou bleffé pendant un fiége, le fous-brigadier commandera la brigade, à moins que le général de l'armée du fiége, ou le commandant de la place affiégée n'en ordonne autrement.

XXVIII. Veut Sa Majefté que les directeurs, & fous eux les ingénieurs en chef, continuent de commander à tous les ingénieurs employés dans leurs départemens & dans leurs places, conformément à l'ufage anciennement obfervé entr'eux, nonobftant ce qui eft porté par les articles III. & XXVI. de la préfente ordonnance, concernant le rang que les ingénieurs doivent prendre, fuivant leurs grades, pour le fervice des armées feulement, & la défenfe des places affiégées.

XXIX. Le directeur des fortifications d'une province tiendra un état exact de tous

les papiers, plans & mémoires concernant
la province & les places de son département, dont il demeurera chargé ; il aura
soin d'y joindre ceux qui seront importans
au service du Roi ; il en fera tous les ans
l'inventaire, & en enverra une copie au secrétaire d'état ayant le département de la
guerre, qui jugera de son attention & de
son zele par les additions qui auront été
faites.

XXX. Il fera par an au moins deux visites des places de sa direction, la premiere
au printems, pour l'établissement des ouvrages ordonnés, & la seconde en automne, pour en voir l'exécution, arrêter &
viser les toisés, & faire de concert avec l'ingénieur en chef, les projets & estimations,
plans & profils des ouvrages à faire l'année
suivante, qu'il enverra au secrétaire d'état
ayant le département de la guerre.

XXXI. Il se fera représenter tous les
plans, profils, projets, mémoires & papiers qui concernent la fortification de chaque place & les bâtimens du Roi ; il vérifiera si le nombre & l'espece sont conformes
à l'inventaire qui sera signé par l'ingénieur
en chef, & qu'il visera à chacune de ses visites, en y faisant mention de ce qui aura
été ajoûté ; il en fera de même pour tous les
effets appartenans au Roi, qui regardent la
fortification, dont l'ingénieur en chef lui
remettra un état relatif à son inventaire, où
il sera fait mention de tous les matériaux

L iiij

consommés ou employés par ordre, & de tous les nouveaux qui auront été remis en magasin depuis sa derniere visite, & il rendra compte du tout au secrétaire d'état ayant le département de la guerre.

XXXII. Lorsqu'il aura reçu l'état des ouvrages ordonnés par le Roi pour l'année suivante, il en enverra copie collationnée par lui, aux ingénieurs en chef des places de sa direction, pour en dresser ou faire dresser les devis & conditions conformément à chacun des articles portés dans l'état ; & lorsque les devis seront faits, il les enverra au secrétaire d'état ayant le département de la guerre, qui donnera les ordres nécessaires à l'intendant de la province pour en passer les marchés.

XXXIII. Il se fera rendre compte à la fin de chaque année par les ingénieurs en chef, des mœurs & de la capacité des ingénieurs ordinaires employés sous leurs ordres, pour en informer le secrétaire d'état ayant le département de la guerre; observant de spécifier leurs différens talens, & les parties auxquelles ils seront les plus propres.

XXXIV. Il aura une particuliere attention à prendre une connoissance très-exacte de toute l'étendue de son département, à se mettre au fait des communications, passages de montagnes, chemins, rivieres, & enfin de tout ce qui peut être important pour la guerre de campagne & la défense de la frontiere, & à en envoyer des mémoires au secrétaire d'état ayant le département de la guerre.

XXXV. Lorsqu'il jugera à propos de faire passer un ingénieur ordinaire d'une place à une autre de sa direction, à l'occasion d'un travail pressé, Sa Majesté l'y autorise, à condition d'en donner avis sur le champ au secrétaire d'état ayant le département de la guerre.

XXXVI. L'ingénieur en chef d'une place sera chargé & aura en garde tous les plans, profils, projets, mémoires & papiers concernant la fortification & les bâtimens de cette place appartenans au Roi, & il aura soin de joindre à ce dépôt toutes les pieces instructives, tant pour l'attaque & la défense de ladite place, que pour la construction des ouvrages.

XXXVII. Il aura un registre dans lequel toutes les pieces ci-dessus énoncées seront inventoriées, & il y ajoûtera chaque année les nouvelles qui seront utiles à conserver; il en fera de même pour tous les effets appartenans au Roi, comme bois de charpente, vieux bois, palissades, barrieres, liteaux, vieux fers, & généralement tous matériaux utiles à la fortification : lorsqu'il s'en fera quelque consommation, elle sera aussi-tôt enregistrée, désignant la quantité, la qualité & le lieu où ils auront été employés; il y sera fait mention de même de tous les nouveaux qui auront été remis en magasin.

L v.

Ces inventaires feront fignés par l'ingénieur
en chef, & vifés par le directeur, lors de fa
vifite, & il lui en fera remis une copie tous
les ans, pour l'envoyer au fecrétaire d'état
ayant le département de la guerre.

XXXVIII. L'ingénieur en chef fera tous
les trois mois une vifite exacte de tous les
bâtimens royaux, corps-de-garde, ponts,
éclufes, portes, barrieres d'entrées de place,
& généralement de tous les ouvrages de la
fortification de fa place ; il dreffera un mémoire abregé de leur état actuel, dont il en
enverra une copie au directeur & une au
fecrétaire d'état ayant le département de la
guerre.

XXXIX. Il aura foin d'avoir un grand
plan nommé *directeur ;* & s'il n'en a point,
d'en lever ou faire lever un fur une échelle
de quatre pouces pour cent toifes, où toutes
les parties de la place généralement feront
marquées avec la plus grande précifion &
dans le plus grand détail, ainfi que les bâtimens royaux ; obfervant de diftinguer
dans la légende ceux qui font entretenus fur
le fonds des fortifications, de ceux qui font
à la charge de l'artillerie, ou de l'extraordinaire des guerres ou de la ville même : ce
plan fera collé fur une table, & figné par
le directeur ; il fervira pour tous les projets
de la place, & ne pourra être tranfporté
hors de la maifon de l'ingénieur en chef.

XL. Il aura encore ou fera lever un plan
exact de la place, où feront marqués les en-

virons de tous côtés , jusqu'à la distance
d'une lieue au moins, en y spécifiant les
fossés, ravins, monticules, rideaux, bois,
haies, maisons, ruisseaux, étangs, flaques
d'eau, & autres particularités : ce plan sera
levé sur une échelle d'un pouce pour cent
toises.

XLI. Il aura une grande attention à prendre une connoissance parfaite des écluses &
de la manœuvre des eaux, s'il y en a dans
sa place, observant de se mettre bien au
fait de tous les différens moyens par lesquels
on pourroit les saigner, les détourner & les
augmenter.

XLII. Il veillera avec la derniere exactitude à la bonne construction des ouvrages
ordonnés , dont il rendra compte tous les
quinze jours au secrétaire d'état ayant le
département de la guerre, par un état apostillé, ainsi qu'au directeur ; observant de
n'y faire aucun changement, & de ne point
porter un fonds en tout ni en partie d'un
article à l'autre, sans un ordre supérieur.

XLIII. Lorsque les ouvrages seront achevés, il fera en présence de l'entrepreneur &
assisté par tous les ingénieurs ordinaires de
la place, le toisé général & définitif, qu'ils
signeront tous, & dont il sera fait un extrait sur le champ, pour former l'état apostillé définitif qu'il enverra au directeur &
au secrétaire d'état ayant le département de
la guerre.

XLIV. Il aura un grand livre in-folio,

lequel fera coté & paraphé par lui à toutes les pages, dont le nombre fera certifié & vifé par le directeur; il aura foin d'y enregiftrer tous les plans & profils relatifs aux toifés & attachemens généraux de toute efpece d'ouvrages, qui y feront infcrits au même inftant qu'ils feront pris, & fignés par l'ingénieur chargé de la conduite de l'ouvrage, & par l'entrepreneur.

XLV. Lorfqu'il y aura quelqu'ouvrage à tracer, il s'y fera aider & accompagner par les ingénieurs ordinaires, auxquels il expliquera les raifons de la conftruction des ouvrages, leur utilité pour la défenfe, ainfi que les différentes opérations dans la conftruction, en délivrant à ceux qui en feront chargés, les plans, profils & devis qui leur feront néceffaires.

XLVI. Il fera obferver une exacte fubordination entre les ingénieurs ordinaires; & à la fin de chaque année il informera le directeur avec la vérité la plus fcrupuleufe, des mœurs, talens & application de ceux qui auront fervi fous fes ordres.

XLVII. Il ne pourra faire conftruire aucune piece de fortification, ni ouvrir la place, fans en avoir auparavant informé le commandant de ladite place.

XLVIII. En l'abfence de l'ingénieur en chef, le plus ancien des ingénieurs ordinaires commandera, & fera chargé des papiers & du détail de la place.

XLIX. Chaque ingénieur ordinaire rendra compte à l'ingénieur en chef, du travail dont il sera chargé, & recevra ses ordres pour les faire exécuter.

L. Il aura une copie du plan de la place sur un pouce pour cent toises, où seront indiquées toutes les pieces de la fortification & tous les bâtimens appartenans au Roi, distingués comme il est expliqué à l'article XXXIX.

LI. Tous les ingénieurs ordinaires auront chacun un regiftre, à la tête duquel fera copié l'état des ouvrages ordonnés par le Roi pour l'année courante, auquel feront joints les plans & profils, les devis, conditions & marchés defdits ouvrages, afin qu'ils puissent porter tous leurs soins pour une bonne & solide construction de ceux dont ils feront chargés par l'ingénieur en chef.

LII. Ils feront eux-mêmes tous les toisés, prendront tous les attachemens des ouvrages dont ils feront chargés, de quelque espece qu'ils soient; ils les enregistreront aussitôt sur l'attelier même, dans le petit livret à ce destiné, les signeront & feront signer par l'entrepreneur, pour servir par la suite à dresser le toisé général, & les accompagneront à la marge, des plans, profils & développemens nécessaires pour l'intelligence parfaite desdits attachemens, dont ils rendront compte immédiatement après à l'ingénieur en chef, pour être mis sans délai sur son regiftre, & signés par l'un & l'autre & par l'entrepreneur.

LIII. Ils veilleront exactement au travail dont ils feront chargés, & ne laifferont employer aucuns matériaux, fans les avoir auparavant examinés & trouvés conformes aux conditions du marché.

LIV. Ils feront les deffeins & mémoires des ouvrages projettés pour l'année fuivante, conformément à ce qui leur fera ordonné par l'ingénieur en chef : & pour parvenir à en faire une jufte eftimation, ils auront tous une grande attention à fe mettre parfaitement au fait de la diftance d'où l'on tire les matériaux, de leur qualité & valeur fur les lieux, du prix du tranfport à pied d'œuvre, & de ce qu'il en coûte pour la façon.

LV. A l'arrivée d'une troupe dans la place, un ingénieur ordinaire fera, conjointement avec un officier major de la place & un de la troupe, la vifite des cafernes & uftenfiles appartenans au Roi, qui feront remis à ladite troupe. Il fera fait un inventaire de leur état actuel, dont chacun gardera une copie fignée de ces trois officiers : la même vifite fera faite au départ de la troupe ; & s'il fe trouve quelque dégradadation de la part des troupes, l'ingénieur ordinaire en rendra compte à l'ingénieur en chef, qui en donnera un état eftimatif figné de lui, à l'intendant de la province, & en fon abfence, au commiffaire des guerres chargé de ladite troupe, pour en ordonner la retenue.

LVI. Un ingénieur ordinaire fera pareillement tous les mois, avec un officier major de la place, une visite exacte de tous les bâtimens entretenus sur le fonds des fortifications, des corps-de-garde & des guérites, pour dresser l'état des réparations à y faire, observant ce qui devra être à la charge des troupes; & il en rendra compte à l'ingénieur en chef, qui lui donnera ses ordres pour les réparations nécessaires, qu'il aura soin de faire exécuter & d'enregistrer.

LVII. Les ingénieurs ordinaires feront deux fois pendant l'année, & dans le tems prescrit par l'ingénieur en chef, la visite de tous les ouvrages de la fortification, chacun dans la partie dont il sera chargé; ils formeront en conséquence un mémoire de leur état actuel, en y spécifiant les réparations indispensables & pressantes, & celles qui peuvent se retarder, avec une estimation détaillée de la dépense à y faire, commençant de préférence par les portes, ponts, barrieres d'entrées des places, & autres parties de nécessité absolue.

LVIII. Nul ingénieur ordinaire ne pourra s'absenter du lieu de sa résidence, sous quelque prétexte que ce puisse être, sans la permission de son chef & du directeur de la province, qui ne la lui pourront donner que pour quinze jours au plus, & en en donnant avis sur le champ au secrétaire d'état ayant le département de la guerre.

LIX. A l'égard des commandans des places,

les ingénieurs qui auront à s'absenter se conformeront à ce qui est porté par l'art. XIV. de l'ordonnance du premier Août 1733.

LX. Sa Majesté fait défenses à tous ingénieurs, de laisser lever par qui que ce soit, les plans des places du royaume où ils font leur résidence, ni de laisser prendre des copies de ceux dont ils font dépositaires, à moins d'une permission expresse de Sa Majesté, sous peine d'être cassés, & même de plus grande peine, suivant l'exigence du cas.

LXI. Tout entrepreneur & dessinateur, soit de directeurs ou d'ingénieurs, qui communiquera des plans ou des mémoires concernant la fortification, sans la permission par écrit de celui qui l'aura employé, sera puni très-sévèrement, & même de mort, selon la circonstance du délit.

LXII. Aucune personne, de quelque qualité & condition qu'elle soit, ne pourra faire transporter des décombres ailleurs que dans les lieux indiqués par l'ingénieur en chef de la place.

LXIII. Tout directeur, ingénieur en chef ou ordinaire, qui quittera le lieu de sa résidence, soit pour en échanger ou pour s'absenter seulement, sera tenu de remettre tous les plans & papiers concernant les fortifications de sa direction, ou de la place, à celui qui devra le relever, & en son absence, à l'ingénieur principal résidant dans la même place que lui.

LXIV. Ordonne Sa Majesté aux majors
& aide-majors de ses places, à qui les papiers
concernant les fortifications doivent être
remis après la mort d'un ingénieur, en conséquence de l'article II. de sa déclaration du
3 Février 1731, de les remettre aussi-tôt par
inventaire (dont il sera envoyé une copie au
secrétaire d'état ayant le département de la
guerre) entre les mains de l'ingénieur principal résidant dans la place, lequel sera tenu
pour cet effet, d'être présent à l'apposition
& à la levée du scellé ; & s'il n'y avoit point
d'ingénieur dans la place, le major fera
mettre lesdits papiers dans un lieu particulier, & il y fera réapposer le scellé, la levée
duquel ne se fera qu'en la présence du directeur ou de l'ingénieur envoyé par lui pour
les retirer.

LXV. Enjoint Sa Majesté à tous les ingénieurs, de tenir la main à ce que les bâtimens du Roi ne soient point employés à
d'autres usages qu'à ceux de leur destination ; qu'il n'y soit logé personne que ses
troupes & ceux qui en auront le droit ; &
qu'il ne soit mis dans les magasins & greniers desdits bâtimens, ainsi que dans les
poternes & soûterreins, que les effets appartenans au Roi, à-moins d'un ordre exprès de Sa Majesté.

LXVI. Sa Majesté leur enjoint pareillement de ne point souffrir qu'il soit fait aucun chemin, levée, ni chaussée, ni creusé
aucun fossé à cinq cens toises près d'une

place de guerre, fans que l'alignement en ait été auparavant concerté avec l'ingénieur en chef de ladite place.

LXVII. Veut au furplus Sa Majefté que les ordonnances qu'Elle a précédemment rendues fur le fait des fortifications, foient exécutées en tout ce qui n'eft pas contraire à la préfente.

Mande & ordonne Sa Majefté à fes lieutenans généraux commandant en chef fes armées, à tous directeurs & ingénieurs employés dans fefdites armées ou dans fes places, & à tous autres fes officiers & fujets, de fe conformer, chacun en ce qui le concerne, à ce qui eft porté par la préfente. Fait à Verfailles, le fept Février mil fept cent quarante-quatre. *Signé*, LOUIS. *Et plus bas*, M. P. DE VOYER D'ARGENSON.

ORDONNANCE DU ROI,

Concernant le corps du Génie;

Du 10 Mars 1759.

SA Majefté ayant rétabli le corps de fes ingénieurs dans fon premier état, par fon ordonnance du 5 Mai 1758; & voulant le rendre de plus en plus utile à fon fervice, Elle a jugé à-propos, après lui avoir fixé un traitement capable d'y foûtenir l'émulation, de régler d'une maniere précife & ftable leur fervice, tant à la guerre que dans les places; & en conféquence Elle a ordonné & ordonne ce qui fuit:

ARTICLE PREMIER.

Le corps du génie sera composé, ainsi qu'il l'a été depuis l'ordonnance du 7 Février 1744, de trois cens officiers, sous la dénomination d'ingénieurs ordinaires du Roi, qui leur sera uniquement affectée à l'exclusion de tous autres ; lesquels ingénieurs seront distribués dans les provinces & places du royaume, conformément à l'état qui en sera arrêté tous les ans par le secrétaire d'état ayant le département de la guerre.

II. Le nombre de trois cens ingénieurs ordinaires du Roi, sera composé de vingt directeurs des fortifications, pour autant de départemens de provinces, quatre-vingt-dix ingénieurs en chef, & cent quatre-vingt-dix ingénieurs ordinaires ; & attendu que le nombre des départemens de directeurs est actuellement de vingt-deux, Sa Majesté trouve bon de laisser subsister les deux directions surnuméraires, jusqu'à ce qu'elles deviennent vacantes, pour être alors réunies à d'autres.

III. Aucun sujet ne pourra être admis dans le corps des ingénieurs ordinaires du Roi, s'il n'est parfaitement instruit dans l'arithmétique, les élémens de géométrie, & les principes fondamentaux de la méchanique statique & de l'hydraulique, & qu'il n'ait en conséquence subi l'examen nécessaire & prescrit par les réglemens précédens, & notamment par celui du 8 Avril 1756, devant l'examinateur nommé par Sa Majesté.

IV. Les sujets ainsi préparés & reconnus capables, seront admis à l'école de Mezieres, lorsqu'il y aura place.

V. Le nombre des éleves de l'école de Mezieres n'excédera pas celui de trente.

VI. Ceux qui seront admis à cette école auront le rang de lieutenant en second, avec sept cens vingt livres d'appointemens par an.

VII. Le commandant en chef de cette école sera en même tems directeur des fortifications des places du département de la Meuze, & aura sous lui un commandant en second.

VIII. Les éleves resteront à l'école de Mezieres pendant deux ans, au bout duquel tems, s'ils ont été reconnus assez instruits pour entrer dans le corps du génie, ils y seront admis.

IX. Tout ingénieur prendra rang de lieutenant réformé d'infanterie, du jour de la date de son brevet d'ingénieur, en conséquence duquel il sera reconnu en ladite qualité, par tous les officiers, gendarmes, maréchaux-des-logis, sergens, cavaliers, dragons & soldats des troupes de Sa Majesté.

X. Le Roi ayant résolu de continuer d'accorder au corps de ses ingénieurs des commissions de colonels, de lieutenans-colonels & de capitaines réformés à la suite de son infanterie, Sa Majesté a décidé que ces commissions seront accordées de préférence aux fervices de guerre, fon intention étant que la commiffion de capitaine foit la récompenfe des fervices rendus dans ce corps en qualité de lieutenant ; & que pour obtenir les commiffions de lieutenant-colonel & de colonel, le nombre des fervices de guerre foit préféré à toute autre confidération.

XI. Les appointemens particuliers qui ont toûjours été attachés à ces commiffions de colonel, de lieutenant-colonel & de capitaine réformé, continueront d'être payés fur le même pied qu'ils l'ont été jufqu'à-préfent.

Service dans les armées.

XII. L'ingénieur fupérieur en grade commandera à tous les ingénieurs d'un grade inférieur ; & dans le cas où à la même armée il fe rencontreroit plufieurs ingénieurs pourvûs du même grade, celui qui aura acquis le plus grand nombre de fervices de guerre, depuis fon entrée dans le corps du génie, commandera aux autres ; & s'il arrivoit qu'ils fuffent du même grade & qu'ils euffent le même nombre de fervices de guerre, alors la date de leur commiffion établira la préférence. Il en fera ufé de même de leur ancienneté dans le corps, qui pourra être rappellée, toutes chofes d'ailleurs étant égales ; & pour établir la jufte valeur des fervices que ces officiers auront à produire dans chaque grade, Sa Majefté veut que les fiéges tiennent le premier rang

& donnent la préférence en comptant par le nombre de tranchées qu'ils y auront monté, enfuite les batailles dont une fera équivalente à deux tranchées de fiéges; en troifieme lieu les expéditions expofées au feu de l'ennemi, dont une vaudra une tranchée, les fimples campagnes à la fuite de l'armée, & enfin l'ancienneté dans le corps.

XIII. Un ingénieur bleffé à un fiége, de façon à être hors d'état de continuer d'y être employé, comptera au nombre de fes fervices la même quantité de tranchées que les ingénieurs de fa brigade y auront monté.

XIV. Les ingénieurs, quel que foit leur grade, ne pourront prétendre aucun commandement fur les troupes, dans les détachemens ou poftes où ils fe trouveront, à moins d'un ordre exprès du Roi ou du général ; voulant néanmoins Sa Majefté que ceux qui auront le grade de colonel ou de lieutenant-colonel puiffent être commandés une fois feulement en cette qualité pendant le cours de chaque campagne.

XV. Lorfqu'il fera queftion d'employer des ingénieurs à la guerre, ils feront raffemblés par brigades, dont chacune fera compofée d'un brigadier, d'un fous-brigadier, d'un chef de divifion, & de fix ingénieurs ordinaires.

XVI. L'ingénieur qui aura été nommé par Sa Majefté pour commander en chef les brigades deftinées à fervir en campagne, rendra compte directement au général de l'armée, de ce qui concernera le service desdites brigades ; à son défaut, le commandant en second chargé du détail ; & au défaut de celui-ci, le brigadier supérieur en grade fera les mêmes fonctions.

XVII. Quand il y aura à l'armée au-moins deux brigades d'ingénieurs, il sera nommé par le Roi un commandant en second pour faire le détail du service desdites brigades, & régler celui des travaux de campagne qui auront été déterminés par le commandant en chef du corps, en conséquence des ordres du général ; distribuer aux ingénieurs chargés de la conduite des ouvrages, les desseins & mémoires nécessaires ; se trouver au tracé, & en faire la visite pour reconnoître s'ils sont bien exécutés : cet officier sera aidé par les brigadiers dans cette inspection, dont ils rendront compte exactement au commandant en chef.

XVIII. Dans le cas où il y aura au-moins deux brigades d'ingénieurs à l'armée, il sera aussi nommé par Sa Majesté un ingénieur, non compris dans le nombre de ceux qui composeront les brigades, pour faire les fonctions de major du corps. Le major se trouvera tous les jours à l'ordre chez le major général de l'infanterie, le portera à son commandant, recevra les siens en conséquence, & les fera passer aux brigadiers par un ingénieur de chaque brigade, qui viendra les prendre chez lui ; il fera & arrêtra, avec le tréforier & le munitionnaire, les décomptes des ingénieurs, & il les commandera à l'ordre pour le fervice.

XIX. Lors du décès d'un ingénieur à l'armée ou dans les quartiers de cartonnement, le major des ingénieurs appofera le fcellé & fera l'inventaire & la vente des effets du défunt, de la maniere prefcrite pour les majors de l'infanterie, par l'article DCVI & les fuivans de l'ordonnance du 17 Février 1753.

XX. Il fera encore nommé, dans le même cas, un aide-major, dont les fonctions confifteront particulierement à prendre foin du logement, de la fourniture du pain, du fourrage & du bois, & à porter les ordres du commandant; il aidera le major dans fes fonctions, ira à fa place, dans le cas de nécessité, à l'ordre chez le major général, pour le porter à fon commandant, & le donner enfuite chez le major, quoiqu'abfent, aux ingénieurs des différentes brigades, qui ne s'affembleront point ailleurs à cet effet.

XXI. L'ingénieur deftiné à faire les fonctions de major des ingénieurs à l'armée, devra avoir fervi dans les brigades, au-moins en qualité de chef de divifion; le fervice qu'il remplira en qualité de major lui fera compté comme fervice de fous-brigadier; & dans le cas d'un fiége, le major & l'aide-major feront cenfés y avoir monté le même nombre de tranchées que la premiere brigade; l'officier qui fera choifi pour commander

der en second ou en troisieme, & faire le
détail, devra avoir servi en qualité de brigadier; & le commandant en chef sera ordinairement, & autant que faire se pourra,
tiré du nombre de ceux qui auront fait le
détail.

XXII. Il sera donné une garde de dix
hommes & un sergent au commandant en
chef des ingénieurs, bien entendu que s'il
est officier général, il en aura une selon son
grade.

XXIII. Le commandant des ingénieurs
aura toûjours à l'armée un logement convenable à ses fonctions au quartier général, ou le plus près que faire se pourra,
ainsi que les autres ingénieurs qui seront
sous ses ordres, & ils feront partie du quartier général.

XXIV. Le commandant des ingénieurs
continuera, en cette qualité, d'entrer tous
les jours à l'ordre chez le général de l'armée; quant au major des ingénieurs, il continuera d'y recevoir le mot du maréchal-
de-camp de jour.

XXV. Tous les jours que l'armée marchera pendant le cours de la campagne, il
sera commandé un ou deux ingénieurs pour
accompagner le maréchal-de-camp de jour
au campement, exécuter ses ordres, prendre une connoissance exacte de la situation
du camp, & reconnoître les ouvrages &
retranchemens dont il seroit susceptible.

XXVI. Défend de nouveau Sa Majesté,

& très-expreſſément, à tous ingénieurs ſer-
vans dans ſes armées, de donner ou en-
vòyer aucun plan des places ou des ouvrages qu'ils exécuteront, à qui que ce ſoit,
qu'au général de l'armée, à l'officier général commandant le corps avec lequel ils ſeront détachés, & au ſecrétaire d'état ayant
le département de la guerre.

XXVII. Défend pareillement Sa Majeſté
à tous brigadiers, ſous-brigadiers & autres
ingénieurs, de quitter à l'armée, ſous quelque prétexte que ce ſoit, leur brigade, ſans
la permiſſion de leur commandant & du
général de l'armée.

XXVIII. Lorſqu'un officier général commandant quelque diviſion, aura beſoin d'un
ou pluſieurs ingénieurs pour le ſervice, il
en fera la demande au général de l'armée,
qui ordonnera au commandant en chef des
ingénieurs, de lui déſigner ceux qu'il conviendra de choiſir, afin que l'ordre du ſervice des brigades ne ſoit point troublé.

XXIX. Aucun ingénieur ne pourra ſervir
d'aide-de-camp à un officier général, ni être
employé dans l'état-major de l'armée.

XXX. Le jour d'une affaire générale, le
commandant des ingénieurs, le major & un
ingénieur d'ordonnance ſe tiendront près
du général, qui leur donnera ſes ordres
pour la diſtribution & l'emploi des autres
ingénieurs.

XXXI. Lorſqu'il ſera queſtion de former
un ſiége, le commandant en chef des ingé-

nieurs en dirigera les opérations, rendra compte directement au général de l'armée, prendra ses ordres pour tout ce qui regardera les ingénieurs & le service de la tranchée, dont il enverra tous les jours au secrétaire d'état ayant le département de la guerre, un plan sur lequel seront marqués les progrès des attaques.

XXXII. Dans le même cas où il s'agira de former un siége, outre le commandant en second, il sera nommé par Sa Majesté un commandant en troisieme; ils feront conjointement le détail de la tranchée, & ne seront attachés à aucune des brigades. L'un ira tous les soirs montrer au brigadier, ou autre ingénieur supérieur qui montera la tranchée, l'ouvrage qu'il aura à faire conformément aux ordres qu'il aura reçûs du commandant, l'instruira des moyens & des précautions qu'il devra prendre, & décidera sur les difficultés qui pourroient survenir pour les débouchés; l'autre ira dès le point du jour reconnoître l'ouvrage fait pendant la nuit, examiner les moyens & le chemin à tenir relativement au plan arrêté pour les attaques, donner à ce sujet les instructions nécessaires au brigadier ou autre ingénieur supérieur; il fera le dispositif du projet pour le travail de la nuit suivante; & l'un & l'autre, à leur retour, rendront compte de leurs observations au commandant en chef, afin qu'il soit en état de recevoir sur le tout les ordres du général.

M ij

XXXIII. Quand le commandant en chef aura donné ſes ordres ſur le travail de la tranchée, le major du corps ira en conſéquence demander au major général de l'infanterie le nombre de travailleurs néceſſaires de nuit & de jour, & prévenir le major du dépôt de tous les matériaux & outils qui devront être préparés ou tranſportés pour le ſervice de la tranchée; il payera les ſappeurs & les mineurs, & tiendra un état exact & détaillé, jour par jour, de ces payemens, ainſi que de ce qui aura été fourni & employé, dont il remettra une copie ſignée de lui, à la fin du ſiége, au commandant des ingénieurs.

XXXIV. L'aide-major ira tous les jours porter le mot & l'ordre au commandant en ſecond & au commandant en troiſieme chargé du détail.

XXXV. Lors de l'inveſtiſſement de la place, le major des ingénieurs demandera au major général de l'infanterie deux ſergens pour le commandant en chef des ingénieurs, un pour chacun des deux ingénieurs chargés du détail de la tranchée, un pour le major, & deux pour chaque brigade des ingénieurs; ces ſergens ſeront choiſis entre les plus intelligens, ils ne feront point de ſervice à leur corps, ils reſteront aux ordres des ingénieurs pendant tout le ſiége, & ſeront payés ainſi qu'il eſt d'uſage.

XXXVI. Hors le cas de ſiége, & pendant tout le tems que les ingénieurs reſteront à l'armée, le commandant en chef, le commandant en second, & le major du corps, auront avec eux des sergens, ainsi qu'il est expliqué à l'article précédent ; & ces sergens seront tirés des compagnies de sappeurs & des mineurs qui se trouveront à l'armée.

XXXVII. Tous les ingénieurs seront logés le plus près de la queue de la tranchée que faire se pourra.

XXXVIII. Les travailleurs de nuit & de jour seront comptés avec la plus grande exactitude, au dépôt où ils auront ordre de s'assembler, par les ingénieurs qui iront les y chercher, pour les conduire au travail de la tranchée.

XXXIX. Ces travailleurs de nuit & de jour ne pourront être payés que sur le certificat du principal ingénieur de chaque division qui les aura employés, lequel certificat sera visé par l'officier général commandant la tranchée.

XL. Les sappeurs & les mineurs ne pourront de même être payés que sur le certificat des ingénieurs qui les auront employés, visé du brigadier ou autre ingénieur supérieur qui sera de tranchée.

XLI. Les claies & gabions qui seront fournis ne pourront être payés que sur le certificat de l'ingénieur qui aura été nommé pour aller les examiner & recevoir au dépôt. Sa Majesté lui enjoint de n'en recevoir aucuns qui ne soient bien faits & des dimenſions qui auront été preſcrites.

XLII. Les ingénieurs feront tenus, toutes les fois qu'ils feront des logemens & des débouchés pour les ſappes, ou qu'ils traceront les tranchées ſous le feu de l'ennemi, de s'armer de leur pot-en-tête & de leur cuiraſſe; ſous peine aux contrevenans d'être renvoyés ſur le champ au lieu de leur réſidence.

XLIII. Auſſi-tôt que la place aſſiégée aura capitulé, le commandant des ingénieurs prendra l'ordre du général, pour y envoyer un ingénieur des plus intelligens, qui prendra connoiſſance des mines, galeries, ſoûterreins & poternes de communication, & fera un état de tout ce qui peut concerner les fortifications.

XLIV. Le commandant propoſera au général les ingénieurs qu'il croira les plus utiles pour entrer dans la place en même tems que les troupes, & y réſider juſqu'à ce que le Roi y ait pourvû.

XLV. Il recevra en même tems les ordres du général ſur tout ce qui concerne la fortification de la place, & les fera exécuter en en donnant avis ſur le champ au ſecrétaire d'état ayant le département de la guerre.

XLVI. Lors de la défenſe d'une place aſſiégée, le commandement entre les ingénieurs qui s'y trouveront, ſera déféré à celui qui ſera ſupérieur en grade, ſoit qu'il ait ſa réſidence ordinaire dans la place, ou qu'il y ait été envoyé; & l'ingénieur en chef restera cependant toûjours chargé du détail de la place.

XLVII. Si un brigadier vient à être tué ou blessé pendant un siége, le sous-brigadier commandera la brigade, à-moins que le général de l'armée du siége, ou le commandant de la place assiégée n'en ordonne autrement.

XLVIII. Pour constater le service de guerre des ingénieurs, en vertu duquel ils doivent prendre rang entre eux conformément à l'article XII. de la présente ordonnance, le commandant en chef se fera rendre compte par les brigadiers, à la fin de chaque campagne, de leurs services de toute espece, & de ceux de chaque ingénieur de leur brigade; il en sera dressé un état détaillé qui sera lu ensuite à haute voix, en présence de tous les ingénieurs assemblés, afin qu'ils puissent faire les représentations qu'ils croiront convenables, sur lesquelles le commandant recueillera, s'il en est besoin, les sentimens des officiers supérieurs; cet état, après avoir été signé du commandant en chef, des deux officiers chargés du détail, & du major, sera envoyé au secrétaire d'état ayant le département de la guerre, pour être enregistré.

Service dans les places.

XLIX. Veut Sa Majesté que les directeurs, & sous eux les ingénieurs en chef, continuent de commander à tous les ingénieurs employés dans leurs départemens & dans

M iiij

leurs places, conformément à l'usage anciennement obfervé entre eux, nonobftant
ce qui eft porté par les articles XII & XLVI
de la préfente ordonnance, concernant le
rang que les ingénieurs doivent prendre fuivant leurs grades, pour le fervice des armées
& la défenfe des places affiégées.

L. Le directeur des fortifications d'une
province tiendra un état exact de tous les
papiers, plans & mémoires concernant la
province & les places de fon département,
dont il demeurera chargé ; il aura foin d'y
joindre ceux qui feront importans au fervice
du Roi ; il en fera tous les ans l'inventaire,
& en enverra une copie au fecrétaire d'état
ayant le département de la guerre, qui jugera de fon attention & de fon zèle par les
additions qui auront été faites.

LI. Il fera par an au-moins deux vifites
des places de fa direction ; la premiere au
printems, pour l'établiffement des ouvrages
ordonnés, & la feconde en automne, pour
en voir l'exécution, arrêter & vifer les toifés, & dreffer, de concert avec l'ingénieur
en chef, les projets & eftimations, plans &
profils des ouvrages à faire l'année fuivante,
qu'il enverra au fecrétaire d'état ayant le département de la guerre.

LII. Quand les directeurs des fortifications auront ordre de faire les vifites des
places de leur direction, ils y jouiront des
honneurs attribués à leur grade, comme il
eft établi pour les infpecteurs généraux des

troupes, par l'article DI de l'ordonnance du
25 Juin, sans toutefois qu'ils puissent former
la même prétention dans la place de leur
résidence, ni dans aucune autre où ils iroient
ou séjourneroient hors du tems de leurs
tournées, pour quelque objet que ce puisse
être.

LIII. Le directeur se fera représenter tous
les plans, profils, projets, mémoires & papiers qui concernent la fortification de chaque place & les bâtimens du Roi; il vérifiera si le nombre & l'espece sont conformes
à l'inventaire qui sera signé par l'ingénieur
en chef, & qu'il visera à chacune de ses visites, en y faisant mention de ce qui y aura
été ajoûté; il en fera de même pour tous
les effets appartenans au Roi, qui regardent la fortification, dont l'ingénieur en
chef lui remettra un état relatif à son inventaire, où il sera fait mention de tous les matériaux consommés ou employés, & de
tous les nouveaux qui auront été remis en
magasin depuis sa derniere visite, & il rendra compte de tout au secrétaire d'état
ayant le département de la guerre.

LIV. Lorsqu'il aura reçû l'état des ouvrages ordonnés par le Roi pour l'année
suivante, il en enverra copie collationnée
par lui aux ingénieurs en chef des places de
sa direction, pour en dresser ou faire dresser les devis & conditions, conformément
à chacun des articles portés dans l'état; &
lorsque les devis seront faits, il les enverra

M v

au secrétaire d'état ayant le département de la guerre, qui donnera les ordres nécessaires à l'intendant de la province pour en passer les marchés.

LV. Il se fera rendre compte, à la fin de chaque année, par les ingénieurs en chef, des mœurs & de la capacité des ingénieurs ordinaires employés sous leurs ordres, pour en informer le secrétaire d'état ayant le département de la guerre ; observant de spécifier leurs différens talens & les parties auxquelles ils sont les plus propres.

LVI. Il aura une particuliere attention à prendre une connoissance très-exacte de toute l'étendue de son département, à se mettre au fait des communications, passages de montagnes, chemins, rivieres, & enfin de tout ce qui peut être important pour la guerre de campagne & la défense de la frontiere, & à envoyer des mémoires au secrétaire d'état ayant le département de la guerre.

LVII. Lorsqu'il jugera à propos de faire passer un ingénieur ordinaire d'une place à une autre de sa direction, à l'occasion d'un travail pressé, Sa Majesté l'y autorise, à condition d'en donner avis sur le champ au secrétaire d'état ayant le département de la guerre.

LVIII. L'ingénieur en chef d'une place sera chargé & aura en garde tous les plans, profils, projets, mémoires & autres papiers concernant la fortification & les bâtimens de cette place, appartenans au Roi ; & il aura foin de joindre à ce dépôt toutes les pieces inftructives, tant pour l'attaque & la défenfe de ladite place, que pour la conftruction des ouvrages.

LIX. Il aura un regiftre dans lequel toutes les pieces ci-deffus énoncées feront inventoriées, & il y ajoûtera chaque année les nouvelles qui feront utiles à conferver; il en fera de même de tous les effets appartenans au Roi, comme bois de charpente, vieux bois, paliffades, liteaux, barrieres, vieux fers, & généralement tous matériaux utiles à la fortification. Lorfqu'il s'en fera quelque confommation, elle fera auffi-tôt enregiftrée, défignant la quantité, la qualité & le lieu où ils auront été employés. Il y fera fait mention de même de tous les nouveaux qui auront été remis en magafin. Ces inventaires feront fignés par l'ingénieur en chef, & vifés par le directeur lors de fa vifite, & il lui en fera remis une copie tous les ans, pour l'envoyer au fecrétaire d'état ayant le département de la guerre.

LX. L'ingénieur en chef fera tous les trois mois une vifite exacte de tous les bâtimens royaux, corps-de-garde, ponts, éclufes, portes, barrieres d'entrée de place, & généralement de tous les ouvrages de la fortification de fa place; il dreffera un mémoire abregé de leur état actuel, dont il enverra une copie au directeur, & une au fecrétaire d'état ayant le département de la guerre.

LXI. Il aura foin d'avoir un grand plan

nommé *directeur* ; & s'il n'en a point, d'en lever ou faire lever un fur une échelle de quatre pouces pour cent toifes, où toutes les parties de la place généralement feront marquées avec la plus grande précifion & dans le plus grand détail, ainfi que les bâtimens royaux ; obfervant de diftinguer dans la légende ceux qui font entretenus fur le fonds des fortifications, de ceux qui font à la charge de l'artillerie & de l'extraordinaire des guerres, ou de la ville même : ce plan fera collé fur toile, & figné par le directeur ; il fervira pour tous les projets de la place, & ne pourra être tranfporté hors de la maifon de l'ingénieur en chef.

LXII. Il aura encore ou fera lever un plan exact de la place, où feront marqués les environs de tous côtés, jufqu'à la diftance d'une lieue au moins, en y fpécifiant les foffés, ravins, monticules, rideaux, bois, haies, maifons, chapelles, ruiffeaux, étangs, flaques d'eau, & autres particularités qui peuvent fervir à reconnoître le local. Ce plan fera levé fur une échelle d'un pouce pour cent toifes.

LXIII. Il aura une grande attention à prendre connoiffance des éclufes & de la manœuvre des eaux, s'il y en a dans fa place ou aux environs, de reconnoître fi elles peuvent être faignées ou non, & de faire la recherche la plus exacte fur les moyens qui pourroient être employés pour les détourner & auffi pour les augmenter.

LXIV. La manœuvre des écluses exigeant des précautions & des connoissances particulieres sur leurs effets, & beaucoup d'exactitude à veiller continuellement à leur entretien & conservation, l'intention de Sa Majesté est que les clefs des écluses qui dépendent de la fortification, demeurent entre les mains de l'ingénieur en chef de la place, & en son absence, de celui qui remplira ses fonctions, afin qu'il satisfasse à ces objets, de la maniere la plus prompte & la plus convenable au service & au bien public.

LXV. Entend néanmoins Sa Majesté, que lorsque les portes & vannages des écluses serviront en même tems de fermeture ou d'entrée dans une place, les clefs resteront entre les mains du commandant, qui ne pourra les refuser à l'ingénieur qui les lui demandera pour la manœuvre, en prenant les précautions qu'il jugera convenables à la sûreté de la place.

LXVI. Les éclusiers, soit qu'ils soient nommés par le Roi, ou commis par les magistrats des villes, n'obéiront qu'aux ordres de l'ingénieur en chef ou principal, pour toutes les manœuvres d'eau qu'il conviendra de faire aux écluses construites dans les places de guerre & leurs dépendances, soit pour l'usage ordinaire de la navigation, soit pour le bien du service ou l'utilité publique.

LXVII. Sa Majesté trouve bon cependant, que les commandans de fes places prennent connoiffance des manœuvres d'eau qui peuvent avoir rapport à la fûreté defdites places dans l'étendue de la fortification, & que les ingénieurs leur communiquent fur cela leurs difpofitions ; mais dans le cas où il y auroit diverfité de fentimens, ils en rendront compte de part & d'autre au fecrétaire d'état ayant le département de la guerre, pour recevoir de lui les décifions de Sa Majefté ; fi néanmoins le cas étoit preffant, le commandant de la place donnera un ordre par écrit, auquel l'ingénieur fera tenu de fe conformer provifionnellement.

LXVIII. Les inondations autour d'une place de guerre, ne pourront être formées ou mifes à fec, qu'en conféquence d'un ordre exprès de Sa Majefté ; ou dans un cas preffant, d'un ordre par écrit de celui qui commandera dans la province, s'il eft à portée de le donner ; & à fon défaut on fuivra ceux du commandant de la place, & l'ingénieur en rendra compte fur le champ au fecrétaire d'état ayant le département de la guerre.

LXIX. L'ingénieur en chef veillera avec la derniere exactitude à la bonne conftruction des ouvrages ordonnés, dont il rendra compte, au moins à la fin de chaque mois, au fecrétaire d'état ayant le département de la guerre, par un état apoftillé, ainfi qu'au directeur ; obfervant de n'y faire aueun changement, & de ne point porter un fonds en tout ou en partie, d'un article à l'autre, sans un ordre supérieur.

LXX. Lorsque les ouvrages seront achevés, l'ingénieur en chef fera en présence de l'entrepreneur, & assisté par tous les ingénieurs ordinaires de la place, le toisé général & définitif qu'ils signeront tous, & dont il sera fait un extrait sur le champ, pour former l'état apostillé définitif qu'il remettra au directeur, pour être envoyé au secrétaire d'état ayant le département de la guerre, avec les projets pour l'année suivante.

LXXI. Il aura un grand livre *in-folio*, qu'il aura cotté & paraphé à toutes les pages, dont le nombre sera certifié & visé par le directeur. Il aura soin d'y enregistrer tous les plans & profils relatifs aux toisés & attachemens généraux de toute espece d'ouvrages, qui y seront inscrits au même instant qu'ils seront pris, & signés par l'ingénieur, chargé de la conduite de l'ouvrage & par l'entrepreneur.

LXXII. Lorsqu'il y aura quelqu'ouvrage à tracer, il s'y fera aider & accompagner par les ingénieurs ordinaires auxquels il expliquera les raisons de la construction des ouvrages, leur utilité pour la défense, ainsi que les différentes opérations dans la construction, en délivrant à ceux qui en seront chargés, les plans, profils & devis qui leur seront nécessaires, approuvés du directeur.

LXXIII. Il fera observer une exacte subordination aux ingénieurs ordinaires; & à la fin de chaque année il rendra compte au directeur, avec la vérité la plus scrupuleuse, des mœurs, talens, application & conduite de ceux qui auront servi sous ses ordres.

LXXIV. Il ne pourra faire construire aucune piece de fortification, ni ouvrir la place, sans en avoir auparavant informé le commandant de ladite place.

LXXV. En l'absence de l'ingénieur en chef, le plus ancien des ingénieurs ordinaires commandera & sera chargé des papiers & du détail de la place.

LXXVI. Chaque ingénieur ordinaire rendra compte à l'ingénieur en chef du travail dont il sera chargé, & recevra ses ordres pour les faire exécuter.

LXXVII. Il aura une copie du plan de la place, sur un pouce pour cent toises, où seront indiquées toutes les pieces de la fortification & de tous les bâtimens appartenans au Roi, distingués comme il est expliqué à l'article LXI.

LXXVIII. Tous les ingénieurs ordinaires auront chacun un registre, à la tête duquel sera copié l'état des ouvrages ordonnés par le Roi pour l'année courante, auquel seront joints les plans & profils, les devis, conditions & marchés desdits ouvrages, afin qu'ils puissent porter tous leurs soins pour une bonne & solide construction de ceux dont ils seront chargés par l'ingénieur en chef.

LXXIX. Ils feront eux-mêmes tous les toisés, & prendront tous les attachemens des ouvrages dont ils feront chargés, de quelque espece qu'ils soient ; ils les enregistreront aussi-tôt sur l'attelier même dans le petit livret à ce destiné, les signeront & feront signer par l'entrepreneur, pour servir par la suite à dresser le toisé général, & les accompagneront à la marge ou en tête, des plans, profils & développemens nécessaires pour l'intelligence parfaite dudit attachement, dont ils rendront compte immédiatement après à l'ingénieur en chef, pour être mis sans délai sur son registre, & signés par l'un & l'autre, & par l'entrepreneur.

LXXX. Ils veilleront exactement au travail dont ils feront chargés, & ne laisseront employer aucuns matériaux, sans les avoir auparavant examinés & trouvés conformes aux conditions du marché.

LXXXI. Ils feront les desseins & mémoires des ouvrages projettés pour l'année suivante, conformément à ce qui leur sera ordonné par l'ingénieur en chef ; & pour parvenir à en faire une juste estimation, ils auront tous une grande attention à se mettre parfaitement au fait de la distance d'où l'on tire les matériaux, de leur qualité & valeur sur les lieux, du prix du transport à pied d'œuvre, & de ce qu'il en coûte pour la façon.

LXXXII. A l'arrivée d'une troupe dans

la place, un ingénieur ordinaire fera, conjointement avec un officier-major de la place & un de la troupe, la visite des casernes & ustensiles appartenans au Roi, qui seront remis à ladite troupe ; il sera fait un inventaire de leur état actuel, dont chacun gardera une copie signée de ces trois officiers ; la même visite sera faite au départ de la troupe ; & s'il se trouve quelque dégradation de la part des troupes, l'ingénieur ordinaire en rendra compte à l'ingénieur en chef, qui en donnera un état estimatif, signé de lui, à l'intendant de la province, & en son absence au commissaire des guerres chargé de la police de ladite troupe, pour en ordonner la retenue.

LXXXIII. Un ingénieur ordinaire fera pareillement tous les mois, avec un officier-major de la place, une visite exacte de tous les bâtimens entretenus sur le fonds des fortifications, des corps-de-garde & des guérites, pour dresser l'état des réparations à y faire ; observant de distinguer ce qui devra être à la charge des troupes, & il en rendra compte à l'ingénieur en chef.

LXXXIV. Les ingénieurs ordinaires feront deux fois pendant l'année, & dans le tems prescrit par l'ingénieur en chef, la visite de tous les ouvrages de la fortification, chacun dans la partie dont il sera chargé ; ils formeront en conséquence un mémoire de leur état actuel, en y spécifiant les réparations indispensables & pressantes, & celles qui peuvent se retarder, avec une estimation détaillée de la dépense à y faire, commençant de préférence par les portes, ponts, barrieres d'entrée des places, & autres parties de nécessité absolue, & ils remettront ensuite le tout à l'ingénieur en chef.

LXXXV. Nul ingénieur ordinaire ne pourra s'absenter du lieu de sa résidence, sous quelque prétexte que ce puisse être, sans la permission de son chef & du directeur de la province, qui ne pourront la lui donner que pour quinze jours au plus, & en en donnant avis sur le champ au secrétaire d'état ayant le département de la guerre.

LXXXVI. A l'égard de la permission à demander aux commandans des places, les ingénieurs qui auront à s'absenter, se conformeront à ce qui est porté par l'article DXLVIII. de l'ordonnance du 25 Juin 1750.

LXXXVII. Sa Majesté fait défenses à tous ingénieurs de laisser lever, par qui que ce soit, les plans des places du royaume où ils font leur résidence, ni de laisser prendre des copies de ceux dont ils sont dépositaires, à moins d'une permission expresse de Sa Majesté, sous peine d'être cassés, & même de plus grande peine suivant l'exigence du cas.

LXXXVIII. Tout entrepreneur & dessinateur, soit de directeurs ou d'ingénieurs, qui communiquera des plans ou des mé-

moires concernant la fortification, fans la
permiffion par écrit de celui qui l'aura employé, fera puni très-feverement', & même
de mort felon la circonftance du délit.

LXXXIX. Aucune perfonne, de quelque
qualité & condition qu'elle foit, ne pourra
faire tranfporter des décombres ailleurs que
dans les lieux indiqués par l'ingénieur en
chef de la place.

XC. Tout directeur, ingénieur en chef
ou ordinaire, qui quittera le lieu de fa réfidence, foit pour en changer, ou pour s'abfenter pendant un tems confidérable, fera
tenu de remettre tous les plans & papiers
concernant les fortifications de fa direction
ou de la place, à celui qui devra le relever,
& en fon abfence, à l'ingénieur principal
réfidant dans la même place que lui.

XCI. Permet cependant Sa Majefté au
directeur qui devra remettre les papiers de
fa direction à un ingénieur qui ne fera pas
deftiné à le relever, de renfermer fous une
enveloppe, fcellée de fon cachet, avec une
note fignée de lui, ceux qu'il jugera devoir
tenir fecrets, pour lui être remis à fon retour dans le même état, ou à celui qui devra le remplacer ; & il en fera fait mention
dans l'inventaire qui fera dreffé defdits papiers, & figné de l'un & de l'autre.

XCII. Ordonne Sa Majefté aux majors
& aide-majors de fes places, à qui les papiers concernant les fortifications doivent
être remis après la mort d'un ingénieur, en

conféquence de l'article II. de fa déclaration du 3 Février 1731, de les remettre auffi-tôt, par inventaire, dont il fera envoyé une copie au fecrétaire d'état ayant le département de la guerre, entre les mains de l'ingénieur principal réfidant dans la place, lequel fera tenu pour cet effet d'être préfent à l'appofition & à la levée du fcellé ; & s'il n'y avoit point d'ingénieur dans la place, le major fera mettre lefdits papiers dans un lieu particulier, & il y fera réappofer le fcellé, la levée duquel ne fe fera qu'en préfence du directeur ou de l'ingénieur envoyé par lui, & muni de fon ordre pour les retirer.

XCIII. Enjoint Sa Majefté à tous les ingénieurs de tenir la main à ce que les bâtimens du Roi ne foient point employés à d'autres ufages qu'à ceux de leur deftination ; qu'il n'y foit logé perfonne que fes troupes & ceux qui en auront le droit, & qu'il ne foit mis dans les magafins & greniers defdits bâtimens, ainfi que dans les poternes, galeries de mines & foûterrains, que les effets appartenans au Roi, à moins d'un ordre de Sa Majefté, qui, pour ôter tout prétexte aux abus, ordonne que les clefs defdits bâtimens, greniers, magafins, poternes & foûterrains feront remifes, fi elles ne l'ont déjà été en vertu des différentes décifions données à ce fujet, entre les mains de l'ingénieur en chef, qu'Elle rendra refponfable de l'inexécution.

XCIV. Les portes & poternes qui pourroient donner entrée dans la place, feront ou mafquées en maçonnerie, ou fermées folidement avec bonnes portes doubles de charpente à leur iffue dans le foffé ; & dans ce dernier cas, les clefs de ces portes extérieures feront remifes au commandant de la place.

XCV. Les munitionnaires ou autres, à qui Sa Majefté a permis ou permettra par la fuite, de dépofer des grains dans les greniers des pavillons & cafernes, feront tenus de réparer à leurs dépens toutes les dégradations caufées par ces dépôts ; à cet effet les ingénieurs, avant d'en remettre les clefs, drefferont un procès-verbal de vifite de l'état de ces bâtimens, qu'ils figneront, ainfi que le munitionnaire, & ils tiendront pareillement la main à ce que les planchers ne foient pas trop chargés.

XCVI. Sa Majefté enjoint pareillement à fes ingénieurs de ne point fouffrir qu'il foit fait aucun chemin, levée ni chauffée, ni creufé aucun foffé à cinq cens toifes près d'une place de guerre, fans que l'alignement ait été auparavant concerté avec l'ingénieur en chef de ladite place, qui dans tous les cas, fera tenu de prendre les ordres du directeur du département.

XCVII. Veut au furplus Sa Majefté que les ordonnances qu'Elle a précédemment rendues fur le fait des fortifications, & notamment pour ce qui concerne leur confervation, foient exécutées en tout ce qui n'eft pas contraire à la préfente.

XCVIII. Les ingénieurs ordinaires du Roi continueront de porter l'uniforme qui leur a été prefcrit par l'article VI. de l'ordonnance du 5 Mai 1758, laquelle, d'ailleurs, fera exécutée dans tout ce qui n'eft pas contraire à la préfente.

XCIX. Sa Majefté confidérant combien il feroit dangereux & nuifible à fon fervice, que quelqu'un pût s'introduire dans fes armées & dans fes places de guerre, fous le nom & l'habit de fes ingénieurs, Elle ordonne que celui qui n'étant pas du corps de fes ingénieurs ordinaires, fera trouvé portant leur uniforme, fera arrêté & conduit en prifon, & qu'il en fera rendu compte auffi-tôt au fecrétaire d'état ayant le département de la guerre, qui prendra les ordres de Sa Majefté à ce fujet.

Mande & ordonne Sa Majefté, *&c.* Fait à Verfailles le 10 Mars 1759. *Signé,* LOUIS. *Et plus bas,* LE MARÉCHAL DUC DE BELLE-ISLE.

TITRE XVI.

Concernant les compagnies d'Invalides def-tinées au fervice de l'Artillerie dans les places & fur les côtes.

ORDONNANCE DU RÓI,

Du 15 Décembre 1758.

SA Majefté ayant créé quatre compagnies d'invalides, pour être employées au fervice de l'artillerie dans fes places & fur les côtes ; & jugeant à-propos d'augmenter le nombre d'hommes dont elles font compofées, & de leur donner auffi une folde plus forte, pour les mettre en état de remplir avec encore plus de zèle le fervice auquel elles font def-tinées, Elle a ordonné & ordonne ce qui fuit :

ARTICLE PREMIER.

Les compagnies de Rameaux, la Chaffai-gne, Thomaffin de Linchamp, & Ponthieu, deftinées au fervice de l'artillerie, qui font actuellement du nombre de foixante hom-mes, feront portées, à commencer du pre-mier de Janvier prochain, à celui de cent hommes chacune, & compofées à l'avenir de cinq fergens, cinq caporaux, cinq anf-peffades, quatre-vingt-quatre fufiliers & un tambour, commandés par un capitaine, un capitaine en fecond & trois lieutenans.

II.

II. I' sera payé par jour, à commencer du premier Janvier prochain, cinquante sols au capitaine, pareils cinquante sols au capitaine en second, vingt sols à chacun des trois lieutenans, douze sols à chacun des cinq sergens, neuf sols à chacun des cinq caporaux, huit sols à chacun des cinq anspessades, sept sols à chacun des dix-huit plus anciens fusiliers, six sols six deniers à chacun des dix-huit fusiliers suivans, six sols à chacun des quarante-huit derniers fusiliers, & sept sols au tambour.

III. Ceux qui ont été tirés des compagnies de bas-officiers invalides pour entrer dans ces compagnies, jouiront des paies qu'ils avoient comme bas-officiers, & de six deniers en sus, jusqu'à ce qu'ils soient montés à des paies ou égales ou plus fortes; & les commissaires des guerres en feront mention dans leurs revûes.

IV. L'intention de Sa Majesté est que ceux qui auront été sergens dans le corps royal de l'artillerie, soient faits par préférence, lieutenans dans ces compagnies; que les caporaux du même corps y soient faits sergens, les anspessades y soient faits caporaux, que les plus anciens soldats du même corps y soient faits anspessades; & qu'à l'égard des autres soldats qui seront admis dans dans ces compagnies, ils soient divisés, suivant leur ancienneté, en trois classes, pour y toucher la paie réglée par l'article II. de la présente ordonnance.

Tome I. N

V. Ces compagnies porteront le même uniforme que les autres compagnies d'invalides, en conſervant cependant les boutons jaunes, pour les diſtinguer des compagnies ordinaires de cette eſpece de troupe.

Mande & ordonne Sa Majeſté aux gouverneurs & lieutenans généraux en ſes provinces, aux officiers généraux qui y commandent, aux intendans eſdites provinces, aux commiſſaires des guerres, & à tous autres ſes officiers qu'il appartiendra, de tenir la main à l'exécution de la préſente ordonnance. Fait à Verſailles le quinze Décembre mil ſept cent cinquante-huit. *Signé,* LOUIS. *Et plus bas,* LE MARÉCHAL DUC DE BELLE-ISLE.

TITRE XVII.
Concernant les logemens de l'Arſenal de Paris.

NOTA. *Quoique l'ordonnance ſuivante ne regarde que l'arſenal de Paris, nous avons néanmoins jugé à-propos de l'inſérer ici, parce qu'il ſemble qu'elle a un rapport néceſſaire avec les ſûretés de l'artillerie, & qu'elle peut ſervir de regle pour tous les arſenaux du royaume, qui n'ont pas de réglement particulierement établi pour eux.*

ORDONNANCE DU ROI,
Du 19 Décembre 1756.

SA Majeſté voulant pourvoir à la ſûreté de ſon arſenal de Paris, & à ce qui doit être observé par les particuliers qui occupent des logemens, a ordonné & ordonne ce qui suit :

Article Premier.

Les particuliers à qui il a été & à qui il sera par la suite accordé des logemens dans l'arsenal de Paris, seront tenus de les occuper par eux-mêmes, & ne pourront les louer, céder en entier ni en partie, à quelque personne ni sous quelque prétexte que ce soit, sans une permission expresse & par écrit de Sa Majesté, à peine pour lesdits particuliers d'être privés de leurs logemens.

II. Lesdits particuliers qui occupent & qui occuperont à l'avenir des logemens dans ledit arsenal, sont & seront tenus de faire faire à leurs frais & dépens toutes les réparations locatives pour la conservation de leursdits logemens ; & lorsque par mort ou autrement ils viendront à vaquer, leurs enfans ou héritiers seront obligés de les rendre en bon état.

III. Pour la sûreté dudit arsenal, & prévenir le desordre & les vols qui pourroient s'y commettre, Sa Majesté défend très-expressément à tous ceux qui y sont logés, de retirer chez eux des gens sans aveu, ou qui pourroient faire commerce de marchandises prohibées, & ce à peine de privation de leurs logemens.

IV. Sa Majesté veut & entend que les suisses & portiers commis à la garde dudit arsenal, ferment régulierement les portes à neuf heures précifes du foir, depuis le premier Octobre jufqu'au premier Avril, & à dix heures du foir depuis le premier Avril jufqu'au premier Octobre; & les tiennent ouvertes à fix heures du matin, depuis le premier Octobre jufqu'au premier Avril, & à cinq heures auffi du matin depuis ledit jour premier Avril jufqu'au premier Octobre.

V. Après la fermeture des portes, les fuiffes & portiers ne les ouvriront qu'aux perfonnes qui font logées dans l'arfenal, ou à des perfonnes connues qui, y ayant affaire, ne pourroient en fortir aux heures prefcrites pour fermer les portes.

VI. Veut Sa Majefté que lefdits fuiffes & portiers examinent les étrangers qui fe préfenteront chargés de hardes & paquets, les obligeant de leur dire d'où ils viennent & où ils vont, finon & en cas de réfiftance par lefdits étrangers, de les arrêter & d'en avertir fur le champ le fieur Garnier de Montigny, que Sa Majefté a chargé particulierement du foin dudit Arfenal.

VII. Enjoint Sa Majefté audit fieur Garnier de Montigny, de tenir la main à ce que la préfente ordonnance foit exécutée en tout fon contenu, & d'en rendre compte au fecrétaire d'état ayant le département de la guerre. Et afin que perfonne n'en prétende caufe d'ignorance, la préfente ordonnance fera publiée & affichée par-tout où befoin fera. Fait à Verfailles le dix-neuf Décembre mil fept cent cinquante-fix. *Signé*, LOUIS. *Et plus bas*, M. P. DE VOYER D'ARGENSON.

TITRE XVIII.
Du Ban & Arriere-Ban.

ARTICLE PREMIER.

LEs lettres patentes pour la convocation du ban & arriere-ban, feront adreffées aux fiéges principaux des bailliages & fénéchauffées; faifant Sa Majefté défenfes aux inférieurs de faire convocation, s'il ne leur eft mandé; & en ce cas feront tenus, la premiere montre faite, & les rôles dreffés, les envoyer au fiége principal par le greffier, ou autre, qui aura pour fon voyage foixante fols par jour; fans que les officiers de robe-longue puiffent prétendre aucune chofe pour leur falaire, à moins qu'ils ne foient obligés d'aller hors du lieu de leur domicile, auquel cas ils feront payés de leurs vacations, fuivant qu'ils ont coutume de recevoir, lorfqu'ils vont en commiffion pour affaires de Sa Majefté; & ce des deniers provenans de la contribution des inhabiles, & de la faifie des fiefs. *Ordonnance du 30. Juillet 1635. Ordonnance du mois de Janvier 1554. Ordonnance du 17. Janvier 1639.*

Les derniers reglemens qui ont été faits fur le ban & arriere-ban, font ceux de Louis XIII. des 30. Juillet 1635. & 17. Janvier

N iij

1639. *qui renferment les principales difpofi-*
tions des ordonnances rendues fur cette ma-
tiere par les Rois fes prédéceffeurs.

Lorfque le Roi convoqua l'arriere-ban à
l'occafion de la guerre de 1688. il fit publier
de nouveau ces reglemens, pour être exécutés
felon leur forme & teneur.

II. Les baillifs & fénéchaux feront la publication defdites lettres dans l'étendue de
leur reffort, avec commandement aux nobles & autres tenans fiefs, de fe trouver au
jour qui leur fera ordonné, & au lieu principal de chacun bailliage & Sénéchauffée de
leur reffort, auquel jour & lieu lefdits nobles, & autres tenans fiefs, comparoîtront
en équipage requis, fur peine de confifcation de leurs fiefs, & d'être privés à jamais
de porter armes; finon qu'ils euffent excufe
légitime, auquel cas ils envoyeront un homme pour les repréfenter, & leur faire entendre ce qui aura été ordonné, afin qu'il y foit
par eux pourvû : en attendant que la confifcation des fiefs foit déclarée en juftice,
veut Sa Majefté être procédé à la faifie d'i-
ceux, & les receveurs royaux plus proches
des lieux, y être établis commiffaires. Défendant Sa Majefté à tous juges, à peine de
privation de leurs charges, d'en faire aucune main-levée, qu'en vertu de lettres-patentes de Sa Majefté. *Ordonnance du 30. Juillet*
1635. Henri II. Ordonnance de 1547. Ordon-
nances des mois de Septembre 1551. & Fé-
vrier 1553.

Nota. *Mezeray rapporte dans la vie de Philippe-Auguste, sous l'an 1208. que les évê-ques d'Orléans & d'Auxerre qui avoient été mandés à l'expédition du siége du fort de Garplie en Bretagne sur les Anglois, avec leurs vasseaux, s'en étant retournés sans congé, parce qu'ils prétendoient n'être point obligés d'aller à l'armée que lorsque le Roi y étoit en personne; le Roi fit saisir leurs régales, c'est-à-dire, les biens qu'ils tenoient de lui en fief, mais non leurs dîmes, offrandes & autres droits attachés à leurs fonctions. Ils en firent leurs plaintes à Innocent III. qui ayant exa-miné la cause, trouva qu'ils avoient manqué contre les coutumes & les droits du royaume; de sorte qu'il fallut qu'ils payassent l'amende au Roi pour rentrer dans leur temporel.*

III. Les gentilshommes & autres tenans fiefs, qui ne pourront faire le service en personne, envoyeront en leurs places gens expérimentés, en équipage convenable, qu'ils soudoyeront durant le service du ban, à raison du service qu'ils doivent, eû égard à la valeur de leurs fiefs; & où ceux qui seront présentés ne seront capables & en équi-page convenable; défend Sa Majesté à ses commissaires & contrôleurs qui en feront les revûes, de les passer: & en seront mis d'autres en leurs places par les baillifs & sé-néchaux, qui les prendront dans l'étendue de leur ressort. *Ordonnance du 30. Juillet* 1645.

Par les ordonnances de François I. du mois

de Mai 1545. & *d'Henri* II. *en* 1554. &
1557. *toutes personnes sujetes au ban étoient
tenues de venir servir personnellement à la
guerre ; ou en cas d'excuse légitime, payer
és mains du receveur des contributions dudit
ban les sommes qu'ils devoient fournir, selon
la qualité de leurs fiefs & tenements nobles,
sans pouvoir être reçûs à en présenter d'autres
pour servir en leur place, si ce n'est le fils pour
le pere, & le frere pour le frere ; pourvû que
lesdits fils & freres fussent capables de porter
les armes, & qu'ils ne fussent tenus de leur
chef audit ban.*

IV. La premiere montre dudit ban &
arriere-ban se fera au siége principal de chacun bailliage & sénéchaussée, par deux gentilshommes des plus expérimentés aux armes, lesquels seront choisis par le baillif
ou sénéchal, du nombre des trois qui leur
seront présentés par les gentilshommes de
chacun desdits bailliages & sénéchaussées.
Ibidem.

*Quant aux revûes générales, le Roi a or-
donné par un reglement du* 4. *Février* 1675.
*que les intendans ou commissaires départis
dans les provinces & généralités, les feront
en présence des baillifs & sénéchaux, ou leurs
lieutenans, qui auront fait les premieres revûes, & qui pour cet effet se trouveront au
lieu de l'assemblée avec les extraits des premieres montres, comme aussi les rôles de ceux
qui auront été compris & nommés pour marcher en personne audit ban & arriere-ban, ou*

qui pour quelque cauſe d'inhabileté ou autrement, auront fourni en leur place gens expérimentés.

V. Les officiers de robe-longue, qui ont
coutume d'aſſiſter aux montres, ſeront tenus
de ſe trouver aux premieres, ſur peine de
privation de leurs charges; & feront dreſſer
un rôle par leurs greffiers, ſigné des baillifs,
ſénéchaux, capitaines, commiſſaires, contrôleurs, & des avocats & procureurs de
Sa Majeſté qui y auront aſſiſté; lequel rôle
contiendra le nombre au vrai des hommes
qui ſe feront trouvés à la montre, tant de
ceux qui feront le ſervice en perſonne, que
de ceux qui feront mis à la place des inhabiles, exempts & défaillans, avec les lieux
de leur demeure, & le nom des fiefs pour
leſquels ils doivent le ſervice, le nombre &
le nom des fiefs ſaiſis, les ſommes reçûes
des roturiers, & autres ayant rentes inféodées, pour être fait un extrait au vrai dudit
rôle, & être envoyé à Sa Majeſté. *Ordon-*
nance du 30. *Juillet* 1635. *& Henri II. or-*
donnances de Février 1547. *de Septembre* 1551.
de Février 1553.

VI. Les gentilshommes ayant fiefs en différens bailliages, ſerviront en celui de leur
principale demeure, eû égard à la valeur de
leurs fiefs; & où ils ne ſerviront perſonnellement, contribueront en tous les bailliages
où leurs fiefs ſeront aſſis. Quant aux roturiers, encore qu'ils ſervent en perſonne, ne
jouiront de la même grace; mais contribue-

ront en tous les bailliages où ils auront fiefs. *Ibidem, & ordonnance de François I. du premier Mai* 1545.

VII. Veut Sa Majesté que ceux qui aux premieres montres répondront par supposition sous le nom d'autrui, soient pendus & étranglés, & que celui ou ceux qui les auront substitués en leurs places, soient dégradés des armes, & leurs biens confisqués. *Ibidem.*

VIII. Le service du ban & arriere-ban se fera en une seule forme, qui est de chevau-leger ; voulant Sa Majesté que ceux qui auront en fief neuf cens ou mille livres de revenu annuel, fassent un chevau-leger en l'équipage requis ; & de plus, plus ; & de moins, moins, en assemblant les fiefs desdits bailliages, tant qu'ils soient suffisans pour l'équipage & solde d'un chevau-leger. *Ordonnance du* 30. *Juillet* 1635. *& Henri II. en Janvier* 1554.

Par l'ordonnance d'Henri II. donnée à Saint-Germain-en-Laye, en Janvier 1554. *celui qui avoit en fiefs cinq à six cens livres de revenu ou peu moins, étoit tenu de faire l'homme de chevau-leger ; & les gentilshommes & inhabiles contribuer à cette raison sans distinction ni différence.*

IX. Les gouverneurs des provinces, ou en leur absence les lieutenans-généraux en icelles, donneront route à toutes les compagnies d'arriere-ban, qui se feront en l'étendue de leur pouvoir, & qui auront à y

paſſer par les meilleures villes & bourgs ;
enjoignant Sa Majeſté aux maires, conſuls,
jurats, échevins & habitans, de les recevoir
& de les fournir de logemens gratuitement,
qui ſeront faits par les maréchaux-des-logis
des compagnies, avec les officiers des villes, ainſi qu'il ſe pratique ordinairement
pour tous gens de guerres, & les vivres en
les payant au prix des trois derniers marchés, ſans que leſdits habitans les puiſſent
aucunement enchérir ; à quoi leſdits gouverneurs & lieutenans-généraux, & gouverneurs particuliers des villes, tiendront la
main, & feront punir les contrevenans au
préſent ordre, comme déſobéiſſans : comme
auſſi, en cas que leſdits gens de l'arriere-
ban exigent aucune autre choſe que le couvert & le lit chez leurs hôtes, ou aucuns
autres habitans, ou qu'ils commettent aucun deſordre, excès ou violence, ils ſeront
punis ſelon la rigueur des ordonnances contre tous gens de guerre. *Ordonnance du* 17.
Janvier 1639.

Par les ordonnances de François I. de Mai
1545. & de Henri II. en 1547. 1552. &
1553. il eſt porté que les gens de l'arriere-
ban, allant par pays ou ſéjournant, paye-
ront leurs hôtes, obéiront à leurs chefs, &
n'abandonneront leurs enſeignes ſur peine de
confiſcation de corps & de biens.

X. Les capitaines deſdites compagnies
marcheront inceſſamment avec elles, &
mettront ès mains de la juſtice ceux qui

N vj

commettront quelque defordre, à peine d'en répondre en leur propre & privé nom. *Ibidem, & ordonnances de François I. 1545. & d'Henri II. 1547. 1552. & 1553.*

XI. Défend Sa Majefté aufdits capitaines de donner aucun congé à leurs compagnons, à peine de nullité; & veut que fi aucun d'eux eft contraint par maladie d'abandonner le fervice, il ne puiffe avoir congé que du général de l'armée où il devra fervir, certifié de l'intendant de la juftice, & figné du commiffaire & du contrôleur qui auront fait les revûes de la compagnie, qui certifieront fur ledit congé le tems qu'il aura fervi, & l'équipage auquel il fe fera préfenté en l'armée. *Ibidem.*

XII. Le tems du fervice du ban & arriereban fera de trois mois dans le royaume, & de quarante jours hors d'icelui, qui commenceront à courir du jour de leur arrivée au lieu où ils feront mandés de fe trouver, & dès-lors qu'ils commenceront à marcher, payeront de gré à gré les vivres & autres chofes qu'ils prendront pendant le tems, tant de leur féjour que de leur allée & retour; & obéiront à leurs chefs fans les abandonner, fur peine de punition corporelle, & de confifcation de leurs fiefs. *Ordonnance du 30. Juillet 1635.*

Le même tems de trois mois de fervice dans le royaume, eft reglé par les ordonnances de François I. & Henri II. ci-deffus citées : à l'égard du fervice hors du royaume, il y étoit porté que les gens dudit ban, ne seroient tenus d'y servir, si ce n'étoit en chassant hors du royaume les ennemis qui y seroient venus assaillir.

XIII. L'estimation du revenu des fiefs se fera suivant les déclarations ci-devant baillées par les gens tenans lesdits fiefs : & quant à ceux qui n'auront encore fourni leurs déclarations, ils y seront contraints par saisie de leurs fiefs ; & cependant par forme de provisions seront taxés par les baillifs & sénéchaux, & leurs fiefs estimés suivant la connoissance qu'ils en pourront avoir, & ce nonobstant oppositions ou appellations quelconques ; & au cas que lesdites déclarations qui auront été ou seront présentées, soient défectueuses, Veut Sa Majesté qu'il soit procédé contre ceux qui les auront données, par confiscation de leurs fiefs. *Ibidem, & ordonnances déja citées de François I. & Henri II.*

XIV. Chaque compagnie dudit ban & arriere-ban, sera composée de cent maîtres ; & au cas qu'il ne s'en trouvât dans un bailliage que le nombre suffisant pour composer une compagnie, elle sera conduite par le baillif en qualité de capitaine ; si le nombre suffit pour en composer deux ou plusieurs autres, le baillif aura le choix de l'une d'icelles, & les autres seront conduites par un capitaine qui sera choisi par les gentilshommes de la compagnie. S'il y avoit des bailliages qui ne pussent fournir une compagnie, en ce cas deux ou trois des plus prochains feront affemblés, tant qu'ils puffent fuffire à faire ladite compagnie ; laquelle fera commandée par celui des baillifs & fénéchaux qui fera pour ce commis par les gouverneurs, ou par Sa Majefté à leur défaut. *Ibidem*, & *ordonnance de Janvier* 1554.

XV. Au cas que quelques baillifs ou fénéchaux ne fuffent pas de la qualité requife pour commander les gentilshommes de leur reffort, il fera choifi par le gouverneur de la province, entre les gentilshommes defdits bailliages, ou à fon défaut par lettres de Sa Majefté, un capitaine qui touchera les gages & appointemens que ledit baillif ou fénéchal auroit dû toucher. *Ibidem*, & *ordonnances de François I. & Henri II.*

XVI. En chaque compagnie de chevaulegers il y aura un capitaine, un cornette & un maréchal-des-logis, avec un commiffaire à la conduite, & un contrôleur ; le baillif ou fénéchal conduifant (comme dit eft) en ladite qualité de capitaine, la compagnie de fon reffort, ou s'il y a plufieurs compagnies en icelui, celle qu'il voudra tenir : quant aux cornette & maréchal-deslogis, le choix en fera fait par les gentilshommes de chaque bailliage & fénéchauffée : & pour les commiffaires & contrôleurs, s'il y en a d'ordinaires dans la province, il en fera départi à cet effet par les maréchaux de France, quant aux commiffaires ; & par les contrôleurs généraux de

la cavalerie-legere, quant aux contrôleurs.
Defquels officiers les appointemens feront
payés pour chaque mois de montre de trente
jours, pendant les trois mois de fervice dudit arriere-ban, à raifon de trois cens livres
au capitaine, cent cinquante livres au cornette, cent vingt livres au maréchal-des-
logis, quarante livres au commiffaire, &
trente livres au contrôleur des deniers de la
contribution des inhabiles, & de la faifie
des fiefs. *Ordonnance du* 17. *Janvier* 1639.
& *ordonnances de François I.* & *Henri II.*

*Il y avoit anciennement un capitaine géné-
ral de l'arriere-ban : mais cette charge fut fup-
primée par Henri III. dans l'ordonnance des
états de Blois, article CCCXVII.*

XVII. Ceux qui auront rentes inféodées
fur les fiefs, contribueront fur le pied du
quart du revenu defdites rentes, conjointement avec les feigneurs defdits fiefs. *Ordonnance du 30. Juillet* 1635. & *ordonnances de
François I.* & *Henri II.*

XVIII. Les deniers provenans de la contribution des roturiers & inhabiles, ou de
la faifie des fiefs, feront reçus en chaque
Bailliage & fénéchauffée, par un gentilhomme qui fera choifi par les autres, lequel
pourra avoir un homme fous lui pour ledit maniement, dont il demeurera refponfable ; & lorfqu'il y aura plufieurs bailliages ou fénéchauffées pour compofer une
compagnie complette, il n'y aura qu'un receveur pour tous lefdits bailliages. *Ibidem,
& ordonnance de François I. Henri II.* &

Henri III. aux états de Blois, article 320.

XIX. Au refus desdits gentilshommes, de nommer une personne pour le maniement desdits deniers, le baillif ou Sénéchal en choisira un, dont il prendra suffisante caution. *Ibidem.*

XX. Seront tenus lesd. recèveurs se trouver à la suite desdites compagnies les jours que les payemens des montres écherront, à peine de punition corporelle. *Ibidem.*

XXI. Rendront compte lesdits receveurs pardevant les baillifs & sénéchaux, appellés les avocat & procureur de Sa Majesté : & les gouverneurs des provinces, chacun en son gouvernement pourront commettre quelqu'un pour assister conjointement à l'audition desdits comptes, sur lesquels seront rapportés les rôles des montres, dûement signés des commissaires & contrôleurs en la forme susdite. Pourront aussi ceux qui auront contribué, y dépêcher qui bon leur semblera, voulant Sa Majesté que s'il reste quelques deniers, ils soient rendus aux contribuables au sol la livre de la contribution. *Ibidem.*

XXII. Le salaire desdits comptables sera taxé par les baillifs, sénéchaux, ou celui qui sera commis à l'audition dudit compte, à raison de douze deniers pour livre de son maniement, tant pour gages, recouvrement, port & voiture de deniers, façon & reddition de comptes, que pour autres frais. *Ibidem.*

XXIII. Toutes personnes faisant profession des armes & vivant noblement, qui ne possedent aucuns fiefs, mais ont d'autres biens, soit en roture ou en rentes constituées, seront obligés & contraints par les peines portées ci-dessus, de servir en personne au ban & arriere-ban, en équipage requis, s'ils en sont capables; sinon de présenter pour eux un homme, qu'ils seront obligés d'entretenir durant le tems dudit ban & arriere-ban. *Ibidem.*

XXIV. Ceux qui viendront avec les gouverneurs pour servir au lieu ordonné, en équipage & pendant le tems requis, seront censés avoir satisfait au devoir du ban & arriere-ban, & dispensés des peines portées par les ordonnances contre les défaillans, en apportant attestation valable signée des gouverneurs du service par eux rendu. *Ibid.*

XXV. Les juges présidiaux, & non autres, connoîtront des procès & différends qui interviendront pour raison du ban & arriere-ban; faisant Sa Majesté très-expresses inhibitions & défenses aux baillifs, sénéchaux, lieutenans & officiers desdits siéges, de prendre aucun salaire pour les expéditions & procédures qu'ils feront pour raison du ban & arriere-ban, à peine de privation de leurs charges, & d'être déclarés indignes d'exercer à l'avenir aucuns offices. *Ibidem.*

XXVI. Pourront les greffiers prendre pour les actes & expéditions qu'ils feront pour le ban & arriere-ban, semblables salaires qu'ils ont accoûtumé de prendre pour les autres expéditions qu'ils font pour les parties ; comme aussi les sergens qui seront employés pour les exécutions & exploits, auront semblables salaires qu'ils prennent lorsqu'ils exploitent pour les parties, selon l'ordonnance. *Ibidem.*

XXVII. Et pour favoriser davantage la noblesse, & leur donner d'autant plus moyen de rendre le service qu'ils doivent audit ban, Sa Majesté a sursis & surséoit toutes procédures qui pourroient être faites contr'eux en matiere civile : faisant très-expresses inhibitions & défenses à tous juges & officiers de faire aucune instruction, ni rendre aucun jugement sur les procès qu'ils ont pendans pardevant eux, ni de donner aucune contrainte par corps pour raison de leurs dettes ; & à tous sergens & huissiers d'en mettre aucune à exécution, & ce pendant le service dudit ban, en rapportant toutefois par eux aux justices des lieux où seront pendans lesdits procès, certificats signés des baillifs, sénéchaux, commissaires & contrôleurs, ordonnés pour les montres dudit ban & arriere-ban, comme ils sont actuellement servans. *Ibidem.*

Comme le rang que doivent tenir les compagnies du ban & arriere-ban n'est pas réglé par les anciennes ordonnances, Sa Majesté, pour prévenir les contestations, a rendu une ordonnance, le 12 Septembre 1674, portant que les compagnies de noblesse, convoquées pour le ban, tiendront rang du jour qu'elles seront arrivées au rendez-vous qui leur sera donné, sans que celles qui y seront arrivées les dernieres le leur puissent contester, de quelque gouvernement qu'elles soient & sous quelque prétexte que ce puisse être : Et à l'égard des compagnies qui seront formées dans chaque gouvernement, elles tiendront rang du jour de la création du bailliage ou sénéchaussée dont elles seront ; que si elles n'avoient pas sur les lieux les pieces nécessaires, & que faute de ce leurs différends ne pussent être décidés, en ce cas, pour empêcher le retardement du service, lesdites compagnies tireront au sort & marcheront pendant la campagne suivant le rang qui leur sera échû.

ARREST du Conseil d'Etat du Roi, portant défenses à tous Juges, quels qu'ils soient, autres que ceux auxquels le pouvoir en est attribué par le Réglement du 30 Juill. 1635, même aux Cours de Parlement, de connoître des différends qui naîtront pour raison du Ban & Arriere-Ban.

Du 9 Octobre 1692.

Extrait des Registres du Conseil d'Etat du Roi.

LE Roi étant en son conseil, ayant été informé, que bien que par le dix-huitieme article du réglement du feu Roi de glorieuse mémoire, pere de Sa Majesté, du 30 Juillet 1635, concernant le ban & arriere-ban, il

foit expreſſément porté que les juges préſidiaux, & non autres, connoîtront des procès & différends qui interviendront pour
raiſon dudit ban & arriere-ban : néanmoins
aucuns particuliers contre leſquels il a été
rendu des jugemens par leſdits préſidiaux,
au ſujet des taxes ſur eux impoſées à l'occaſion dudit ban & arriere-ban, à cauſe des
fiefs qu'ils poſſedent, prétendent le pouvoir
par appel deſdits jugemens pardevant les
cours de parlement où reſſortiſſent leſdits
préſidiaux, & Sa Majeſté conſidérant, qu'-
outre que cette prétention eſt contraire à ce
qui a été ſtatué par ledit réglement, ſi elle
avoit lieu, ſon ſervice en recevroit du préjudice par le retardement que ces nouvelles
procédures y apporteroient ; & que d'ailleurs il ne ſeroit pas juſte que ces officiers
qui ſont employés auſdites taxes, fuſſent divertis de l'application qu'ils y doivent donner, pour ſoûtenir des inſtances dans leſdites cours de parlement où ils ſeroient tra-
duits, ne devant être reſponſables qu'à Sa
Majeſté de leur conduite à cet égard, Sa Majeſté étant en ſon conſeil, a défendu & défend très-expreſſément à tous juges, quels
qu'ils ſoient, autres que ceux auſquels le
pouvoir en a été attribué par ledit réglement du 30 Juillet 1635, même à ſes cours
de parlemens, de connoître des différends
qui naîtront pour raiſon dudit ban & arriere-ban. Veut Sa Majeſté que les jugemens
qui ſeront ſur ce rendus par leſd. juges pré-

fidiaux, foient exécutés nonobftant toutes
oppofitions, appellations & autres empê-
chemens quelconques, pour lefquels ne fera
différé ; & en cas de prétendue léfion ou
d'erreur dans lefdits jugemens, ceux qui fe
trouveront léfés & auront lieu de s'en plain-
dre, fe retireront pardevers Sa Majefté pour
en être par Elle ordonné ainfi qu'Elle verra
être jufte & raifonnable. Fait au confeil d'é-
tat du Roi, Sa Majefté y étant, tenu à Fontainebleau le neuvieme jour du mois d'Octobre mil fix cent quatre-vingt-douze.

Signé, LE TELLIER.

LOUIS, par la grace de Dieu, Roi de
France & de Navarre : Au premier notre
huiffier ou fergent fur ce requis, Nous te
mandons & commandons par ces préfentes
fignées de notre main, que l'arrêt ci-attaché
fous le contre-fcel de notre chancellerie,
ce jourd'hui donné en notre confeil d'état,
Nous y étant, tu fignifies à tous qu'il appartiendra, afin qu'ils n'en prétendent caufe
d'ignorance, & faffent au furplus pour l'e-
xécution d'icelui, tous exploits, fignifica-
tions, & autres actes requis & néceffaires,
fans pour ce demander autre congé ni permiffion ; Car tel eft notre plaifir. Donné à
Fontainebleau le neuvieme jour du mois
d'Octobre l'an de grace mil fix cent quatre-
vingt-douze, & de notre regne le cinquan-
tieme. *Signé*, LOUIS. *Et plus bas* ; Par le
Roi, LE TELLIER,

TITRE XIX.

Des Exempts du Ban & Arriere-Ban.

ARTICLE PREMIER.

SA Majesté veut & entend que les officiers, domestiques & commensaux de sa maison soient exempts du ban & arriere-ban, ceux de la maison de la Reine, de M. le duc d'Orléans son frere, & de celle de M. le prince de Condé, & qu'ils soient pareillement exempts d'y contribuer en faisant apparoir à ceux qui en feront les montres & revûes, la certification des trésoriers desdites maisons, comme ils y sont couchés & employés, comme ils y servent actuellement & sont payés de leurs gages. *Ordonnance du 30 Juillet 1635.*

François I. à Châteaudun, du 1. Mai 1545.
Ceux qui se diront exempts pour être commensaux de notre maison ou des Roynes & enfans de France, ne seront exempts s'ils ne rapportent certificats des trésoriers desdites maisons, comme ils seront actuellement employés sur les états desdites maisons, & comme tels payés de leurs gages.

II. Seront pareillement exempts du service & de toute contribution, les capitaines & hommes-d'armes des compagnies des or-

donnances de Sa Majesté & des chevaux-
légers ; comme aussi les autres officiers qui
auront charge, tant de gens de cheval que
de pied, servant actuellement, en rapportant par eux, dans le tems qui leur sera
préfix, à la premiere convocation, certification des commissaires & contrôleurs ordinaires des guerres qui auront fait la derniere montre, comme ils ont été employés
ès rôles d'icelle, faits pour ladite compagnie, & affirmant qu'ils n'ont depuis été
cassés, & sont encore obligés au service :
défendant très-expressément Sa Majesté ausdits officiers, sur peine de confiscation de
corps & de biens, de bailler certification,
sinon aux cas susdits. *Ibidem, & François I.*
du 1 Mai 1545.

III. Seront pareillement exempts ceux
qui avant la convocation auront pris charge
dans les troupes de Sa Majesté, de cavalerie
ou infanterie, & y rendront service actuel,
ou qui seront enrôlés & actuellement servans en icelles ; savoir, quant à ceux dont
les fiefs seront de valeur de neuf cent ou
mille livres, & au-dessus, qui seront enrô-
les dans les compagnies de gendarmes ou
de chevaux-légers ; & les autres dont les
fiefs seront de moindre valeur, qui seront
enrôlés & actuellement servans dans les
compagnies de carabins, de mousquetaires
à cheval, ou dans l'infanterie, en rapportant des certificats de service actuel des capitaines de gendarmes, quant à la gendar-

merie ; des meſtres-de-camp de cavalerie, ou des capitaines des compagnies qui ne ſont ſous corps de régiment, quant aux chevaux-légers & mouſquetaires à cheval ; du meſtre-de-camp général des carabins, quant aux carabins qui ſerviront dans l'armée où il ſera ; & des intendans de la juſtice dans les autres armées ; & des meſtres-de-camp d'infanterie quant aux gens de pied. *Ordonnances du* 17 *Janvier* 1639, & *François I. du* 1 *Mai* 1545.

IV. Chacun deſdits certificats ſera ſigné deſd. chefs, ſcellé du ſceau de chaque corps, viſé de l'intendant de la juſtice, police & finances en l'armée ou en la province où ils ſerviront, & ſigné des commiſſaires & contrôleurs ordonnés à la police de la troupe, ou qui en auront fait les premieres revûes depuis l'arrivée d'icelle à ſon rendez-vous. *Ibid.*

V. Ceux qui ſeront enrôlés ſerviront pendant ſix mois entiers & conſécutifs, en la troupe où ils auront pris parti, dont ils rapporteront certificat ſigné, ſcellé & viſé comme deſſus au greffe du bailliage ou ſénéchauſſée au reſſort de laquelle leurs fiefs ſeront ſitués ; ſans quoi ils ne pourront être reputés avoir ſatisfait au ſervice dudit ban & arriere-ban, & ſeront punis par confiſcation de leurs fiefs & privation de l'honneur de porter les armes, ſi ce n'eſt qu'ils ſoient contraints de quitter le ſervice par une maladie rigoureuſe, & qu'enſuite de ce

ils

ils ayent congé des généraux d'armées signé d'eux, scellé du cachet de leurs armes, contre-signé de leur secrétaire, & visé des intendans de la justice en icelle ; enjoignant aux baillifs & sénéchaux, qu'à faute de ce ils ayent à procéder contr'eux suivant la rigueur desdites ordonnances, à peine d'en répondre en leur propre & privé nom. *Ibidem.*

VI. Ceux qui seront enrôlés dans les troupes seront tenus d'y retourner après leur guérison, si ce n'est que ledit tems de six mois soit expiré ; auquel cas, en faisant apparoir suffisamment de la continuation de leur maladie, ils seront déchargés dudit service. *Ibidem.*

VII. Les peres de qui les enfans non mariés serviront dans les troupes, seront exempts du ban & arriere-ban, à la charge toutefois qu'ils seront obligés de servir en icelles tant qu'elles seront sur pied ; à faute de quoi lesd. peres demeureront sujets aux peines ordonnées contre les défaillans à l'arriere-ban. *Ibidem.*

VIII. Ceux qui ne seront enrôlés dans les troupes avant la convocation, ne pourront y être admis après, & seront tenus de marcher dans les compagnies de l'arriere-ban, armés, montés, & équipés selon l'obligation de leurs fiefs, à peine de privation de porter les armes & de confiscation de leurs fiefs : & en cas qu'au préjudice de ce il se commette quelque fraude ou abus ausdits

Tome I. O

certificats & enrôlemens, les commiſſaires
& contrôleurs qui les auront ſignés en ſeront reſponſables, & ſeront punis comme
fauſſaires. *Ibidem.*

IX. Tous ceux qui ſe prétendront exempts
du ban & arriere-ban , feront apparoir de
leurs titres en bonne forme à la premiere
convocation qui en ſera faite ; autrement ils
n'y ſeront plus reçus, quelques lettres qu'ils
puiſſent obtenir à cette fin ; leſquelles Sa
Majeſté ne veut en ce cas avoir lieu, & les
a, dès-à-préſent, comme pour lors, déclarées
nulles & de nul effet. *Ibidem.*

François I. à Chateaudun en Mai 1545.
Défendons ſur peine de confiſcation de
corps & de biens, aux capitaines particuliers, leurs cornettes, baillifs, ſénéchaux,
commiſſaires, contrôleurs, & autres qu'il
appartiendra, qu'ils n'ayent à exempter du
ſervice & contribution au ban & arriere-
ban, que ceux qui en ſeront exempts par
les commiſſions dépêchées pour la convocation & par nos ordonnances.

Idem. Les capitaines & lieutenans de nos
petites villes, châteaux & places qui ne ſont
de défenſe, ne ſeront exempts, ni pareillement les mortes-payes, s'ils ont cent livres
de revenu & au-deſſus en fief, mais ſeulement les capitaines des places fortes & frontieres.

Idem. Les bonnes villes anciennes ayant
droit de bourgeoiſie & exemption de ban,

feront maintenues dans leurs privileges, à moins que pour caufe bonne & urgente, néceffité évidente, & pour obvier au péril évident de notre royaume, il eût été avifé & conclu par l'avis & délibération des princes de notre fang, de faire expédier commiffions pour la convocation de toutes perfonnes, même exemptes & privilégiées ; auquel cas comparoîtront, fans préjudice de leurs privileges.

Idem. Ne pourront les gentilshommes & autres demeurans ès villes franches, qui n'ont en icelles état ou vacation, fe dire exempts, à moins qu'ils n'ayent efdites villes leur domicile & principale demeure.

Idem. Toutes les mutations de fief de main exempte à non exempte ou de non exempte à exempte, foit par contrat, fucceffion ou autrement, feront fignifiées au greffier durant le jour de la premiere convocation, & dedans un mois après icelle mutation échûe, afin que notre procureur en puiffe être averti, & faire pour notre fervice ce qu'il appartiendra.

Idem. Donations frauduleufes faites par les non exempts aux exempts, n'empêcheront que le donataire ne ferve ou ne contribue.

François I. à Châtelleraut, en Juin 1541. Ordonnons que les gens tenans notre cour de parlement de Paris feront francs, quittes & exempts de notre ban & arriere-ban, qui fera levé & publié dans notre royaume, pour quelque cauſe & occaſion que ce ſoit, nonobſtant que par nos lettres ſur le fait dudit ban & arriere-ban, ſoit mandé y contraindre exempts & non exempts, privilégiés & non privilégiés ; ſous laquelle clauſe n'entendons aucunement que leſdits gens tenans notre cour ſoient compris ni entendus.

Louis XI. en 1480. Louis XII. à Blois, en Juin 1512. Henri II. à Saint-Germain-en-Laye, en Juin 1553. Voulons que les prevôts des marchands & échevins, manans & habitans de notre ville de Paris, ſoient quittes & exempts d'aller ou envoyer en nos guerres & armées, & d'eux préſenter, ni autres pour eux, ès montres & revûes qui ſeront faites des gens de notre ban & arriere-ban; ſans ce qu'au moyen & par vertu des cris & proclamations & des lettres qui ſeront commandées pour appeller aud. ban & arriere-ban exempts & non exempts, privilégiés & non privilégiés, leſdits habitans ou aucuns d'eux ſoient tenus ou puiſſent être contraints eux préſenter pardevant nos baillifs, ſénéchaux ou autres commiſſaires, ni contribuer aux deniers, ou payer aucune choſe du revenu de leurs fiefs & héritages nobles, quelque part qu'ils ſoient ſitués & aſſis en notre royaume; le tout en rapportant par eux lettres de bourgeoiſie portant certification de la qualité de ceux qui auront fiefs, comme ils ſont bourgeois & habitans de notre ville, ſans fraude, ſignées & ſcellées du greffier & ſcel de la prevôté des marchands de notredite ville.

Henri III. à Paris en Mars 1584, art. 9.
Les capitaines & gardes des côtes, isles,
ports & havres, ensemble les autres capitaines, commissaires & contrôleurs de la
marine, & autres officiers couchés, employés sur l'état d'icelle, seront exempts
du ban & arriere-ban, & maintenus en tous
autres privileges desquels ceux de ladite marine ont accoutumé de jouir.

TITRE XX.

Des Cadets.

S A Majesté ayant consideré que ce qui a
le plus contribué à bien & diligemment discipliner les milices levées en exécution de
l'ordonnance du 29 Novembre 1688, a été
le choix des officiers qui a été fait dans les
mêmes provinces & généralités; s'est déter-
minée aussi à placer dans celles qu'Elle fait
mettre sur pied, les officiers réformés qu'-
Elle entretient depuis la fin de la guerre, en
choisissant pour commander les compagnies
ceux desdits officiers dont les résidences en
sont le plus à portée : & pour perfectionner de plus en plus un établissement dont
Elle connoît toute l'utilité, sans néanmoins
en augmenter la dépense, Elle a jugé devoir
y établir douze inspecteurs & douze sous-
inspecteurs pour la mieux discipliner, en
partageant les généralités & provinces qui

contribuent à la milice en douze départemens, & en même tems de former les compagnies de cent hommes au lieu de cinquante, & de n'y mettre qu'un lieutenant au lieu de deux, & un aide-major seulement en chaque bataillon. Mais comme ce nombre d'officiers ne seroit pas suffisant, si Sa Majesté étoit obligée de les faire sortir de la province, son intention est de mettre un sous-lieutenant en chaque compagnie, & de destiner ces emplois à des gentils-hommes des mêmes provinces dont seront les milices ; & afin qu'ils puissent se mettre en état, non-seulement d'y servir utilement, mais de mériter aussi des emplois supérieurs dans les troupes de campagne, Elle a résolu d'établir six compagnies de cent gentils-hommes chacune, commandées par des officiers sages & expérimentés ; avec les maîtres nécessaires pour instruire la jeune noblesse du royaume, & lui donner moyen, en apprenant les premiers principes de l'art militaire, de pouvoir un jour se distinguer à la guerre, & soutenir l'honneur que cette noblesse y a acquis dans tous les tems : & en conséquence Sa Majesté a ordonné & ordonne.

ARTICLE PREMIER.

Que lesdites six compagnies seront composées d'un capitaine, qui sera brigadier ou mestre-de-camp, & en même-tems inspecteur des milices.

D'un lieutenant qui sera choisi parmi les

capitaines réformés d'infanterie qui ont des appointemens ; & ledit lieutenant sera sous-inspecteur des milices.

De deux sous-lieutenans choisis entre les lieutenans réformés d'infanterie, qui ont des appointemens, & qui seront lieutenans dans des compagnies de milices.

De quatre sergens, qui seront dans la suite tirés du nombre des gentilshommes, & choisis entre les cadets les plus capables de remplacer ceux qui manqueront ; mais pour cette premiere fois, Sa Majesté entend qu'ils soient choisis parmi les lieutenans réformés qui se trouvent sans appointemens, suivant l'ordonnance du premier Mai 1721, parce qu'ils n'étoient plus dans les troupes le premier Septembre 1715, quoiqu'ils eussent des services antérieurs ; au moyen de quoi il ne faudra que quatre-vingt-seize gentilshommes pour achever le nombre de cent par compagnie.

II. Il n'y sera reçu aucun cadet s'il n'est gentilhomme, & en état de prouver sa noblesse par un certificat de quatre gentilshommes qualifiés, de l'élection où il sera domicilié, visé de l'intendant de la province.

III. Les fils de capitaines & autres officiers supérieurs des troupes, y seront reçus sur la preuve du service actuel de leur pere, ou de sa mort au service.

IV. Aucun cadet n'y sera admis qu'il ne soit de l'âge de quinze à seize ans, & non au-dessus de vingt ans.

V. Les fergens monteront dans la fuite aux fous-lieutenances, & les fous-lieutenans aux lieutenances, lorfque par leur capacité & bonne conduite ils s'en feront rendus dignes.

VI. Il y aura en chaque compagnie un aumônier, qui fera choifi propre à montrer à lire & écrire aux cadets qui n'en feroient pas inftruits ; un maître de mathématiques, qui leur apprendra auffi à deffiner ; un maître d'armes, & un maître à danfer.

VII. Lefdites fix compagnies feront placées dans les citadelles de Cambray, Metz, Strafbourg, Perpignan, Bayonne, & l'autre au château de Caen.

VIII. Lorfque Sa Majefté jugera à-propos de faire marcher les milices fur fes frontieres, lefdits cadets gentilshommes iront remplir les fous-lieutenances des compagnies de milices ; les fous-lieutenans defdites compagnies de gentilshommes, prendront les lieutenances des compagnies de milices qui leur auront été deftinées.

IX. Les lieutenans fortiront auffi pour y aller faire leurs fonctions de fous-infpecteurs, & les capitaines defdites compagnies de gentilshommes iront fupérieurement remplir leurs fonctions d'infpecteurs fur lefdites milices, tant fur les frontieres où elles feront employées, que lorfqu'elles refteront dans les provinces, à portée de leur réfidence, qui compoferont leurs départemens.

X. Lorfque la milice fera renvoyée dans

les provinces ou généralités, les gentilshommes retourneront aussi avec leurs officiers dans les citadelles & châteaux d'où ils
auront été tirés, afin d'y reprendre leurs
exercices & de les continuer jusqu'à ce qu'ils
ayent de nouveaux ordres pour en sortir.

XI. L'habillement des six compagnies de
gentilshommes sera aux dépens du Roi;
savoir, à chacun des sergens & cadets, un
juste-au-corps de drap bleu, avec la doublure d'écarlate & boutons de cuivre doré,
la veste & la culotte de drap d'écarlate, les
bas rouges, & un chapeau bordé d'un galon
d'or fin.

XII. Chaque capitaine desdites compagnies touchera cent cinquante livres d'appointemens par mois; chaque lieutenant,
quatre-vingt-dix livres; chacun des deux
sous-lieutenans, quarante-cinq livres; chacun des quatre sergens, trente livres; chacun des six caporaux, vingt-une livre; chacun des six anspessades, dix-huit livres; &
chacun des quatre-vingt-deux cadets & des
deux tambours, quinze livres, suivant les
revûes qui en seront faites par les commissaires des guerres qui en auront la police.

XIII. Il sera payé à chaque aumônier,
soixante-quinze livres par mois; au maître
de mathématiques, quatre-vingt-dix livres;
à chaque maître en fait d'armes, soixante-
quinze livres; & à chaque maître à danser,
soixante livres.

XIV. Comme le Roi pourvoit & pour-

O v

voira dans la fuite à l'habillement des cadets, il ne fera point fait de retenue fur leur
folde pour la maffe.

Service des Cadets dans les Places.

ARTICLE PREMIER.

LES capitaines des compagnies de gentilshommes auront feuls l'infpection fur lefdites compagnies, pour la difcipline intérieure; fans que les gouverneurs des citadelles & places où elles font, puiffent rien
exiger à cet égard. *Ordonnance du 2 Août*
1728.

Nota. *Quelques difficultés furvenues dans*
les places où il fe trouve des compagnies de
cadets, ont donné lieu à cette ordonnance,
dont les XXIV. articles de ce titre font tirés.

II. Le capitaine ne pourra s'abfenter pour
coucher hors de la place plus d'une nuit,
fans en faire avertir le gouverneur par un
officier ou par un fergent, en cas d'abfence
ou de maladie du lieutenant ou des deux
fous-lieutenans; il l'informera de même de
fon retour.

III. Les officiers, fergens & gentilshommes ne pourront s'abfenter pour découcher,
fi ce n'eft par quelque raifon preffante & in-
difpenfable, & avec le congé du capitaine,
qui en fera avertir le gouverneur de la place
par un officier; mais le capitaine ne pourra
permettre aux deux fous-lieutenans de s'abfenter en même tems.

IV. Le gouverneur donnera les ordres nécessaires pour consigner aux portes les gentilshommes, lorsque le capitaine de la compagnie l'en requerrera par un officier.

V. Le commissaire des guerres sera obligé de nommer les officiers & cadets de la compagnie, dans les revûes qu'il en fera chaque mois. Il ne pourra y employer présent aucun de ceux qui en feront absens, même par congé du capitaine ; & observera de choisir pour la revûe, un jour de dimanche ou de fête, de concert avec le gouverneur ou commandant de la place, & avec le capitaine ou commandant de la compagnie, afin de ne point détourner les cadets de leurs exercices.

VI. La compagnie de gentilshommes ne tirera pas son poste avec les autres troupes de la garnison, & fera son service séparément ; le gouverneur désignera pour la garde que les gentilshommes auront à faire, un poste convenable au nombre que le capitaine pourra y employer par rapport à la force & à l'état de la compagnie : & comme cette garde n'est établie que pour servir d'instruction, & qu'il convient en même tems de ne point s'éloigner de l'esprit des ordonnances, qui défendent de donner des postes fixes, celui pour la garde des gentilshommes sera pris dans les moins importans, & ils y feront le service aussi régulièrement que les autres troupes. Il sera observé qu'à la parade, aussi-bien que dans les

O vj

autres occasions où la compagnie se trouvera avec d'autres troupes, elle soit placée à la droite, en laissant une distance entr'elle & les autres troupes.

VII. Lesdites compagnies de gentilshommes battront la marche des compagnies des mousquetaires du Roi.

VIII. Les lieutenans tiendront rang de capitaine en pied d'infanterie, & les sous-lieutenans celui de lieutenans en pied, à moins que ces derniers n'ayent précédemment obtenu ou n'obtiennent dans la suite des grades supérieurs : les lieutenans ne monteront point la garde, les sous-lieutenans pourront la monter, lorsque le capitaine de la compagnie jugera à propos qu'ils la montent pour s'instruire.

IX. Les sergens tiendront rang de sous-lieutenans d'infanterie, à moins qu'ils n'ayent déja un grade supérieur, ou qu'ils n'en obtiennent par la suite.

X. Les officiers-majors des places ne se serviront point de la canne pour marquer les rangs, & faire défiler la troupe des gentilshommes.

XI. Les officiers, sergens & caporaux de la compagnie de gentilshommes, feront dispensés de faire des rondes dans la place ; mais ils visiteront, suivant qu'il leur sera ordonné, les postes occupés par les gentilshommes : Si le capitaine juge à propos pour leur instruction de commander quelques gentilshommes, pour accompagner les offi-

ciers, sergens & caporaux de la garnison qui
font les rondes dans tous les postes de là
place, le gouverneur les y admettra.

XII. Les officiers de l'état-major de la
place, visiteront quand bon leur semblera
les postes occupés par les gentilshommes,
& y seront reçûs conformément aux ordonnances du Roi ; les rondes des officiers de
la garnison y seront reçûes de même.

XIII. Le major de la place donnera l'ordre à l'officier chargé du détail de la compagnie de gentilshommes, qui le portera
au cercle particulier de la compagnie.

XIV. Si le commandant de la place, ou
le major faisant la ronde major, trouve
dans les postes occupés par les gentilshommes que l'officier de garde ou les gentilshommes manquent à leur devoir, il pourra les
faire relever sur le champ, & les envoyer
au capitaine ou commandant de la compagnie, qui les fera punir suivant l'exigence
du cas : & quant aux autres rondes, elles
rendront compte des fautes des officiers ou
gentilshommes, au commandant de la place,
qui en fera avertir le capitaine ou commandant de la compagnie, pour les punir.

XV. Les gentilshommes ne feront point
de patrouilles dans le dedans de la place ;
mais le capitaine de la compagnie pourra
en faire faire autour des cazernes occupées
par la compagnie, pour voir si la discipline
est observée, & si quelque gentilhomme
ne s'absente pas après l'appel qui sera fait
sous les soirs.

XVI. Le capitaine ou commandant de la compagnie pourra, en faisant avertir le gouverneur ou commandant de la place, assembler la troupe entiere ou en détail soit au-dedans ou au-dehors de la citadelle, toutes les fois qu'il le jugera nécessaire, pour faire l'exercice & la former au maniement des armes.

XVII. Le commandant de la place pourra faire prendre les armes à la compagnie dans les jours de cérémonies ordonnées par le Roi, ou dans les cas pressans imprévûs, en avertissant le capitaine ou commandant qui se trouvera à la tête de la compagnie.

XVIII. Lorsque le capitaine ou commandant de la compagnie aura fait mettre un officier ou cadet en prison, il en fera avertir sur le champ le commandant de la place par un officier, & en usera de même lorsqu'il le fera sortir; si le commandant ne se trouvoit pas chez lui, l'officier y laissera un billet pour l'en avertir, ce qui suffira.

XIX. Il sera pratiqué dans les citadelles ou châteaux une prison particuliere pour les gentilshommes, dont le geolier recevra l'ordre du capitaine ou commandant de la compagnie pour leur entrée ou leur sortie, & exécutera ce qu'il lui prescrira à ce sujet, sans que le commandant de la place puisse ordonner audit geolier rien de contraire.

XX. S'il arrive que les gentilshommes de la compagnie fassent du désordre dans la citadelle, le gouverneur pourra envoyer chercher le piquet de la compagnie, pour les faire arrêter & les remettre aux ordres du capitaine de la compagnie : fi le défordre arrive dans la ville, le gouverneur pourra les faire arrêter par les piquets de la garnifon, en envoyant fur le champ, fi c'eft pendant le jour, ou à l'ouverture des portes, fi c'eft pendant la nuit, avertir le capitaine de la compagnie, lequel envoyera prendre les gentilshommes pour les punir d'une manière convenable à leurs fautes; l'intention de Sa Majefté étant que la police & la difcipline des gentilshommes roulent entierement fur les capitaines qui en feront refponfables.

XXI. Le commandant de la place fera avertir tous les habitans de ne faire aucun crédit aux gentilshommes, à peine de perdre leur dû; à moins que ce ne foit fur le billet de leurs officiers, auquel cas il pourra les obliger de les faire acquitter.

XXII. Les foldats qui fe trouveront en garnifon dans les places où il y a des compagnies de gentilshommes, les falueront comme leurs officiers.

XXIII. S'il arrivoit que tous les officiers de l'état-major, ayant ordre pour commander dans la place au défaut de leurs fupérieurs, fe trouvaffent en même tems abfens, ou hors d'état d'y commander, en ce cas le capitaine de la compagnie des gentilshommes commandera dans la place par préférence à tous autres officiers de la garnifon, de quelques grades qu'ils puiffent être; fans cependant pouvoir rien changer au fervice & à la police de la place reglés par le commandant.

XXIV. Tout ce qui a été ordonné ci-deffus pour les gouverneurs des places & citadelles, & pour les capitaines des compagnies, aura lieu en leur abfence pour les commandans.

TITRE XXI.

Concernant les fix Compagnies de Cadets formées par ordonnance du 16. Décembre 1726.

Quoique ces Compagnies foient actuellement licenciées, on a crû devoir inférer ici les Ordonnances fuivantes pour donner une idée du plan qu'on s'étoit formé dans cet établiffement qui pourra revivre en tems de paix.

ORDONNANCE DU ROI,
Du 2. Août 1728.

SA Majefté ayant été informée des diffi-cultés qui font furvenues dans quelques-unes des places où Elle a établi des compa-gnies de cadets-gentilshommes, entre les gouverneurs ou commandans de ces places, & les capitaines defdites compagnies; & voulant expliquer fes intentions fur le fer-vice qu'elles auront à y faire d'une maniere qui, en maintenant les prérogatives des gouverneurs ou commandans, laisse aux capitaines toute l'autorité nécessaire pour les bien discipliner, a ordonné & ordonne ce qui suit.

ARTICLE PREMIER.

Les capitaines des compagnies de gentilshommes, auront seuls l'inspection sur lesdites compagnies, pour la discipline intérieure; sans que les gouverneurs des citadelles & places où elles sont, puissent rien exiger à cet égard.

II. Le capitaine ne pourra s'absenter pour coucher hors de la place plus d'une nuit, sans en faire avertir le gouverneur par un officier ou par un sergent, en cas d'absence ou de maladie du lieutenant, ou des deux sous-lieutenans; il l'informera de même de son retour.

III. Les officiers, sergens & gentilshommes, ne pourront s'absenter pour découcher, si ce n'est par quelque raison pressante & indispensable, & avec le congé du capitaine, qui en fera avertir le gouverneur de la place par un officier; mais le capitaine ne pourra permettre aux deux sous-lieutenans de s'absenter en même tems.

IV. Le gouverneur donnera les ordres nécessaires pour consigner aux portes les gentilshommes, lorsque le capitaine de la compagnie l'en requerrera par un officier.

V. Le commissaire des guerres sera obligé

de nommer les officiers & cadets de la compagnie, dans les revûes qu'il en fera chaque mois. Il ne pourra y employer présent aucun de ceux qui en seront absens, même par congé du capitaine; & observera de choisir pour la revûe, un jour de dimanche ou de fête, de concert avec le gouverneur ou commandant de la place; & avec le capitaine ou commandant de la compagnie, afin de ne point détourner les cadets de leurs exercices.

VI. La compagnie des gentilshommes ne tirera pas son poste avec les autres troupes de la garnison, & fera son service séparément. Le gouverneur désignera pour la garde que les gentilshommes auront à faire, un poste convenable au nombre que le capitaine pourra y employer par rapport à la force & à l'état de la compagnie. Et comme cette garde n'est établie que pour servir d'instruction, & qu'il convient en même tems de ne point s'éloigner de l'esprit des ordonnances, qui défendent de donner des postes fixes, celui pour la garde des gentilshommes sera pris dans les moins importans, & ils y feront le service aussi régulierement que les autres troupes. Il sera observé qu'à la parade, aussi-bien que dans les autres occasions où la compagnie se trouvera avec d'autres troupes, elle soit placée à la droite, en laissant une distance entre elle & les autres troupes.

VII. Lesdites compagnies de gentilshommes battront la marche des compagnies de moufquetaires du Roi.

VIII. Les lieutenans tiendront rang de capitaine en pied d'infanterie, & les fous-lieutenans celui de lieutenant en pied, à moins que ces derniers n'ayent précédemment obtenu ou n'obtiennent dans la fuite des grades fupérieurs : les lieutenans ne monteront point la garde, les fous-lieutenans pourront la monter, lorfque le capitaine de la compagnie jugera à propos qu'ils la montent pour s'inftruire.

IX. Les fergens tiendront rang de fous-lieutenans d'infanterie, à moins qu'ils n'ayent déja un grade fupérieur, ou qu'ils n'en obtiennent par la fuite.

X. Les officiers-majors des places ne fe ferviront point de la canne pour marquer les rangs, & faire défiler la troupe des gentilshommes.

XI. Les officiers, fergens & caporaux de la compagnie de gentilshommes, feront difpenfés de faire des rondes dans la place, mais ils vifiteront, fuivant qu'il leur fera ordonné, les poftes occupés par les gentilshommes. Si le capitaine juge à propos pour leur inftruction, de commander quelques gentilshommes pour accompagner les officiers, fergens & caporaux de la garnifon qui font les rondes dans tous les poftes de la place, le gouverneur les y admettra.

XII. Les officiers de l'état-major de la place, vifiteront quand bon leur femblera les poftes occupés par les gentilshommes, & y feront reçus conformément aux ordonnances du Roi; les rondes des officiers de la garnifon y feront reçues de même.

XIII. Le major de la place donnera l'ordre à l'officier chargé du détail de la compagnie de gentilshommes, qui le portera au cercle particulier de la compagnie.

XIV. Si le commandant de la place, ou le major faifant la ronde-major, trouve dans les poftes occupés par les gentilshommes, que l'officier de garde ou les gentilshommes manquent à leur devoir, il pourra les faire relever fur le champ, & les envoyer au capitaine ou commandant de la compagnie, qui les fera punir fuivant l'exigence du cas; & quant aux autres rondes, elles rendront compte des fautes des officiers ou gentilshommes, au commandant de la place, qui en fera avertir le capitaine ou commandant de la compagnie, pour les punir.

XV. Les gentilshommes ne feront point de patrouilles dans le dedans de la place, mais le capitaine de la compagnie pourra en faire faire autour des cazernes occupées par la compagnie, pour voir fi la difcipline eft obfervée, & fi quelque gentilhomme ne s'abfente pas après l'appel qui fera fait tous les foirs.

XVI. Le capitaine ou commandant de la compagnie, pourra, en faifant avertir le gouverneur ou commandant de la place, affembler la troupe entiere ou en détail, foit au-dedans ou au-dehors de la citadelle, toutes les fois qu'il le jugera néceffaire, pour faire l'exercice & la former au maniement des armes.

XVII. Le commandant de la place pourra faire prendre les armes à la compagnie dans les jours de cérémonies ordonnées par le Roi, ou dans les cas preffans & imprévûs, en avertiffant le capitaine ou commandant qui fe trouvera à la tête de la compagnie.

XVIII. Lorfque le capitaine ou commandant de la compagnie aura fait mettre un officier ou cadet en prifon, il en fera avertir fur le champ le commandant de la place par un officier, & en ufera de même lorfqu'il le fera fortir ; fi le commandant ne fe trouvoit pas chez lui, l'officier y laiffera un billet pour l'en avertir, ce qui fuffira.

XIX. Il fera pratiqué dans les citadelles ou châteaux, une prifon particuliere pour les gentilshommes, dont le geolier recevra l'ordre du capitaine ou commandant de la compagnie, pour leur entrée ou leur fortie, & exécutera ce qu'il lui prefcrira à ce fujet, fans que le commandant de la place puiffe ordonner audit geolier rien de contraire.

XX. S'il arrive que les gentilshommes de la compagnie faffent du défordre dans la citadelle, le gouverneur pourra envoyer chercher le piquet de la compagnie, pour les faire arrêter, & les remettre aux ordres du capitaine de la compagnie. Si le défordre arrivoit dans la ville, le gouverneur pourra les faire arrêter par les piquets de la garnison, en envoyant sur le champ, si c'est pendant le jour, ou à l'ouverture des portes, si c'est pendant la nuit, avertir le capitaine de la compagnie, lequel enverra prendre les gentilshommes, pour les punir d'une maniere convenable à leurs fautes ; l'intention de Sa Majesté étant que la police & la discipline des gentilshommes roulent entierement sur les capitaines, qui en seront responsables.

XXI. Le commandant de la place fera avertir tous les habitans de ne faire aucun crédit aux gentilshommes, à peine de perdre leur dû ; à moins que ce ne soit sur le billet de l'un de leurs officiers, auquel cas il pourra les obliger de les faire acquitter.

XXII. Les soldats qui se trouveront en garnison dans les places où il y a des compagnies de gentilshommes, les salueront comme leurs officiers.

XXIII. S'il arrivoit que tous les officiers de l'état-major, ayant ordre pour commander dans la place au défaut de leurs supérieurs, se trouvassent en même tems absens, ou hors d'état d'y commander, en ce cas le capitaine de la compagnie de gentilshommes commandera dans la place, par préférence à tous autres officiers de la garnison, de quelques grades qu'ils puissent être, sans cependant pouvoir rien changer au service & à la police de la place, réglés par le commandant.

XXIV. Tout ce qui a été ordonné ci-deſſus pour les gouverneurs des places & citadelles, pour les capitaines des compagnies, aura lieu en leur abſence pour les commandans. *Louis XV. du 2. Août* 1728.

Nota. *Par ordonnance du* 20. *Mai* 1729. *les ſix compagnies de cadets furent réunies en deux compagnies de trois cens hommes chacune, dont l'une fut fixée à la citadelle de Metz, & l'autre à celle de Straſbourg.*

Par l'ordonnance ſuivante, ces deux compagnies furent encore réunies en une ſeule compagnie de ſix cens hommes dans la citadelle de Metz.

ORDONNANCE DU ROI,
Du 10. *Juin* 1732.

SA Majeſté ayant été informée par le compte qui lui a été rendu de l'état des compagnies de gentilshommes, entretenues dans les citadelles de Metz & de Straſbourg, que, depuis que le nombre en a été augmenté par ſon ordonnance du 20. Mai 1729. ils ont fait des progrès plus conſidérables dans les exercices militaires : & ayant eſtimé qu'ils pourroient ſe perfectionner de plus en plus, & ſe rendre plus promptement capables de bien remplir les charges qui leur ſeroient deſtinées dans ſes troupes, ſi les deux compagnies étant réunies, les gentilshommes avoient la facilité de s'inſtruire dans une troupe plus nombreuſe, de tous les mouvemens & évolutions dont un bataillon est susceptible, Sa Majesté a résolu d'incorporer la compagnie qui est à la citadelle de Strasbourg, dans celle qui est actuellement à la citadelle de Metz; cette place, par sa situation, ayant paru plus propre à la réunion des deux compagnies; & elle a ordonné & ordonne ce qui suit.

Article Premier.

Que la compagnie de cadets gentilshommes, entretenue dans la citadelle de Strasbourg, sera incorporée dans celle qui est en la citadelle de Metz, pour en former une seule compagnie.

II. Au moyen de cette incorporation, la compagnie de Metz sera composée d'un capitaine, d'un lieutenant, de sept souslieutenans, l'un desquels fera la charge d'aide-major, de vingt-quatre sergens, trente-six caporaux, trente-six anspessades, cinq cens quatre cadets & douze tambours.

III. Le sieur du Boschet, capitaine de ladite compagnie, continuera d'être payé de ses appointemens à raison de trois mille six cens livres par an; le sieur de Birague lieutenant, sera dorénavant payé à raison de deux mille quatre cens livres; les souslieutenans continueront de toucher chacun les douze cens livres d'appointemens qui leur ont été réglés; & les sergens auront chacun cinq cens quarante livres par an.

IV. Les caporaux continueront de recevoir

voir par mois vingt-une livres chacun; les anſpeſſades chacun dix-huit livres; chacun des cadets quinze livres; & pareille ſomme de quinze livres à chaque tambour, en conformité des précédentes ordonnances, & notamment celle du 25. Mai 1731. concernant le payement des troupes.

V. Le lieutenant de ladite compagnie tiendra rang de lieutenant-colonel d'infanterie; les ſous-lieutenans, celui de capitaine; & les ſergens, celui de lieutenant d'infanterie, du jour & date de la préſente pour ceux qui ſont pourvûs deſdites charges, & pour ceux qui leur ſuccéderont dans la ſuite, du jour que les brevets leur en auront été expédiés.

VI. Sa Majeſté fera payer douze cens livres par an à chacun des deux aumôniers qui ſeront dans ladite compagnie, & qui, outre le ſoin qu'ils prendront d'inſtruire les cadets dans la Religion, enſeigneront à lire & à écrire aux cadets qui pourront en avoir beſoin.

VII. Les ſous-lieutenans & ſergens qui ſeront incorporés dans ladite compagnie, marcheront après les officiers du même grade qui s'y trouveront en pied, afin de ne pas troubler l'ordre du ſervice qui y eſt établi; les gentilshommes conſerveront leur rang, ſuivant la date de leurs lettres de réception dans les compagnies où ils ſont entrés; & s'il s'en trouve pluſieurs du même jour, l'âge décidera de leur rang; & en cas qu'il y en ait qui foient nés le même jour, ou dont l'âge foit ignoré, le capitaine les fera tirer au fort.

VIII. Il y aura dans ladite compagnie trois maîtres de Mathématiques, fur le pied de douze cens livres chacun, trois Deffinateurs fur le pied de fept cens livres chacun, lefquels s'employeront à enfeigner aux cadets les premieres regles de l'Arithmétique ; deux maîtres de langue allemande, qui auront chacun neuf cens livres d'appointemens ; deux aides qui auront chacun cinq cens livres ; deux maîtres d'armes, qui auront chacun mille quatre-vingt livres d'appointemens ; deux prevôts, qui auront chacun fix cens livres, deux maîtres de danfes, qui auront chacun neuf cens livres d'appointemens ; deux aides qui auront chacun cinq cens livres.

IX. Tous les fufdits appointemens feront payés ainfi qu'ils font réglés par la préfente ordonnance, à commencer du premier du mois de Juillet prochain.

X. Sa Majefté veut bien conferver au fieur de Chais douze cens livres d'appointement, en attendant qu'il foit placé, & huit cens livres à celui des huit fous-lieutenans qui font actuellement dans les deux compagnies, qui ne pourra être employé dans celle de Metz, & ce auffi en attendant qu'il foit placé.

XI. Ladite compagnie fera le fervice dans la citadelle de Metz, en conformité de ce qui est réglé par l'ordonnance du 2 du mois d'Août 1728.

XII. Elle aura un drapeau blanc, semé de fleurs-de-lys d'or sans nombre, avec les armes du Roi au milieu, & sa devise sur le revers ; ce drapeau sera porté par le premier caporal de la compagnie.

Nota. Cette compagnie a été licentiée par l'ordonnance suivante.

ORDONNANCE DU ROI,
Du 22 Décembre 1733.

SA Majesté ayant donné des charges dans ses troupes à la plus grande partie des cadets de la compagnie de gentilshommes entretenue à la citadelle de Metz, & considérant que pendant la guerre cet établissement n'est pas nécessaire ; Sa Majesté a résolu de licencier cette compagnie, & en conséquence a ordonné & ordonne que les officiers qui sont à la tête, ainsi que les cadets, se sépareront aussi-tôt le présent ordre reçu, les assûrant qu'Elle est satisfaite des services qu'ils lui ont rendus dans cette troupe. A l'égard des cadets, Sa Majesté desire qu'il leur soit donné congé pour se retirer chez eux ; enjoignant à ceux qui voudront avoir des charges dans ses troupes, de se faire inscrire sur l'état que les intendans des provinces où ils se seront retirés enverront à Sa Majesté, des noms desdits gentilshommes, qui pourront obtenir les emplois qu'Elle les jugera capables de remplir. Mande & ordonne Sa Majesté au sieur comte de Belle-Isle, gouverneur général & commandant au pays Messin, au sieur de Creil intendant en la généralité de Metz, au commissaire des guerres, chargé des revûes & de la police de ladite compagnie, & à tous autres ses officiers qu'il appartiendra, de tenir la main à l'exécution de la présente. Fait à Versailles, le vingt-deux Décembre mil sept cens trente-trois. *Signé* LOUIS. *Et plus bas,* BAUYN.

TITRE XXII.

Du Rang que tiendront entre eux les Régimens de Cavalerie & les Officiers desdits Régimens.

ARTICLE PREMIER.

SA Majesté desirant fixer le rang des régimens de cavalerie, suivant leur ancienneté, ensorte que leur marche ne se refere plus aux dates des commissions des mestres-de-camp qui les commanderont, Elle a ordonné qu'à l'avenir lesdits régimens marcheront dans l'ordre qui suit. *Louis XIV, ordonnance du premier Mai* 1699.

1. Le colonel général.
2. Le mestre-de-camp général.
3. Le commissaire général.
4. Le régiment Royal,

5. Le régiment du Roi.
6. Le Royal étranger.
7. Les cuirassiers du Roi.
8. Royal-Cravattes.
9. Le Royal-Roussillon.
10. Le Royal-Piémont.
11. Le Royal-Allemand.
12. Le Royal-Carabiniers.
13. La Reine.
14. Dauphin.
15. Dauphin étranger.
16. Bretagne, *ci-devant Bourgogne.*
17. Anjou.
18. Berry.
19. Orleans.
20. Condé.
21. Bourbon.
22. Clermont, *ci-devant Chartres, a pris* *ce rang par ordonnance du 5 Janvier* 1724.
23. Du Maine.
24. Toulouse.
25. Du Chaila.
26. Villars, *autrefois Narbonne.*
27. Villeroi.
28. Lambesc, *autrefois du prince Camille.*
29. De Luynes, *autrefois Grignan.*
30. Saint-Simon, *autrefois Rohan.*
31. Gesvres, *autrefois Egmont.*
32. La Tour, *autrefois Villequier.*
33. Lixin, *autrefois Vivans.*
34. Cayeux, *autrefois la Tournelle.*
35. Turenne, *autrefois Talmont.*

36. Vaudrey, *autrefois de Roquefpine.*
37. Montrevel, *autrefois Ufez.*
38. Brion, *autrefois Larrar.*
39. La ..chefoucault, *autrefois Ruffey.*
40. Staniſlas Roi, *autrefois Coffé-Briffac.*
41. Vintimille, *autrefois Peyre.*
42. La Motte - Houdancourt, *autrefois Duras.*
43. Bonghard, *autrefois S. Pouanges.*
44. Beringhen, *autrefois Tournefort.*
45. La Ferronnaye.
46. Lorges, *autrefois Vienne.*
47. Lenoncourt, *autrefois Clermont.*
48. Chepy, *autrefois Imécourt*
49. D. de Briſſac, *autrefois du Bordage.*
50. Levy.
51. Ruffec, *autrefois Barentin.*
52. Du Luc, *autrefois Wiltz.*
53. Helmſtat, *autrefois Rozen.*
54. Duc de Noailles.
55. Bethunes, *autrefois Furſtemberg.*
56. Nugent, *autrefois Scheldon.*
57. Ratky, Huſſards.
58. Monchy, *ci-devant Vaudemont.*
59. Berchiny, Huſſards.

Nota. *On a crû devoir ajouter aux noms des régimens qui ſubſiſtent, ceux qu'ils avoient au jour de l'ordonnance du premier Mai 1699. qui a donné un rang fixe aux régimens de cavalerie; parce qu'ils y ſont compris ſous ces noms ajoutés.*

II. Les meſtres-de-camp deſdits régimens & les lieutenans-colonels, conſerveront dans les détachemens les rangs qui leur appartiennent par l'ancienneté de leurs commissions, sans avoir égard au rang des régimens à la tête desquels ils se trouveront ; Déclarant Sa Majesté ausdits mestres-decamp, que si à l'occasion d'une paix Elle se trouvoit obligée de faire une réforme dans sa cavalerie, Elle y comprendroit indifféremment ceux qui seroient le moins en état de servir, sans avoir égard à leur ancienneté ni à leur rang. *Louis XIV. ordonnance du premier Mai* 1699.

Nota. On vient de lire la liste des régimens de cavalerie qui étoient sur pied en 1741, *lors de la derniere édition de cet ouvrage ; on a cru devoir la laisser subsister, par la même raison qui avoit porté l'auteur à joindre aux noms des régimens d'alors ceux qu'ils portoient au premier Mai* 1699, *ainsi qu'on l'a vû plus haut. Nous placerons de même après l'ancienne liste des régimens de dragons, les noms des régimens sur pied en* 1759.

RANG DES RÉGIMENS DE CAVALERIE
en 1759.

1. Colonel général.
2. Mestre-de-camp général.
3. Commissaire général.
4. Royal.
5. Du Roi.
6. Royal étranger.
7. Cuirassiers.
8. Royal-Cravates.

9. Royal-Rouffillon.
10. Royal-Piémont.
11. Royal-Allemand.
12. Royal-Carabiniers.
13. Royal-Pologne.
14. La Reine.
15. Dauphin.
16. Dauphin étranger.
17. Bourgogne.
18. Aquitaine.
19. Berri.
20. Orléans.
21. Chartres, *ci-devant* Bellefonds, *a pris ce rang par ordonnance du* 7 *Mai* 1758.
22. Condé.
23. Bourbon.
24. Clermont.
25. Conti.
26. Penthievre.
27. Archiac.
28. Poly.
29. Lufignan.
30. Marchieux.
31. Des Salles.
32. Talleyrand.
33. Noé.
34. Chabrillant.
35. Charoft.
36. Saint-Aignan.
37. Grammont.
38. Bourbon – Buffet.
39. La Viefville.
40. Trafignies.

41. Saint-Jal.
42. Fumel.
43. La Rochefoucauld.
44. De Vienne.
45. Lameth.
46. Cruſſol.
47. Fleury.
48. Touſtain.
49. Dampierre.
50. Henrichemont.
51. Mouſtiers.
52. Saluces.
53. Wirtemberg.
54. Noailles.
55. Harcourt.
56. Fitzjames.
57. Deſcars.
58. Naſſau-Wingen.
59. Moncalm.
60. D'Eriſſy.

ORDONNANCE DU ROI,

Qui donne un nouveau rang au régiment de Conti.

Du 28 Janvier 1733.

SA Majeſté ayant donné à M. le prince de Conti le régiment de cavalerie de Villeroi, vacant par le décès du ſieur duc d'Halin-court; & deſirant qu'il prenne dorénavant dans la cavalerie le rang qui eſt dû à la naiſ-ſance de ce prince; Sa Majeſté a ordonné &

P v

ordonne que ledit régiment de Conti marchera à l'avenir immédiatement après celui de Clermont, & avant le régiment du Maine, nonobſtant ce qui eſt porté par l'ordonnance du premier Mai 1699, qui avoit fixé le rang de ce régiment après celui de Villars, à laquelle Sa Majeſté a dérogé & déroge à cet égard ſeulement.

ORDONNANCE DU ROI,

Portant que le Régiment de Cavalerie vacant par le décès de M. le Duc du Maine, ſera mis dorénavant ſous le nom & commandement du ſieur Marquis de Saint-Simon, Meſtre-de-Camp, & prendra rang après celui de Toulouſe ; du 20 Août 1736.

SA Majeſté ayant donné au ſieur marquis de Saint-Simon, meſtre-de-camp, lieutenant du régiment de cavalerie du Maine, la charge de Meſtre-de-camp dudit régiment, vacante par la mort de M. le duc du Maine, & voulant regler le rang que ce régiment tiendra à l'avenir, Sa Majeſté, après avoir vû par le compte qu'Elle s'eſt fait rendre de la création des régimens de ſa cavalerie, que celle de ce régiment eſt antérieure à la création du régiment que commande à préſent le ſieur marquis d'Ancezune, a ordonné & ordonne que ledit régiment marchera immédiatement après celui de Toulouſe, & avant celui d'Ancezune, & qu'il ſervira dorénavant sous le nom du sieur marquis de Saint-Simon. Mande & ordonne Sa Majesté à M. le comte d'Evreux, colonel général de sa cavalerie, & au sieur marquis de Clermont-Tonnerre, mestre-de-camp général de ladite cavalerie, de tenir la main à l'exécution de la présente. Fait à Compiegne le vingt Août mil sept cent trente six. *Signé*, LOUIS. *Et plus bas*, BAUYN.

LOUIS DE LA TOUR D'AUVERGNE, *Comte d'Evreux, Colonel Général de la Cavalerie légere & étrangere.*

VU l'ordonnance du Roi du 20 Août 1736, pour régler le rang du régiment de cavalerie du Maine, à-présent Saint-Simon, immédiatement après celui de Toulouse, & avant celui d'Ancezune, ainsi qu'il est plus au long contenu dans ladite ordonnance :

NOUS, en vertu du pouvoir à nous donné par Sa Majesté, à cause de notre charge de colonel général de lad. cavalerie, mandons à M. le marquis de Clermont-Tonnerre, mestre-de-camp général de lad. cavalerie, de tenir exactement la main à l'exécution de ladite ordonnance, suivant l'intention de Sa Majesté. Ordonnons à tous mestres-de-camp des régimens de cavalerie, & des brigades du régiment royal des Carabiniers, de reconnoître le rang dudit régiment de Saint-Simon, conformément à ladite ordonnance de Sa Majesté, sans y contrevenir ; laquelle ordonnance & la présente seront publiées à la tête de chacun desdits régimens & brigades de Carabiniers, par les commissaires des guerres qui en ont la conduite & police, afin que personne n'en ignore. Fait à Monceaux le premier Sep-

P vj

tembre mil fept cent trente - fix. *Signé*, LE COMTE D'EVREUX. *Et plus bas*, Par Monfeigneur, MITOUFLET.

ORDONNANCE DU ROI,

Pour mettre le Régiment de Cavalerie du Roi Staniflas, fous le titre de ROYAL-POLO-GNE, & *lui faire prendre rang dans la Cavalerie, immédiatement après le Régiment Royal de Carabiniers ; du 30 Mars 1737.*

SA Majefté defirant mettre fous le titre de Royal-Pologne, le régiment de cavalerie qui eft fous celui du Roi Staniflas, & voulant qu'il prenne à l'avenir dans la cavalerie, un rang convenable à ce titre, Sa Majefté a ordonné & ordonne qu'il portera à l'avenir le nom de Royal-Pologne, & prendra rang dans les garnifons, quartiers, campemens, armées, & par tout ailleurs, après le régiment royal de Carabiniers, & avant tous les autres qui font actuellement fur pied ; nonobftant ce qui eft porté par l'ordonnance du 24 Décembre 1725, qui avoit fixé le rang de ce régiment après celui de la Reine, & toutes autres ordonnances & reglemens à ce contraires, aufquelles Sa Majefté a dérogé & déroge par la préfente.

Mande & ordonne Sa Majefté à M. le comte d'Evreux, colonel général defa cavalerie, & au fieur marquis de Clermont-

Tonnerre, meftre-de-camp général d'icelle, de tenir la main à l'exécution de la préfente: Fait à Verfailles, le trentieme Mars mil fept cent trente-fept. *Signé*, LOUIS. *Et plus bas*, BAUYN.

LOUIS DE LA TOUR D'AUVERGNE, *Comte d'Evreux, Colonel Général de la Cavaterie tant Françoife qu'Etrangere.*

VU l'ordonnance du Roi du 30 Mars 1737, pour mettre fous le titre de Royal-Pologne le régiment de cavalerie qui eft fous celui du roi Staniflas, & lui faire prendre à l'avenir dans la cavalerie, & par tout ailleurs, le rang après le régiment royal des Carabiniers, & avant tous les autres qui font actuellement fur pied, ainfi qu'il eft plus au long contenu dans ladite ordonnance; par laquelle Sa Majefté nous mande & ordonne de tenir la main à ce qu'elle foit exactement exécutée.

NOUS, en vertu du pouvoir à nous donné par Sa Majefté, à caufe de notre charge de colonel général de la cavalerie, mandons à M. le marquis de Clermont-Tonnerre, meftre-de-camp général de ladite cavalerie, de tenir exactement la main à l'exécution de ladite ordonnance fuivant l'intention de Sa Majefté. Ordonnons à tous meftres-de-camp des régimens de cavalerie, & des brigades du régiment royal de Carabiniers de reconnoître le rang dudit régiment de Royal-Pologne, conformément à ladite ordonnance, fans y contrevenir; laquelled. ordonnance de Sa Majefté & la préfente feront publiées à la tête de chacun defdits régimens de cavalerie & brigades de Carabiniers par les commiffaires des guerres qui en ont la conduite

& police, afin que perfonne n'en ignore. Fait à Paris le trente-un Mars mil fept cent trente-fept. *Signé*, LE COMTE D'EVREUX. *Et plus bas*, Par Monfeigneur, MITOUFLET.

ORDONNANCE DU ROI,

Pour remettre à fon rang le Régiment de Dragons du Chevalier de Mailly, ci-devant de Condé; du 21 Février 1740.

SA Majefté ayant donné au fieur chevalier de Mailly, major du régiment de dragons de Vibraye, la charge de meftre-de-camp du régiment de dragons de Condé, vacant par la mort de monfeigneur le duc de Bourbon, a jugé à propos de remettre ce régiment au rang où il étoit avant l'ordonnance du 12 Décembre 1724, qui lui avoit fait prendre dans le corps des dragons, celui dû à la naiffance d'un prince de fon fang : & cette raifon ne fubfiftant plus depuis fon décès, Sa Majefté a ordonné & ordonne que ledit régiment de dragons du chevalier de Mailly reprendra le même rang qu'il avoit avant ladite ordonnance du 12 Décembre 1724, entre les autres régimens de dragons, & marchera immédiatement après le régiment de la Suze, & avant celui de Languedoc, fans qu'il y puiffe être apporté aucune difficulté ; dérogeant à tous reglemens à ce contraires. Mande & ordonne Sa Majefté au fieur comte de Coigny, colonel général de fes dragons, & au

fieur duc de Chevreuſe, meſtre-de-camp
général deſdits dragons, de tenir la main à
l'exécution de la préſente ; laquelle Sa Majeſté veut être lue & publiée à la tête de ſes
régimens de dragons, par les commiſſaires
de ſes guerres qui en ont la police, afin que
perſonne n'en ignore. Fait à Verſailles, le
vingt-un Février mil ſept cens quarante.
Signé, LOUIS. *Et plus bas*, DE BRETEUIL.

ANTOINE DE FRANQUETOT,
Comte de Coigny, Colonel Général des Dragons,
Maréchal des Camps & Armées du Roi, Gou-
verneur & Grand-Bailli de la Ville & Château de
Caen.

VU l'ordonnance du Roi du 21 Février 1740,
par laquelle Sa Majeſté ayant donné au ſieur
chevalier de Mailly, major du régiment des dragons de Vibraye, la charge de meſtre-de-camp
du régiment de dragons de Condé, vacant par la
mort de M. le duc de Bourbon, a jugé à propos
de remettre ce régiment au rang qu'il étoit avant
l'ordonnance du 12 Décembre 1724, ainſi qu'il
eſt plus au long contenu dans ladite ordonnance,
par laquelle Sa Majeſté nous mande & ordonne
de tenir la main à ce qu'elle ſoit exactement ob-
ſervée. Nous, en vertu du pouvoir à nous donné par Sa Majeſté, à cauſe de notre charge de
colonel général des dragons, ordonnons à tous
meſtres-de-camp & autres officiers de dragons
de reconnoître le rang dudit régiment de Mailly, ci-devant Condé, conformément à ladite
ordonnance, & ſans y contrevenir ; laquelle ordonnance de Sa Majeſté & la préſente ſeront
publiées à la tête de chacun des régimens de
dragons par les commiſſaires des guerres qui en

ont la conduite & police, afin que perſonne n'en ignore. Fait à Paris le dix - neuf Avril mil ſept cent quarante. *Signé*, COIGNY. *Et plus bas,* Par Monſeigneur colonel général, REGNIER, ſecrétaire général.

ORDONNANCE DU ROI,

Pour conſerver aux Cavaliers qui ſeront dorénavant tirés des Régimens de ſa Cavalerie, pour les remplacemens à faire aux Brigades du Régiment Royal de Carabiniers, le rang d'ancienneté qu'ils ont acquis par leurs ſervices, en entrant dans les Compagnies de Carabiniers ; du 25 Février 1741.

S A Majeſté étant informée qu'une des principales difficultés qui ſe rencontrent dans le choix à faire des anciens & meilleurs cavaliers à tirer des compagnies de ſa cavalerie, pour les remplacemens qu'il y a à faire chaque année aux brigades de ſon régiment de Carabiniers, conformément aux ordonnances des 25 Octobre 1690, & 13 Décembre 1695, provient de l'appréhenſion de la plûpart de ces cavaliers, de perdre le rang d'ancienneté qu'ils ont acquis dans les compagnies qu'ils quittent, & de leur répugnance à ſe trouver à la queue de celles des brigades où ils entrent, quoiqu'ils ayent plus de ſervice que quelques-uns des carabiniers qui les compoſent : & voulant que les cavaliers qui ſeront dorénavant choi-

fis pour entrer dans le corps de fes carabiniers, y confervent le rang d'ancienneté dû
à leurs fervices, ainfi que les officiers en
jouiffent entr'eux, fuivant la date de leurs
commiffions, conformément à l'ufage établi dans la cavalerie; Sa Majefté a ordonné
& ordonne qu'à l'avenir tous les cavaliers
qui feront choifis pour entrer dans fes carabiniers, conferveront dans les compagnies
des brigades où ils entreront, le rang d'ancienneté qui leur appartiendra, eu égard à
celle de leurs fervices, prouvée par la date
de leurs engagemens, & les certificats qui
leur en feront délivrés par leurs capitaines,
vifés des commandans & majors des régimens, & certifiés par les commiffaires des
guerres chargés de leur police : n'entendant
Sa Majefté intervertir par la préfente, les
rangs fuivant lefquels marchoient entr'eux
les carabiniers qui compofoient chaque compagnie des brigades, lorfqu'elles ont repaffé
d'Italie en France, au-deffus defquels aucun des cavaliers qui entreront à l'avenir,
ne pourront paffer, quand même ils fe trouveroient plus anciens dans le fervice, en
quelques régimens ou armées qu'ils ayent
fervi antérieurement. Mandant Sa Majefté
à M. le comte d'Evreux, colonel général de
fa cavalerie, & au fieur marquis de Clermont-Tonnerre, meftre-de-camp général
de ladite cavalerie, de tenir la main à l'e-
xéution de la préfente.

Mande & ordonne Sa Majefté, &c. Fait

à Versailles, le vingt-cinq Février mil sept cens quarante-un. *Signé*, LOUIS. *Et plus bas*, DE BRETEUIL.

ORDONNANCE DU ROI,

Portant que le Régiment de Cavalerie de Chartres, ci-devant Bellefonds, prendra rang dans la Cavalerie après celui d'Orléans; du 7 Mai 1758.

SA Majesté ayant donné à monf. le duc de Chartres le régiment de cavalerie, vacant par la promotion du comte de Bellefonds au grade de Maréchal-de-camp : & defirant qu'il prenne dorénavant dans la cavalerie le rang qui eft dû à la naiffance de ce prince, Sa Majesté a ordonné & ordonne que ledit régiment marchera à l'avenir, immédiatement après celui d'Orléans, & avant le régiment de Condé, nonobstant ce qui eft porté par l'ordonnance du premier Mai 1699, qui avoit fixé le rang de ce régiment alors Imécourt, après celui de Clermont, à préfent Touftain; & à laquelle Sa Majesté a dérogé & déroge à cet égard feulement. Mande & ordonne Sa Majesté à monf. le prince de Turenne, colonel général de fa cavalerie legere, & au fieur marquis de Béthune, meftre-de-camp général d'icelle, de tenir la main à l'exécution de la préfente. Fait à Versailles, le fept Mai mil fept cent cinquante-huit. *Signé*, LOUIS. *Et plus bas*, LE MARÉCHAL DUC DE BELLE-ISLE.

GODEFROI-CHARLES-HENRI DE LA TOUR D'AUVERGNE, Prince de Turenne, Grand-Chambellan de France en survivance, Colonel général de la Cavalerie légere, françoise & étrangere.

VU l'ordonnance du Roi du 7 Mai 1758, par laquelle Sa Majesté ordonne que le régiment de cavalerie de Chartres, ci-devant Bellefonds, prendra rang dans la cavalerie après celui d'Orléans, à nous adressée, pour y tenir exactement la main, mandons à M. le marquis de Béthune, mestre-de-camp général de la cavalerie, & à tous qu'il appartiendra, de la faire exécuter selon sa forme & teneur. Donné à Paris le huit Mai mil sept cent cinquante-huit. *Signé*, LE PRINCE DE TURENNE. *Et plus bas*, Par Monseigneur, GAULTIER.

TITRE XXIII.
Du Rang des Régimens de Dragons.

1. COLONEL général.
2. Mestre-de-camp général.
3. Royal.
4. La Reine.
5. Dauphin.
6. Orléans, *a pris ce rang par ordonnance du 25 Avril* 1718.
7. Condé, *a pris ce rang par ordonnance du 12 Décembre* 1724.
   Il étoit anciennement Fimarcon.
8. Beaufremont, *ci-devant Listenois.*
9. Bonnelies, *autrefois Estrades.*

10. Epinay, *autrefois du Heron.*
11. Vitry, *autrefois Verac.*
12. Rochepietre, *autrefois Lautrec.*
13. Nicolai, *autrefois Senneterre.*
14. Sommery, *autrefois Hautefort.*
15. Languedoc.

RANG DES RÉGIMENS DE DRAGONS en 1759.

1. Colonel général.
2. Meſtre-de-camp.
3. Royal.
4. Du Roi.
5. La Reine.
6. Dauphin.
7. Orléans.
8. Beauffremont.
9. D'Aubigné.
10. Caraman.
11. La Feronaye.
12. Flamarens.
13. D'Apchon.
14. Thiange.
15. Marbeuf.
16. Languedoc.

Les dragons faiſant auſſi-bien que la cavalerie & l'infanterie un corps dans les troupes de Sa Majeſté, on a crû devoir inſérer ici l'édit de création d'un état-major de ce corps, que Sa Majeſté y a formé en 1669.

✳

EDIT DE CRÉATION

De l'Etat-Major des Dragons.

LOUIS, par la grace de Dieu, Roi de France & de Navarre : A tous préſens & à venir, Salut. Conſidérant que Nous avons ſur pied deux régimens de mouſquetaires à cheval dits dragons, & que pour les maintenir toujours en bon état, faire garder entr'eux & ceux que nous pourrons mettre ci-après ſur pied, le bon ordre qu'il convient, & leur faire obſerver la diſcipline & police portée par nos reglemens & ordonnances militaires, même y faire exercer la juſtice ; *il eſt néceſſaire de créer à cette fin à la ſuite deſdites troupes, des officiers qui compoſeront un état-major général, leſquels ſerviront en leurs charges en la même forme & maniere que ceux de l'état-major de notre cavalerie légere.* Savoir faiſons, qu'après avoir fait mettre cette affaire en délibération en notre conſeil, où étoit notre très-cher & très-amé frere unique le duc d'Orléans, pluſieurs princes de notre Sang, & autres grands & notables perſonnages de notredit conſeil, de l'avis d'icelui, & de notre certaine ſcience, pleine puiſſance & autorité Royale : Nous avons par notre préſent édit perpétuel & irrévocable, créé, érigé, ordonné & établi, créons, érigeons, ordonnons & établiſſons un état-major général de nos mouſ-

quetaires à cheval, dits dragons, tant de
ceux qui font préfentement fur pied, que
de ceux que nous pourrons faire lever ci-
après ; lequel état-major nous voulons être
compofé d'un colonel général d'iceux, d'un
maréchal des logis, d'un fecrétaire, d'un
prévôt, de fon lieutenant & d'un exempt,
d'un greffier, de cinq archers & d'un exécuteur, d'un aumônier, d'un médecin, d'un
apotiquaire, d'un chirurgien & d'un trompette : qu'il foit payé à chacun d'eux, les
gages ci-après ; favoir, fix cens livres au
colonel, cent cinquante livres au maréchal
des logis, cent livres au fecrétaire, trois
cens livres aux officiers de ladite prevôté,
qui font cent livres au prevôt, cinquante
livres à fon lieutenant, & trente livres à
chacun des exempts & greffier, & quinze
livres à chacun des archers & exécuteur,
quarante livres à l'aumônier, quatre-vingt
livres au médecin, & cinquante livres à
chacun des apotiquaires & chirurgiens, &
trente livres au trompette ; le tout par mois,
& pour les douze mois de chacune année ;
aufquelles charges il fera par Nous pourvû de perfonnes capables & fuffifantes, fur
la nomination qui fera faite par le *colonel-*
général defdits dragons ; lefquels jouiront des
mêmes honneurs, autorités, priviléges, fran-
chifes, exemptions, immunités dont jouiffent
ceux qui font pourvûs des charges de l'état-
major de notre cavalerie légere. Si donnons
en mandement à nos amés & feaux con-

seillers les gens tenans notre chambre des comptes & cour des aides à Paris, que notre présent édit ils faſſent enregiſtrer, & le contenu en icelui garder & obſerver en ce qui les concerne, ſans difficulté : car tel eſt notre plaiſir. Et afin que ce ſoit choſe ferme & ſtable à toûjours, Nous avons fait mettre notre ſcel à ceſdites préſentes, ſauf en autre choſe notre droit, & l'autrui en tout. Donné à Saint-Germain-en-Laye, l'an de grace mil ſix cent ſoixante-neuf, & de notre regne le vingt-ſix. *Signé,* LOUIS. *Et ſur le repli, par le Roi,* LE TELLIER ; *& à côté ſur led. repli,* Viſa SEGUIER, *pour ſervir aux lettres-patentes portant création d'un état-major des dragons : & au-deſſous eſt écrit : Collationné à l'original, par moi conſeiller ſecrétaire du Roi & de ſes Finances.*

Signé, RAMBOUILLET.

TITRE XXIV.

Du commandement des Officiers de Cavalerie & de Dragons.

ARTICLE PREMIER.

TOUT colonel ou meſtre-de-camp de cavalerie ou de dragons commandera par-tout où il ſe trouvera, ſoit en campagne ou dans les garniſons, à tous les lieutenans-colonels ; les lieutenans-colonels à tous les capitaines; & les capitaines à tous les officiers ſubalternes. *Louis XIV. ordonnance du 30 Juillet* 1695.

II. Lorſque les régimens de cavalerie ou de dragons ſeront enſemble, les régimens de cavalerie prendront la droite ſur ceux de dragons, & ceux de dragons auront la gauche, ſoit que les meſtres-de-camp de cavalerie ſoient plus ou moins anciens que ceux de dragons. *Louis XIV. du premier Décembre* 1689.

III. Entend néanmoins Sa Majeſté, que lorſqu'un officier commandera un corps compoſé de cavalerie & de dragons, il puiſſe faire marcher les dragons à la tête ou à la queue, ou les mêler parmi la cavalerie, ainſi qu'il jugera à-propos pour le bien du ſervice de Sa Majeſté. *Louis XIV. du premier Décembre* 1689.

IV. Lorſque des officiers de même qualité ſe trouveront enſemble, ſi c'eſt dans une place forte ou ville fermée, ceux d'infanterie commanderont préférablement à ceux de cavalerie & de dragons ; ſi c'eſt en campagne ou dans un lieu ouvert, ceux de cavalerie ou de dragons commanderont à ceux d'infanterie. *Louis XIV. du 30 Juillet* 1695.

NOTA. *Par l'article XXXI. de l'ordonnance du 25 Juillet 1665, les dragons étoient réputés du corps de l'infanterie : & les officiers d'infanterie & de dragons devoient par conſéquent rouler entre eux ſuivant l'ancienneté de leurs régimens. Cette diſpoſition ne peut ſe concilier avec celle de l'ordonnance de 1695.*

Cependant

Cependant comme il n'a pas été formellement dérogé à la premiere, on insere ici ledit article XXXI.

Et parce que Sa Majesté a sû que depuis peu il y a eu contestation entre les officiers d'aucunes de ses troupes d'infanterie, & ceux de son régiment de mousquetaires à cheval, dits dragons, pour raison du commandement & des prérogatives d'honneur ; Sa Majesté, pour empêcher qu'il n'en arrive plus à l'avenir, lorsqu'ils serviront ensemble, comme cela pourra souvent arriver, a ordonné & ordonne, veut & entend que dorénavant sond. régiment de dragons & autres de cette qualité, qui pourroient être mis ci-après sur pied, tiennent rang dans l'infanterie en toutes marches, logemens, gardes & autres fonctions militaires, du jour & date de leur création & établissement ; & qu'ils soient réputés du corps de ladite infanterie.

V. Les officiers de cavalerie & de dragons de pareils postes, marcheront entre eux suivant les dates de leurs commissions ; & si elles se trouvent datées du même jour, l'officier de cavalerie aura la préférence & commandera à celui de dragons. *Louis XIV. du 30 Juillet* 1695.

VI. Les lieutenans-colonels, en l'absence des mestres-de-camp, & sous leur autorité en leur présence, commanderont les régimens de cavalerie, & ordonneront aux capitaines des compagnies, & à tous les autres officiers desdits régimens, ce qu'ils auront à faire pour le fervice de Sa Majefté, & pour le maintien & rétabliffement defdites compagnies. *Louis XIV. du* 20 *Février* 1686.

VII. Ceux des majors de cavalerie & de dragons, qui avant d'être pourvûs de leurs majorités, fe trouveront être capitaines, tiendront un rang avec les autres capitaines des régimens dont ils feront majors, du jour & date de leur commiffion de capitaine. *Louis XIV. du* 25 *Février* & 22 *Novembre* 1690.

VIII. A l'égard de ceux defdits majors qui ne feront point capitaines lorfqu'ils feront faits majors, ils tiendront rang avec les capitaines de leur brevet de majors. *Ibidem.*

IX. Veut Sa Majefté, que dans les détachemens de cavalerie & de dragons qui fe feront, les majors tiennent rang du jour de leurs commiffions de capitaines, s'ils en ont eu avant que d'être majors, finon du jour de leur brevet de majors ; enforte que, lorfque leur rang leur donnera le commandement d'un efcadron dans le régiment où ils feront, ils puiffent fe mettre à la tête dudit efcadron, & le commander lorfqu'ils le defireront. *Louis XIV. ibidem.*

X. Et afin que ceux qui feront pourvus des charges de majors de cavalerie, puiffent y fervir avec plus d'application, Sa Majefté veut qu'ils ne puiffent avoir de compagnies fous leurs noms ; & que néanmoins ils confervent dans leurs régimens & dans la cavalerie, leur rang de capitaine, fuivant les dates de leurs commiffions de capitaines ou de leurs brevets de majors. *Louis XIV. du* 20 *Février* 1686.

XI. Les lieutenans de cavalerie qui auront commission de capitaines, ne pourront faire dans les régimens dont ils seront, d'autres fonctions que celles de lieutenans, & ne pourront être détachés que dans cette qualité : mais quand ils auront été ainsi détachés, ils prendront pour lors rang de capitaines, du jour & date de leurs commissions. *Louis XIV. du* 4 *Janvier* 1668.

XII. Que si dudit détachement il s'en fait quelque autre, ils ne pourront être détachés que comme lieutenans, si ce n'est qu'ils se trouvassent commandans du corps détaché ; auquel cas ils ne pourront en être détachés. *Ibidem.*

XIII. Les aides-majors de cavalerie qui auront été lieutenans, garderont avec les autres lieutenans les rangs qui leur appartiennent suivant les dates de leurs brevets de lieutenans ; & ceux qui n'auront point été lieutenans marcheront avec lesdits lieutenans, du jour de leurs brevets d'aide-major, de maniere que tous aides-majors commandent à tous cornettes, à l'exception de celui de la colonelle du colonel général de la cavalerie. *Louis XIV. du* 15 *Novembre* 1679, & 20 *Février* 1686.

XIV. Le cornette de la compagnie du colonel général de la cavalerie, aura rang de lieutenant, & les cornettes des compagnies du mestre-de-camp & du commissaire général , ainsi que le cornette entretenu dans la compagnie générale du régiment colonel général des dragons, obéiront aux lieutenans réformés. *Louis XIV. ibidem.*

XV. Tous mestres-de-camp de cavalerie & de dragons, soit en pied, réformés, par commission, ou en vertu du VIe. article de l'ordonnance du 15 Janvier, & de celle du 10 Août 1727, feront le service, chacun à leur tour, en ladite qualité de mestre-de-camp, dans les détachemens formés de troupes mêlées ; & alors ils marcheront entre eux suivant le rang de leur commission de mestre-de-camp, de maniere que les mestres-de-camp en pied obéiront à tous les autres mestres-de-camp qui se trouveront plus anciens qu'eux. *Louis XV. du 5 Décemb.* 1741.

XVI. Les mestres-de-camp réformés de cavalerie & de dragons, qui ont été mestres-de-camp en pied, commanderont les régimens où ils sont entretenus, en l'absence des mestres-de-camp en pied desdits régimens, dans les marches, dans les quartiers & par-tout ailleurs, & y jouiront de tous les honneurs & prérogatives attachés au commandement ; sans néanmoins pouvoir se mêler, pour quelque cause & sous quelque prétexte que ce puisse être, des détails des régimens. *Ibid.*

XVII. Les capitaines & majors de cavalerie & de dragons , qui ont obtenu des commissions pour tenir rang de mestre-de-camp, ceux qui tiennent ledit rang en vertu du VI.

article de l'ordonnance du 15 Janvier, &
de celle du 10 Août 1727, & les meftres-
de-camp réformés entretenus dans les régimens de cavalerie & de dragons, qui n'ont
pas été meftres-de-camp en pied, ne pourront (même ceux qui font brigadiers, &
ne fe trouveront point avoir des lettres de
fervice) prétendre, en l'abfence des meftres-
de-camp en pied, le commandement des régimens où ils font, pour quelque caufe &
fous quelque prétexte que ce puiffe être :
mais ils feront le fervice de meftre-de-camp
à leur tour, dans les détachemens qui feront formés de différens corps ; & alors
commanderont, en ladite qualité de meftre-
de-camp, non - feulement aux lieutenans-
colonels des régimens où ils font, mais
même aux meftres-de-camp en pied qui fe
trouveront moins anciens qu'eux : cependant lefdits capitaines & majors feront leur
fervice en ces qualités, dans lefdits régimens, tout ainfi que s'ils n'avoient point
le rang de meftre-de-camp ; y rouleront avec
les autres capitaines, fuivant la date de leur
commiffion de capitaine, & feront détachés à leur tour, en ladite qualité ; de maniere que s'ils fe trouvent nommés le même
jour, pour être employés en qualité de
meftre-de-camp & en celle de capitaine,
dans un détachement, ils marcheront de
préférence en cette derniere qualité, le fervice qu'ils doivent à leur charge étant leur
fervice principal. *Ibid.*

Et à l'égard des meftres-de-camp réformés, qui n'ont point été meftres-de-camp en pied, ils ne pourront dans les régimens où ils font, faire d'autre fervice que celui de capitaine réformé ; ils y obéiront à tous les capitaines en pied, & rouleront avec les capitaines réformés qui fe trouveront dans les mêmes régimens, fuivant l'ancienneté de leur commiffion de capitaine, s'ils en ont eu, finon, fuivant la date de leur commiffion de meftre-de-camp, & feront détachés à leur tour, en ladite qualité de capitaine réformé ; de maniere que s'ils fe trouvent détachés le même jour, en qualité de meftre-de-camp & en celle de capitaine réformé, ils marcheront de préférence en celle de capitaine réformé.

Dérogeant Sa Majefté aux ordonnances précédentes, en ce qu'elles auroient de contraire à la préfente. *Louis XV. du* 5 *Décembre* 1741.

Nota. *Lefdits cornettes du meftre-de-camp & du commiffaire général de la cavalerie, & le cornette de la colonelle générale des dragons, ont rang de derniers lieutenans & commandent à tous cornettes.*

TITRE XXV.

Des Maréchaux des logis & Brigadiers des compagnies de Cavalerie & de Dragons.

ARTICLE PREMIER.

LEs places de maréchaux des logis & celles des brigadiers vacantes dans les compagnies de cavalerie & de dragons, ne pourront être remplies, sçavoir celles des maréchaux des logis, que par des cavaliers ou dragons ayant au-moins dix ans de service dans la cavalerie ou dans les dragons, & celles de brigadiers, que par des cavaliers ou dragons ayant au-moins six ans de service ; & quand il ne se trouvera dans la compagnie où la place est vacante, aucun cavalier ou dragon qui ait ledit tems de service avec les autres qualités nécessaires, le capitaine en pourra choisir un dans les autres compagnies du même régiment, en donnant au capitaine dans la compagnie duquel il le prendra, un cavalier ou dragon à choisir dans sa compagnie. *Louis XIV. ordonnance du 4 Novembre* 1684.

II. Ordonne Sa Majesté à tous mestres-de-camp de cavalerie & de dragons, de tenir la main soigneusement à ce que les places de maréchaux des logis & de brigadiers qui viendront à vaquer dans les compagnies de leurs régimens, soient remplies

Q iiij

quinze jours au plus tard après la vacance ; par les capitaines, des gens capables de les exercer, & qui ayent les qualités requises. *Louis XIV. du 22 Novembre* 1689.

III. Lors des revûes des troupes de cavalerie & de dragons, les meſtres-de-camp ou commandans des régimens, & les majors certifieront aux commiſſaires des guerres ſi leſdites places ſont remplies ou non dans chaque compagnie de leurs régimens ; de quoi il ſera fait mention dans les extraits de revûe par leſdits commiſſaires ; & au cas qu'il ſe trouve qu'aucune deſdites places n'euſſent pas été effectivement remplies dans ledit tems, & que cependant leſdits meſtres-de-camp, commandans ou majors euſſent certifié qu'elles l'étoient, leurs appointemens, enſemble ceux du capitaine de la compagnie où leſdites places ne ſeront pas remplies, ſeront retenus par leſdits commiſſaires, qui en dreſſeront des procès-verbaux, qu'ils enverront conjointement avec leurs extraits de revûe au ſecrétaire d'état de la guerre. *Louis XIV. ibid.*

TITRE XXVI.

Du rang & du commandement des Meftres-de-camp & Lieutenans-colonels de Cavalerie, dont les compagnies fubfiftent dans les régimens où ils ont été incorporés.

ARTICLE PREMIER.

LEs compagnies meftres-de-camp incorporées marcheront dans les régimens où elles font, après les compagnies meftres-de-camp defdits régimens ; & les lieutenances-colonelles incorporées, après les lieutenances-colonelles defdits mêmes régimens. *Louis XIV. du* 15 Mai 1714.

II. En l'abfence des meftres-de-camp des régimens, les meftres-de-camp defdites compagnies incorporées commanderont à l'avenir lefdits régimens dans toutes les actions de guerre, de même que feroient les meftres-de-camp s'ils y étoient préfens. *Louis XIV. ibid.*

III. Ils les commanderont auffi en leur abfence dans les marches & dans les quartiers, & par-tout ailleurs, & y auront tous les honneurs & prérogatives du commandement ; & après eux les meftres-de-camp réformés qui fe trouveront à la fuite defdits régimens. *Ibid.*

IV. A l'égard des détails defdits régimens, l'intention de Sa Majefté eft auffi que

Q v.

la connoiſſance en appartienne, en l'abſence des meſtres-de-camp, auxdits meſtres-de-camp incorporés, qui font partie deſdits régimens, y ayant des compagnies en pied, & en leur abſence, aux lieutenans-colonels deſdits régimens, & après eux auxdits lieutenans-colonels incorporés; Sa Majeſté ayant à cet égard dérogé à ſes précédentes ordonnances des 16 Juillet & 4 Septembre 1701. *Louis XIV. ibid.*

NOTA. *Ces ordonnances portoient qu'en l'abſence des meſtres-de-camp & lieutenans-colonels des régimens, la connoiſſance des détails appartiendroit aux premiers capitaines.*

V. Sa Majeſté conſidérant au ſurplus que les meſtres-de-camp & lieutenans-colonels de cavalerie qui font brigadiers & qui ont été incorporés avec leurs compagnies dans les régimens de cavalerie conſervés, peuvent être plus utilement employés ailleurs pour ſon ſervice; Elle ordonne auxdits meſtres-de-camp & lieutenans-colonels incorporés, qui font brigadiers, de ſe démettre de leurs compagnies, moyennant le prix auquel elle a jugé à-propos de les fixer, ſçavoir à dix mille livres celles qui font dans les régimens de l'état-major de la cavalerie, & dans les royaux, & à huit mille livres celles des régimens de gentilshommes; leſquelles ſommes leur feront payées comptant par le tréſorier général de l'extraordinaire des guerres, en lui remettant la démiſſion de leurs compagnies, dont Sa Majeſté fera pourvoir ceux auxquels Elle jugera à-propos d'en accorder l'agrément : l'intention de Sa Majesté étant auſſi que les meſtres-de-camp incorporés qui ſeront dans la ſuite nommés brigadiers, ſoient pareillement tenus de remettre la démiſſion de leurs compagnies au tréſorier général de l'extraordinaire des guerres, moyennant le prix marqué ci-deſſus. *Louis XV. du* 10 *Janvier* 1719.

TITRE XXVII.

Concernant le rang des Officiers dans les Régimens nouvellement créés.

Nota. *L'ordonnance qui ſuit a été rendue le* 15 *Mai* 1734, *à l'occaſion de nouvelles compagnies de Cavalerie qui ont été miſes ſur pied.*

ORDONNANCE DU ROI,
Du 15 Mai 1734.

COMPAGNIES DE CAVALERIE
& de Dragons.

SA Majeſté voulant expliquer ſes intentions ſur les rangs que doivent tenir les capitaines des compagnies dont Elle a jugé à-propos d'augmenter ſa cavalerie & ſes dragons, par ſon ordonnance du 10 du mois de Novembre dernier, enſorte qu'il ne puiſſe arriver ſur ce ſujet aucune conteſtation entre eux ; Sa Majeſté a ordonné & ordonne ce qui ſuit :

ARTICLE PREMIER.

Que ceux qui étoient capitaines réformés marcheront les premiers immédiatement après ceux qui étoient en pied ledit jour, & entre eux suivant le rang de leurs commissions de capitaines.

II. Ceux qui étoient lieutenans en pied & lieutenans en second, ou réformés. après avoir été en pied, gardes-du-corps de Sa Majesté, gendarmes, chevau-legers ou mousquetaires de sa garde ordinaire, marcheront ensuite & tireront au sort pour le rang qu'ils devront tenir entre eux.

III. Après eux, ceux qui étoient cornettes ou lieutenans réformés de cavalerie ou de dragons sans avoir été en pied, lesquels tireront entre eux pour leur rang.

IV. Ensuite ceux qui étoient lieutenans d'infanterie, & entre eux suivant le rang qui leur sera échu par le sort.

V. Et ceux qui n'avoient point encore servi marcheront les derniers, & tireront pareillement au sort pour le rang qu'ils tiendront ensemble.

TITRE XXVIII.

Du rang des Capitaines des compagnies de Cavalerie & de Dragons de nouvelle levée.

ARTICLE PREMIER.

SA Majesté voulant prévenir les difficultés qui pourroient naître pour le rang entre les capitaines des compagnies de cavalerie ou de dragons dont Elle vient d'augmenter ses troupes ; Sa Majesté a ordonné & ordonne que ceux desdits capitaines qui, lors de ladite augmentation, se sont trouvés capitaines réformés entretenus, soit de cavalerie ou de dragons, conserveront dans l'un & l'autre corps les rangs qu'ils y ont gardés, en servant comme réformés. *Louis XIV. ordonnance du 26 Août 1701. Tous les articles de ce titre sont tirés de la même ordonnance.*

II. Ensuite marcheront ceux qui avoient aussi déjà été capitaines de cavalerie ou de dragons, mais qui ne s'étant pas trouvés entretenus comme réformés, ne doivent plus avoir rang dans la cavalerie, que du jour de ladite augmrntation * ; conservant entre eux seulement celui de la date de leurs anciennes commissions de capitaines.

III. Ceux qui ont été capitaines d'infanterie marcheront après ceux qui l'avoient déjà été de cavalerie ou de dragons, & entre eux suivant la date de leurs commissions de capitaines d'infanterie.

IV. Après eux marcheront ceux qui ont été choisis pour être faits capitaines, entre les lieutenans en pied des anciennes compagnies de cavalerie ou de dragons, entre les lieutenans aussi de cavalerie & de dragons qui ont été réformés à la paix de Riswich, & qui étoient entretenus, & dans les com-

* Cette augmentation est du premier Mars 1701 pour la cavalerie, & du 5 Février pour les dragons.

pagnies des gardes-du-corps de Sa Majesté,
& les compagnies de gendarmes, chevau-
legers & moufquetaires de fa garde ordinaire; & ils tireront tous enfemble pour
prendre entre eux le rang que le fort leur
donnera.

V. Marcheront enfuite ceux qui ont été
cornettes de cavalerie ou de dragons, & que
Sa Majefté avoit trouvé bon d'entretenir
comme lieutenans réformés, foit de cavalerie ou de dragons; prenant de même entre
eux le rang que le fort leur donnera.

VI. Quant aux autres defdits capitaines
de cavalerie & de dragons, qui n'avoient
aucunes des qualités fufdites, l'intention de
Sa Majefté eft qu'ils marchent les derniers
de ladite augmentation, & entre eux comme le fort en décidera.

La regle n'a pas toujours été la même dans
toutes les augmentations. L'ordonnance du 8
Avril 1672 portoit que les capitaines réformés
auxquels le Roi avoit donné des compagnies,
ne tiendroient rang que du jour de leur der-
niere commiffion.

Celle du 30 Mai 1692, rendue à l'occafion
de l'augmentation de quatre cens dix compa-
gnies de cavalerie, données partie à des capi-
taines réformés, partie à des lieutenans,
porte que les capitaines réformés reftés à la
fuite des régimens, ne pourront, lorfqu'ils fe-
ront remplacés à des compagnies vacantes,
prendre rang qu'après les capitaines de ladite
augmentation, même après ceux qui n'avoient
été que lieutenans.

Celle du 20 *Janvier* 1684 *qui regle les rangs des capitaines de cavalerie de l'augmentation de* 1683, *porte que les capitaines réformés qui ont levé des compagnies, marcheront après les capitaines qui étoient déjà en pied, quand même les commissions de ces capitaines en pied seroient moins anciennes, & que lesd. capitaines réformés ne pourroient se servir de leur premiere commission, que pour faire valoir leur rang avec les capitaines de la même augmentation qu'eux.*

Celle du 10 *Mai* 1684 *donnée à l'occasion de la nouvelle augmentation faite au mois de Février de la même année, porte que les capitaines réformés, qui avoient eu des compagnies de cette augmentation, marcheroient après les capitaines des augmentations précédentes, & après eux, ceux qui ont été pourvus des compagnies vacantes avant la derniere augmentation.*

Par ordonnance du 18 *Avril* 1689, *rendue à l'occasion de l'augmentation du* 20 *Août* 1688, *les capitaines réformés de cavalerie ou de dragons, qui se trouvoient entretenus ledit jour* 20 *Août, auxquels il avoit été accordé de nouvelles compagnies, ou des charges de majors, même ceux desdits capitaines réformés entretenus à qui on avoit donné des lieutenances en pied de cavalerie ou de dragons, conservoient le rang de capitaines réformés, suivant la date de leurs commissions, soit dans les régimens où ils étoient, ou dans les détachemens.*

Ceux qui avoient été précédemment capitaines, & qui n'étoient pas entretenus au jour de l'augmentation, ne devoient avoir rang que dudit jour 20 Août: gardant seulement entre eux celui de la date des commissions de capitaines de cavalerie ou de dragons qu'ils avoient eu auparavant. Ceux qui avoient été capitaines d'infanterie en pied ou réformés, devoient marcher ensuite, gardant entre eux le rang des dates de leurs commissions de capitaines d'infanterie; & après eux tous les autres qui avoient été faits capitaines de cavalerie ou de dragons ledit jour 20 Août, pour lesquels Sa Majesté avoit fait tirer au sort en sa présence, pour garder le rang qu'ils devoient avoir entre eux. Et comme on sera bien aise de trouver ici la forme dans laquelle ces rangs sont reglés, nous allons rapporter ici l'ordonnance suivante.

ORDONNANCE DU ROI,

Pour régler les rangs des capitaines des compagnies de nouvelle levée de Cavalerie françoise & de Hussards, de l'augmentation du 16 Décembre 1742; du premier Août 1743.

SA Majesté voulant expliquer ses intentions sur le rang que tiendront les capitaines des compagnies de cavalerie françoise & de hussards, de l'augmention qu'Elle a jugé à-propos de faire dans ses troupes, par ses ordonnances du 16 du mois de Décembre dernier, & dont les commissions sont datées

du premier Janvier auſſi dernier ; en ſorte
qu'il ne puiſſe arriver ſur ce ſujet aucune
conteſtation entr'eux, Sa Majeſté a ordonné
& ordonne :

Article Premier.

Ceux deſdits capitaines qui étoient capitaines réformés ledit jour premier Janvier,
ſoit de cavalerie, ſoit de dragons, marcheront les premiers immédiatement après ceux
qui étoient en pied ou en avoient le rang
ledit jour, & entre eux ſuivant les dates de
leur commiſſion de capitaine.

II. Ceux qui ont été capitaines d'infanterie marcheront après, & entre eux ſuivant
les dates de leur commiſſion de capitaine
d'infanterie ; Sa Majeſté entendant que tous
les capitaines de cette augmentation, qui
avoient auparavant ſervi comme capitaines,
ſoit dans la cavalerie ou les dragons, ſoit
dans l'infanterie, marchent avant ceux qui
n'avoient point ce grade.

III. Ceux qui étoient lieutenans en pied
de cavalerie ou de dragons, gardes-du-corps
de Sa Majeſté, chevau-legers ou mouſquetaires de ſa garde ordinaire, ſoit en pied,
ſoit ſurnuméraires, marcheront enſuite, &
tireront au ſort pour le rang qu'ils devront
tenir entre eux.

IV. Après eux, ceux qui étoient cornettes de cavalerie ou de dragons, leſquels tireront entre eux pour leur rang.

V. Ceux qui étoient enſeignes dans le

régiment des gardes-françoifes, marcheront
après ; en obfervant toutefois que celui qui
étoit premier enfeigne, aura rang avant celui qui n'étoit que fecond enfeigne.

VI. Enfuite ceux qui étoient gentilshommes à drapeau dans ledit régiment, lefquels
tireront entre eux pour leur rang.

VII. Ceux qui étoient lieutenans en premier dans les autres régimens d'infanterie,
marcheront après, & entre eux fuivant le
rang qui leur fera échû par le fort.

VIII. Celui d'entre lefdits capitaines qui
étoit lieutenant réformé d'infanterie, aura
rang immédiatement après les lieutenans en
premier.

IX. Et ceux qui n'avoient point encore
fervi, ou qui ayant été officiers de cavalerie,
de dragons ou d'infanterie, avoient quitté
leurs emplois depuis plus d'un an & un
jour lorfque Sa Majefté les a agréés pour
lever des compagnies, marcheront les derniers, & tireront pareillement au fort pour
le rang qu'ils tiendront enfemble.

Mande & ordonne Sa Majefté, *&c.*
Suivi de l'attache de M. le Comte d'E-
vreux, du 3 Août 1743. *Signé,* COMTE
D'EVREUX. *Et plus bas,* GAUTIER.

TITRE XXIX.

Des Officiers réformés de Cavalerie & de Dragons.

ARTICLE PREMIER.

L Es meſtres-de-camp réformés de cavalerie & de dragons, qui ſont brigadiers,
tiendront, lorſque Sa Majeſté jugera à propos de les employer, le rang qui a été réglé par l'ordonnance du 20 Mars 1704, &
en conſéquence commanderont & marcheront avec les autres brigadiers de cavalerie
& de dragons, du jour de leur commiſſion,
ſoit de colonels d'infanterie, ou de meſtres-
de-camp de cavalerie ou de dragons, ſans
s'arrêter au changement de corps ni au tems
qu'ils ſeront entrés dans celui où ils ſeront
brigadiers. *Louis XIV. du 20 Mars 1704, &*
Louis XV. du 15 Janvier 1727.

II. Ceux qui ſont devenus meſtres-de-
camp réformés de dragons par la réforme
de leurs régimens, ceux qui ont eu des commiſſions de meſtres-de-camp réformés de
cavalerie & de dragons avant le premierSep-
tembre 1715 ; ceux qui étoient lieutenans-
colonels de cavalerie & de dragons en pied
ou réformés, comme auſſi ceux qui étant
capitaines de cavalerie & de dragons en pied
ou réformés avant le premier Janvier 1710,
& qui ſervent en cette qualité, ont obtenu

des commiffions de meftres-de-camp réformés depuis le premier Septembre 1715 , fe
conformeront pour leur rang & leur fervice
à ce qui eft porté par les ordonnances du 25
Mai 1714 , lorfqu'il plaira à Sa Majefté de
leur donner fes ordres pour fervir à la fuite
des régimens où ils ont leur réforme. *Louis*
XV. ordonnance du 15 *Février* 1727.

III. Les meftres de camp réformés ou par
commiffion , foit de cavalerie ou de dragons , fpécifiés dans le précédent article ,
marcheront dans les régimens où ils feront
entretenus ; fçavoir, ceux de cavalerie après
les meftres-de-camp defdits régimens , &
les meftres-de-camp qui s'y trouveront incorporés avec leurs compagnies : & les meftres-de-camp réformés de dragons , après les
meftres-de-camp en pied. *Louis XIV. du*
25 *Mai* 1714.

IV. Les lieutenans-colonels réformés de
cavalerie marcheront après les lieutenans-
colonels en pied , & lieutenans-colonels incorporés ; ceux de dragons après les lieutenans-colonels en pied des régimens dans lefquels ils feront entretenus. *Louis XIV. ibi-*
dem.

V. En l'abfence des meftres-de-camp en
pied & incorporés pour la cavalerie , & des
meftres-de-camp en pied pour les dragons ,
les meftres-de-camp réformés ou par commiffion , commanderont lefdits régimens
dans toutes les actions de guerre , dans les
marches , dans les quartiers & par-tout ail-

leurs, & auront tous les honneurs & prérogatives du commandement, de même que
feroient lefdits meftres-de-camp en pied s'ils
y étoient, fans néanmoins pouvoir fe mêler
des détails defdits régimens, dont la connoiffance doit appartenir dans la cavalerie
au lieutenant-colonel en pied ou incorporé,
en l'abfence des meftres-de-camp en pied
& incorporés; & dans les dragons au lieutenant-colonel en pied en l'abfence du meftre-de-camp en pied. *Louis XIV. ibidem, &*
dans l'ordonnance du 4 Septembre 1701.

VI. Les meftres-de-camp réformés ou par
commiffion, qui fe trouveront dans un même régiment, tiendront rang entr'eux fuivant les dates de leurs commiffions, & y feront le fervice à leur tour pour les détachemens. *Louis XIV. ibidem.*

VII. Dans les détachemens où il fe trouvera des meftres-de-camp en pied de différens régimens, avec des meftres-de-camp incorporés, réformés ou par commiffion,
tous lefdits meftres-de-camp commanderont entr'eux fans diftinction fuivant les dates de leurs commiffions; & il en fera ufé
de même entre les lieutenans-colonels en
pied, incorporés ou réformés. *Louis XIV.*
ibidem.

VIII. Les meftres-de-camp réformés ou
par commiffion, auront leur logement dans
les garnifons & lieux portés par les routes
de Sa Majefté après les meftres-de-camp en
pied & incorporés; les lieutenans-colonels

réformés, après les lieutenans-colonels en pied & incorporés; les capitaines réformés, après les capitaines en pied; & les lieutenans réformés, après les lieutenans en pied. *Louis XIV. ibidem, & ordonnance du 25 octobre 1684.*

IX. Ordonne Sa Majesté que les mestres-de-camp & lieutenans-colonels incorporés, ne pourront s'absenter que par des congés ou semestres. *Louis XIV. du 25 Mai 1714.*

X. Ceux qui ont été entretenus mestres-de-camp réformés d'infanterie, de cavalerie & de dragons, depuis le premier Septembre 1715, après avoir vendu leurs régimens; ceux qui n'étant capitaines que depuis le premier Janvier 1710, ont obtenu de semblables commissions; ceux qui n'étoient que lieutenans ou mousquetaires, ceux qui n'étoient point au service de Sa Majesté; & ceux qui en conséquence de l'ordonnance du premier Avril 1719. (*Voyez au titre de la gendarmerie*) avoient perdu leur ancienneté de mestre-de-camp, en quittant les charges qu'ils avoient dans la maison de Sa Majesté, & dans la gendarmerie, & qui n'ont actuellement aucune charge dans les troupes, ne pourront servir dans les régimens où ils ont leur réforme, qu'en qualité de capitaines suivant le rang de leurs commissions de capitaines; & s'ils n'en ont point eu, ils y prendront rang de capitaines du jour seulement de leurs commissions de mestres-de-camp, sans que ni les uns ni les autres puissent être employés dans les détachemens en ladite qualité de mestres-de-camp ; & ils ne reprendront ledit rang, ainsi qu'il avoit été réglé par l'ordonnance du 8 Avril 1672, concernant les mestres-de-camp de cavalerie, que du jour des nouvelles commissions qui leur feront expédiées, pour être pourvûs des régimens ou des charges ausquelles il est attaché, lorsqu'il aura plû à Sa Majesté de leur en donner l'agrément. *Louis XV. du 15 Janvier 1727.*

Nota. *Par l'ordonnance du 8 avril 1672, le feu Roi Louis XIV. avoit ordonné à l'occasion des nouveaux régimens mis sur pied depuis le premier Juillet 1671, que ceux à qui Sa Majesté avoit accordé ces régimens, marcheroient suivant la date des commissions en vertu desquelles ils avoient été faits mestres-de-camp en dernier lieu : & en cas que les dernieres commissions fussent d'un même jour, que ceux qui étoient ci-devant mestres-de-camp, marcheroient les premiers, & entr'eux suivant l'ancienneté de leurs premieres commissions.*

XI. Sa Majesté n'entend comprendre dans le précédent article les mestres-de-camp de cavalerie & de dragons, qui prouveront avoir quitté les emplois qu'ils avoient, pour revenir en France ; pourvû néanmoins qu'ils ayent servi en qualité de capitaines ou lieutenans-colonels ; auquel cas, l'intention de Sa Majesté est de les traiter suivant leurs services & leur ancienneté, de la même maniere que les autres meftres-de-camp réformés de fes troupes. *Louis XV. du 15 Janvier 1727.*

Nota. *Cet article regarde principalement les officiers François qui étoient au fervice d'Efpagne, & qui furent rappellés en France en 1719, à l'occafion de la guerre d'Efpagne.*

XII. Si les meftres-de-camp réformés, contenus en l'article X. pour fe mettre plus promptement en état de donner des preuves de leur bonne volonté, fe préfentent dans la fuite pour lever les compagnies que Sa Majefté a réfolu de mettre fur pied, Elle leur en donnera la préférence ; & en ce cas feulement, ceux qui ont eu des commiffions de meftres - de - camp réformés, rouleront dans les régimens où ils fe trouveront, avec les autres capitaines ; feront détachés à leur tour en cette qualité, & conferveront leur rang de meftres-de-camp, pour être employés dans les détachemens en ladite qualité, ainfi qu'il avoit été réglé par le quatrieme article de l'ordonnance du 15 Novembre 1679, concernant les capitaines de cavalerie qui avoient le rang de meftres-de-camp ; Sa Majefté fe propofant de donner par préférence l'agrément des régimens qui viendront à vaquer, à ceux qui auront rendus les premiers leurs compagnies complettes. *Louis XIV. ibidem.*

Nota. *Le quatrieme article de l'ordonnance du 15 Novembre 1679, porte que les capitaines, foit en chef ou incorporés, qui ont été meftres-de-camp, rouleront pour le fervice dans*

les

les régimens où ils font, avec les autres ca-
pitaines, & feront, de même qu'eux, déta-
chés à leur tour en cette qualité; voulant néan-
moins Sa Majesté qu'ils confervent dans les
détachemens leur rang de meftres-de-camp, &
qu'ils commandent à tous autres capitaines,
de quelques dates que foient leurs commif-
fions.

Le Roi ayant permis à des meftres-de-camp
d'infanterie de lever des compagnies nouvelles
de cavalerie de l'augmentation du premier Fé-
vrier 1727, Sa Majesté a réglé leur rang par
ordonnance du 10 Août 1717, dont la teneur
fuit.

Les meftres-de-camp réformés d'infanterie, qui ont levé des compagnies de l'augmentation portée par fon ordonnance du
premier Février 1727, prendront dans la
cavalerie le rang de leurs commiffions de
meftre-de-camp, comme les meftres-de-camp
de cavalerie marcheront avec eux fuivant le
rang de leur ancienneté de meftres-de-camp,
& fe conformeront de même à ce qui eft
porté par l'ordonnance du 15 Janvier 1727,
pour leur fervice, tant dans les détachemens,
que dans les régimens où font leurs compagnies. (Voyez l'article XII. titre LXXX.)
fon intention étant que ceux qui ont eu des
commiffions de capitaines de cavalerie,
prennent rang dans les régimens où ils font
avec les capitaines en pied, du jour de leurs
commiffions de capitaines, & que ceux qui
n'en ont point eu, le prennent feulement

du jour de leurs commissions de mestre-de-camp.

XIII. Les capitaines réformés, qui étoient en pied dans la cavalerie & les dragons, lorsqu'ils ont été entretenus capitaines réformés, & ceux qui étoient capitaines réformés le premier Septembre 1705, prendront le rang de leurs premieres commissions de capitaines dans les régimens où ils seront remplacés, ainsi que dans les détachemens. *Ibidem.*

Nota. *Il étoit porté par le premier article de l'ordonnance du 25 octobre 1684,* que les capitaines réformés qui se trouveroient dans un même régiment, soit de cavalerie ou de dragons, tiendroient rang entr'eux suivant les dates de leurs commissions; qu'ils y feroient à leur tour le service ; que dans les lieux où le régiment seroit en corps, & où il n'y auroit pas d'autre détachement que dudit régiment, les capitaines réformés y marcheroient après les capitaines en pied, & leur obéiront, quand même ils seroient plus anciens qu'eux en commission ; mais que dans les détachemens qui se feroient dudit régiment, pour marcher avec des détachemens d'autres régimens, lesdits capitaines réformés prendroient le rang que leur donnoient leurs commissions, & commanderoient aux capitaines en pied, même à ceux des régimens où ils étoient réformés, s'ils se trouvoient plus anciens qu'eux.

XIV. Ceux qui ont obtenu des commis-

fions de capitaines réformés depuis le premier Septembre 1715, ne prendront rang
de capitaines dans les régimens où ils auront des compagnies, & dans les détachemens, que du jour qu'ils en feront pourvûs
à l'avenir, à moins que Sa Majefté ne les
choififfe pour lever les compagnies d'augmentation qu'Elle a réfolu de mettre fur
pied ; auquel cas, ils conferveront le rang
de leurs premieres commiffions. *Ibidem.*

XV. Les lieutenans en pied de cavalerie
& de dragons, qui ont des commiffions de
capitaines, conferveront dans les régimens
dont ils font, les rangs qu'ils y ont eu jufqu'à-préfent, & y marcheront avec les capitaines réformés qui ont ordre d'y fervir,
fuivant les dates de leurs commiffions. *Louis
XIV. du premier Février* 1685.

*Nota. Cette ordonnance déroge à celle du 4
Janvier* 1668 *, portant que les lieutenans qui
auroient obtenu commiffion de capitaines, ne
pourroient faire d'autres fonctions dans les
régimens que celles de lieutenans, qu'ils ne
pourroient en être détachés qu'en cette qualité ;
mais que quand ils en auroient été détachés,
ils prendroient pour lors le rang de capitaines,
du jour de leurs commiffions.*

L'ordonnance du 25 *Octobre* 1684 *confir-
moit cette difpofition, & ajoûtoit que les capitaines réformés commanderoient à tous lieutenans en pied du régiment où ils feroient entretenus, quand même lefdits lieutenans auroient des commiffions de capitaines plus an-*

R ij

ciennes, sauf auxdits lieutenans à reprendre leur rang de capitaines dans les détachemens.

Par ordonnance du 29 Février 1738, le Roi a plus précisément expliqué ses intentions sur le service des aides-majors & lieutenans ès compagnies des mestres-de-camp, qui ont obtenu commission de capitaines & de capi-taines réformés : elle porte que

Les aides-majors & lieutenans des compagnies mestres-de-camp des régimens de cavalerie, de carabiniers & de dragons qui ont obtenu des commissions pour tenir rang de capitaine avant le premier Septembre 1715, continueront à faire dans les régimens où ils sont, le service de capitaine, rouleront à leur rang avec les capitaines en pied, & pourront être avancés, comme par le passé, aux emplois supérieurs desdits régimens ; mais tant qu'ils demeureront pourvûs des aides-majorités & des lieutenances des compagnies mestres-de-camp, ils ne pourront commander lesdits régimens, si ce n'est en l'absence des majors & capitaines en pied, quand même ceux-ci seroient moins anciens qu'eux en commission de capitaines, à-moins qu'ils n'ayent ci-devant obtenu des ordres particuliers à ce contraires.

En l'absence des majors & capitaines en pied, ils rouleront pour le commandement du régiment avec les capitaines réformés qui y sont entretenus, & dont les commissions sont antérieures au premier Septembre 1715.

Ils ne pourront être détachés qu'en qualité de capitaines, & alors ils marcheront suivant le rang de leur commission.

Les aides-majors & les lieutenans des compagnies mestres-de-camp, qui ont obtenu des commissions pour tenir rang de capitaine depuis le premier Septembre 1715, ou qui en obtiendroient dans la suite, & les lieutenans des simples compagnies, qui ont obtenu de semblables commissions, même avant le premier Septembre 1715, ou en obtiendront à l'avenir, ne pourront faire que le service de leurs charges d'aides-majors, ou de lieutenans dans les régimens où ils sont, & dans les détachemens où ils se trouveront en ces qualités; mais ils pourront être détachés une fois seulement au commencement de chaque campagne en qualité de capitaines; & alors ils prendront le rang de leurs commissions.

Quand ils auront dans la suite des compagnies, ils reprendront dans les régimens le rang de leurs commissions de capitaines, mais ne pourront monter à la lieutenance-colonelle, qu'après avoir eu des compagnies pendant cinq ans.

Les capitaines réformés dont les commissions sont depuis le premier Septembre 1715, & qui, suivant l'ordonnance du 15 Janvier 1727, ne doivent prendre rang de capitaines dans les régimens où ils auront des compagnies, & dans les détachemens, que du jour qu'ils en seront pourvus à l'avenir, ne pourront prendre d'autre rang dans les régimens où ils se trouveront, que du jour de leur brevet de lieutenant en pied ou réformé, s'ils en ont eu; & s'ils n'en ont point eu, ils prendront rang de lieutenant du jour de leur commission de capitaine réformé. Et ceux d'entre eux qui font ou feront pourvûs de lieutenance en pied, feront le service au rang des compagnies où ils se trouveront, & ne pourront faire aucun usage de leur commission de capitaine.

Les deux sous-lieutenans de la compagnie colonelle du régiment colonel général de la cavalerie, les deux lieutenans de la compagnie mestre-de-camp du régiment mestre-de-camp général, & le lieutenant de la compagnie mestre-de-camp du régiment commissaire général de ladite cavalerie, les deux lieutenans de la compagnie du colonel général des dragons, & les deux lieutenans de la compagnie mestre-de-camp du régiment du mestre-de-camp général des dragons, continueront de suivre le rang de leurs commissions de capitaines, & d'y servir comme ils ont fait jusqu'à-présent, sans néanmoins que ceux dont les charges font nouvelles puissent être remplacés quand elles deviendront vacantes. Veut Sa Majesté, que la présente ordonnance soit exécutée nonobstant les précédentes, auxquelles elle a pour cet effet dérogé en ce qui pourroit être contraire au contenu en la présente.

XVI. Les lieutenans réformés obéiront

à tous les lieutenans en pied, & tiendront entre eux le rang de leur ancienneté de lieu-tenans de cavalerie ou de dragons; & les cornettes, auxquels Sa Majesté accordera des ordres pour servir comme lieutenans réformés, après les autres lieutenans réfor-més, & avant les maréchaux-des-logis. *Louis XIV. du 25 Octobre 1684. art. II.*

XVII. Les aides-majors & lieutenans ré-formés qui ont eu des commissions de capi-taines, serviront comme capitaines réfor-més. *Louis XIV. du 25 Mai 1714.*

Nota. Par ordonnance du 25 Mai 1714, les mestres-de-camp réformés devoient servir les mois de Juin & Juillet de chaque année ; les lieutenans colonels pendant les mois de Juin, Juillet & Août ; les autres officiers réformés, pendant les mois de Mai, Juin, Juillet, Août, Septembre & Octobre : mais le Roi les a dis-pensés de ce service en 1725, se réservant de choisir ceux qu'il jugeroit à-propos d'entretenir à la suite des régimens.

F I N *du Tome premier.*

www.ingramcontent.com/pod-product-compliance
Lightning Source LLC
Chambersburg PA
CBHW061004220326
41599CB00023B/3828